华大博雅
学术著作

汉字魂

◎屈广亮　张琼子◇著

華中师範大学出版社

新出图证（鄂）字 10 号

图书在版编目（CIP）数据

汉字魂 / 屈广亮，张琼子著. -- 武汉 ：华中师范大学出版社，2024. 10.
ISBN 978-7-5769-0662-2

Ⅰ. H12

中国国家版本馆 CIP 数据核字第 2024CB3800 号

编 辑 室： 学术出版分社
电　　话： 027-67867370
责任编辑： 郭志刚
责任校对： 童　雯
封面设计： 罗明波
出版发行： 华中师范大学出版社有限责任公司
社　　址： 湖北省武汉市洪山区珞喻路 152 号
电　　话： 027-67861549
邮　　编： 430079
网　　址： https：//press. ccnu. edu. cn
印　　刷： 湖北新华印务有限公司
督　　印： 刘　敏
开　　本： 787mm×1092mm　1/16
印　　张： 21. 5
字　　数： 320 千字
版　　次： 2024 年 10 月第 1 版
印　　次： 2024 年 10 月第 1 次印刷
定　　价： 86. 00 元

目　　录

第一章 概 要

第一节 先谈点“大道理”

提到“汉字及汉字文化”的专题，不可避免地要涉及“文字的起源”，再讲“文字的演进”。把汉字体系作为一种“文化”进行研究，则必须找到其“文化内涵”中最为“核心”的东西。大家都知道，若没有“文字”，就谈不上什么“文明”。关于文字的创造者，我们暂且不去管他是张三还是李四，是基层体力劳动的“人民”，还是被称为上古最早的知识分子科学家“巫师”们，反正是在当时社会迫切需求的强大动力推动下产生的。狩猎者出门需要作一个标记符号；酋长们对氏族发生的重大事情，也需要作一个标记符号；而那些仰观天文、俯察地理的“巫史”们，对日月星辰的运行情况，人间旱、涝、丰、歉、病灾、战争等情况，更是需要记录成“典册”，而且是每日、每年的，十年、百年不断地记录，以便分析和领悟“天道”；推测吉凶，制定律历，指导农时等。总之，“记录”的需要，是激发人们创造文字的最直接、最强大的动力。传说炎帝、黄帝皆为少典氏之子（裔）。“少典”者，顾名思义，一定与观测和记录天象的“巫史”职业有关联，因为上古的“典册”主要出自“巫史”之手。

文字，它不仅是记录和传承文明的工具，而且本身就是一种文化的体现，因为人的行为是由思想支配的，“造字者”有着什么样的宇宙观、人生观、价值观（含宗教观），必然支配着他们构思文字的每一笔、每一画。例如：西方的原始宗教认为，自然界万物是由“天主”（上帝）

创造的，“造天地、万物真主宰”，其含有浓厚的“唯心主义”宇宙观的色彩。而中国的原始宗教受“八卦”思想的主导，认为“天阳之气”化生万物，“地阴之气”养育万物，或是说“阴阳交午、化生万物”。人是由“精气”（物质）化生而来的，其含有朴素的“唯物主义”宇宙观色彩。中国人视“天神”“天道”和“天理”为互为表里的概念。所以，在中国文字构形中，很多“文字符号”（部件），大量采用“天道观”原始哲学思想进行“表意”。

我们作为“汉字研究者”，必须牢牢抓住这一点，它正是汉字文化的“内核”所在。我们必须把文字、文化、文明“三位一体”地融合在一起进行研究。上下五千年传统文化的“内核”部分，逐渐形成了华夏民族的“灵魂”，即“民族魂”和“国魂”。

什么是传统文化的“内核”？那就是自“三皇五帝”以来，炎黄子孙们世代传承的“阴阳哲理”和以“天人合一”“天人感应”“天行健，君子以自强不息”为基本内容的“天道观”。无论后世的儒家、道家、法家、墨家、阴阳家，还是农家、医家、建筑家、艺术家们，虽然“百家争鸣”，但是，都离不开这个传统文化的“内核”（或称作“根”），为他们提供“营养”。这种“内核”的力量，长久地作用于一个民族、一个国家，便形成了“民族魂”和“国魂”。例如，韩国由于受中国文化，尤其是中国道家文化的影响很深，它的国旗图案是由“太极图”和“八卦”阴阳符号组成，就是其传统文化内核形成国魂的典型例证。

汉文字既然是传承文明的工具，又是一种文化、文明的载体，那么，汉字本身也一定有其“字魂”。所以，在研究汉字时，也一定要努力探求每一个汉字的“字魂”所在。“字魂”，这是笔者引入的一个“新名词”，也是文字学界一个极重要的“研究课题”。而且“民族魂”与“字魂”的内涵是高度统一的。

在当今的中国，“汉字研究”的确是硕果累累。但是，毫不客气地说，同样也“谬误纷繁”，主要表现是忽视了“国魂”与“字魂”的内在紧密联系。在“说文”与“解字”时，常常犯庸俗化、粗浅化、片面化、见形生义、前后矛盾等错误，个别“解说”甚至显得有些“荒唐可笑”。为什么会出现这些问题？其中一个重要原因是自觉和不自觉地陷入了某些“误区”。例如：在某些字的构形中，本来是表示阴阳交午或天地交午的符号“**X**”被误解为交叉的木棍、渔网的绳子；把“精气为物”的“精气”符号“ᘓ”误解为“勾子”“鼻子”“线绳”；把表示祭天、祭祖的“天坛”“神台”符号“口”误解为人的口（嘴），或地界等等。笔者力求从字魂、民族魂和国魂的角度，探索在汉字研究中最容易陷入的“三大误区”（详见本章第三节专述），并试图以新的视角，努力破解一批具有“代表性”和“大概念”的字例。

（一）所谓“代表性”的字例，此处是指后世多用作偏旁或部首的基本性文字。例如：

①“辛”字。在甲骨文、金文、篆文中，“言”不是从“舌”，而和“音”都是从“辛”的。所以，现代汉字中，凡涉及“言部”“音部”的众多组合文字，其源流都应追溯到“辛”的本义到底是什么？还有“辛部”“辛部”（“辛”省形），“龍（龙）部”，鳳（凤）字，章、商、只、識（识）等字。这里的“辛”到底是表示刀具、刑刀，还是“天表柱”的符号？它涉及“字魂”与“民族魂”的问题。

②“圭”字。组合字卦、封、邦（帮）、佳、娃、桂、闺、奎，这里的“圭”，到底是表示“土堆”，还是伏羲氏观测四象八景的卦台山原型符号？

③“羊”字。组合字羌、姜、美、善、祥、恙、样、眻、儀、義、曦，这里的“羊”，到底是指动物羊还是表示伏羲、炎帝时代观测天象的“羊角柱”？

④ 巫、壬、工三字。组合字醫（医）、靈（灵），任、呈、程、廷、庭、望，功、攻、贡、红、江、邛等。为什么《说文》中巫、壬、工三字同意？又为什么古文字中的史、使、事为同一字？“巫史文化”是传统文化的源流吗？

⑤“丰”字。组合字夆、逢、峯、酆、沣、邦，这里的“丰”，到

底是指“草木”，还是与传说的“太阳树”“鸟秩树”有关？

⑥“戊”与“戈”字。组合字戌、咸、成、盛、感、歲（岁）、或、载、戴，这里的戊、戈到底是指兵器、大斧，还是“量天尺”规与矩的组合符号？

（二）所谓“大概念”字例，此处指该字的文化内涵极为深奥，而且内容包容面很广的字例。例如：

① 上古“三大姓”。人文始祖伏羲自命“风”姓，炎帝自命“姜”姓；黄帝自命“姬”姓。学者们对风、姜、姬这三个字的解释众说不一，似乎很少从“字魂”和“民族魂”的角度去思考。实际上，这三个姓的文化内涵，是三位“圣人”的宇宙观、价值观的高度概括，也是其“功德”的彰显。

②“物”字。指天地万物，其内容包含面十分广阔。相关文字有勿、易、忽、昜、陽（太阳）、揚。又如“成”字，万物生成、形成，“成”字的内容包含面也十分广阔。

③ 帝、王、聖（圣）、君、后、辟（天子）、皇这七个字，其文字构形把传统文化的“内核”尽收其中。

④ 學（学）、教、悟、思等字。“学”和“教”二字的内容十分广泛。一个人活在世界上，上自帝王，下至百姓，他们需要学习的东西太多太多，“造字者”如何用“学”的构形符号来囊括天地之间万事万物呢？

⑤ 寿、康、泰、吉、凶、祸、福、喜。

⑥“知道”一词、道理道德，还有仁、义、礼、智、哲、慧、“礼仪”、“社会”等词，都是属“大概念”的文字。

⑦ 第一人称代词：我、吾、余、朕、台、予。这些古文字的构形，如何体现出“气生万物”“天人合一”的传统文化“内核”？

⑧ 基本的方位词：东、西、南、北、中、上、下。特别是東（东）、西、南、中四个字的构形，学术界有很多种不同解释，似乎都有些“牵强”。假若你是最早观测天象、地理的“巫史”或“少典”“仓颉”，会怎样让“天下无名”变为“天下有名”呢？因为在仰观天文、

俯察地理时，首先要有“方位”概念、“时间”概念等。这些字的构形，如何体现出造字者的“天道观”？

⑨ 时间词：例如：时、候、旦、晌、昰（是）、午、晨、暮、昏、夕、夜、旬、月、期、年、岁、载。

还有后世的春、夏、秋、冬。恐怕最难读懂的是“畔”“襄”“商”三字，为什么古人会把它们作为时间名词？

⑩ 最早的“记时性”文字（天干记日法）：天干与地支（甲、乙、丙、丁、子、丑、寅、卯……）。你怎样从这些古老文字的构形中看出祖先们仰观天文、俯察地理的“影子”呢？

⑪ 婚姻类词：例如：姻、缘、婚、娶、妃、妻、妾、妇……请大家不要小看“婚姻”二字的“含金量”。历史学家们认为，人类自从有了婚姻制度后，才开始逐步产生了“羞耻”“人伦”“道德”“宗教”等概念。它是“野蛮”与“文明”，“动物性”与“人格”的分水岭。可是，人们在研究婚姻类相关文字时，常常将其“野蛮化”“粗浅化”，甚至“阶级斗争化”。例如“娶”字，有人认为是抓住女人的耳朵“抢劫而来”的叫娶，是抢婚的体现。这种解释完全抛弃了传统文化的“灵魂”。自伏羲、女娲首创婚姻制度以来，中国人就十分强调“姻缘”“天意”。故“阴阳之合”为“吉”，为“姻”“氤”；故日月交会为“昏”（婚）。而绝非崇尚野蛮地“抢劫”“霸占”。这里的“取”字，应是“听取（听天命）”“纳取（随姻缘）”之义，而非抢取、抓取。

⑫ 名山大川类词：为什么古代华北地区叫“河”的较多，华中地区叫“江”的较多，华南地区叫“溪”的较多。河、江、溪三字是否为历史人文的“活化石”？“四岳”的华、岱、恒、衡四个字的构形，如何体现出传统文化的“内核”？如何体现“阴阳哲理”和“天地之道”？

⑬“华夏”二字：这二个字的“字魂”是什么？汉水、汉朝、汉族、汉语的“漢（汉）”字，其构形符号也是历史人文的“活化石”吗？

⑭ 八卦和《周易》中：乾、坤、离、震、泰、否、豫……元、亨、

利、贞等文字的构形，本身就是按“阴阳哲理”和“天地之道”的思维方式进行“造字”的。遗憾的是常常被后世人“误辨”“误读”。

⑮ 其他类例如：神、鬼（鬼姓、鬼方、魁、隗、魏、魂、魄……），“鬼”字如何从“褒义”演变为“贬义”？

以上所列举出的“代表性”字例和“大概念”字例，将是本书中所要重点解读的内容。因为这些字例，以前常常被装进“误区”的笼子里。下一节的《刀字歌》会提出一些令人深思的问题。（含戊、戈、辛的字例）

本书命名为《汉字及汉字文化新探》，既然是“探”，则一定要有所“突破”。同时也会有所“偏见”，甚至出现新的“谬误”。希望方家和广大读者多予批评指正。“抛砖引玉”是笔者的最终目的和愿望。

第二节 《刀字歌》

引言：中国传统文化的“内核”是“道”，而绝不是“刀”。汉字文化的“字魂”是“道”，也绝不是“刀”。笔者以《刀字歌》的形式，揭示出“汉字研究”中陷入的某些“误区”，以期望引起人们的深思。（含戊、戈、辛的字例）

第一首（十六个含“刀”的字例）

歌词	注明
“王”是斧	有人认为：甲骨文、金文的“王”字，像一把斧头，表示镇压杀人之权。斧头是王权的象征。
“我”是刀	“我”字从“戈”，一般认为“戈”是青铜器平头戟兵器，本文为了表述方便，借“戈”为“刀”之意。
“言”是刀	“言”字的甲骨文、金文都是从“辛”从口。有人认为“辛”是刑刀或刀具。

续表

歌词	注明
“語”是刀	“語”字从“言”（刀）。
心“意”是刀	“意”字从音从心。在甲骨文、金文中言与音为同一字。今“音”字从“立”（辛省形）。
情“感”是刀	“感”字从“戊”。有人认为“戊”是大斧。本文为了表述方便，借“戊”为“刀”之意。
“誠”“信”是刀	“誠”字从言（刀）；“信”字从“言”（刀）。
仁“義”是刀	“義”（义）字从“戈”（刀）。
礼“儀”（仪）是刀	“儀”（仪）字从“戈”（刀）。
“識”（识）是刀	“識”（识）字从言（刀）、从音（刀）、从戈（刀）。一字含三刀。
“幟”（帜）是刀	“幟”（帜）字从音（刀）、从戈（刀）。
“成”是刀	“成”字从“戊”（刀）。“戊”是大斧，此处借称“刀”。一说“成”字从“戈”（刀）。
“盛”是刀	“盛”字从“成”（刀）。
“歲”（岁）歲是刀	“歲”（岁）字从“戊”（大斧、刀）[岁岁一年年]。
“代代”是刀	“代”字从“弋”。有人认为“弋”是带线绳的箭。一说弋与戈互通（兵器）。[代代一世代]。

第二首（八个含“刀”的字例）。

“辧”字前后两把刀，刀刀见血	“辛”为刑刀，“辡”为部首文字，并立两把刀。
“辯”字前后两把刀，血流遍野	“辛”（刀），“言”（刀）。
头上“辮”儿两把刀，猛兽双刃角	“辮”字从二辛（刀），好像猛兽头上“利刃”般的“双角”。
“辦”（办）字前后两把刀，办事者被灭	“辛”（刀）

续表

“辞”字旁边立把刀，谁敢乱说乱动？	“辛”（刀）
“辟”字旁边立把刀，“辟”为君主，光明何在？	为什么“辟”字的本义是君主，是光明之意？
为何称天子的学校“辟雍”？	为什么西周天子的学校，殿堂称“辟雍”？
以“璧”祭天，“辟”藏刀光剑影	“璧”字从玉，从辛（刀）。
以“琮”祭地、神祖和社稷	古代天子以“璧”祭天神，以“琮”祭地神，辛（刀）如何解释？
“壁”为墙，墙中藏杀机？	“壁”字从土，从辛（刀）。

第三首（八个含“刀”的字例）

“龍”字头上一把刀	“龙”字的甲骨文、大篆皆从“辛”（刀），繁体楷书从“立”（辛省形）。
“䧹”（凤）字头上一把刀	“凤”字的甲骨文隶作“䧹”从隹（鸟）从辛（刀）。
“妾”字头上一把刀	“妾”字的甲骨文、大篆皆从“辛”（刀），或从𰀁（辛省形）。
“童”字头上一把刀	“童”字从辛（刀）或𰀁（辛省形）。
“章”字头上一把刀	“章”字的金文皆从“辛”，从“日”（日在辛中）。一说从音、从十。
“商”字头上一把刀	“商”字的甲骨文、大篆皆从“辛”（刀）。
“竟”字头上一把刀	“竟”字从音，古代“言”与“音”为同一字，从辛（刀）。
竞（競）字头上一把刀	“竞”字从辛（刀），繁体作“競”，从二辛（刀）。

第四首（八个含“刀”字例）

始祖“伏羲”手持刀	“羲”字从“戈”（刀），作为中华文明的始祖，为什么也手持“刀”呢？令人困惑，唐代绢本画《伏羲女娲图》中，伏羲左手举“矩”（直尺），女娲右手举“规”（圆规），表示其“仰观天文、始画八卦”所用的“量天尺”。后世人把“规矩”引申为标准，规章制度法规。再说“戈”为青铜器，比伏羲时代晚数千年，伏羲手中怎么会有“戈”（刀）呢？

续表

天官“羲和”手持刀	黄帝令羲和占日，常儀（仪）占月，天文官为什么也手中持“刀”呢？
天官“常儀”（仪）手持刀	“儀”（仪）字从“戈”（刀），“常仪”后来演变为月亮中的女神“嫦娥”。
天官“巫咸”手持刀	“咸”字从戊（大斧、刀）。“太昊生咸鸟（氏），咸鸟生巫咸”（见《山海经》）。
帝喾“高辛氏”手持刀	“高辛氏”难道是“高举刑刀”之意吗？（嚳：简化字喾）
“天干”两把刀	十天干中，有“戊”（刀）“辛”（刀），“天干”本来用于记日，为何借刀？
“地支”两把刀	十二地支中，有“戌”（刀）“卯”（剖、刀）。地支本用于“记时”。
天地到处刀刀刀	读了《刀字歌》之后，你会感到华夏上下五千年，本来美好的世界却变得“杀气腾腾”“天昏地暗”，难道不令人困惑和深思吗？

第三节　汉字研究中的“三大误区”

第一个误区：否认上古“巫史集团”（中国最早的知识分子、科学家）是文字的主要创造者，片面地把他们作为迷信的代名词。前面已经讲到，巫师（巫史）们在仰观天文、俯察地理、探索天地和人间奥秘的活动中，必须每日、每年、世世代代地做观测记录，而记录的需求，是发明文字的最强大的动力。所以，创造文字的历史重任便十分自然地落到了他们的肩上。

大家都知道，“行动由思想支配”。巫史们的“阴阳观念”和“天道观意识”最为浓厚，他们的思想和观念在创造文字时，直接影响着对文字结构一笔一划的构思，以表其所需的含义。后世人，特别是现代人很少注意这一历史事实，把很多本来是表示“天地之道”（天象、天意、天理）的文字符号，误解为普通的草木、树枝、石块、土堆、水滴。把本来是表示“阴阳哲理”的文字符号，误解为丝线、麻绳、毛发、水沟、野草、棍子、野兽的足迹。由于这种误判、误解，结果不少人在说文解字时出现“失之毫厘，差之千里”的现象。每当难以自圆其说时，有些人便拿出“假借字”这个“灵丹妙药”来解释，于是又造成“假借”的滥用。

凡研究汉字者，都会遇到一个无法回避的问题，那就是“文字的起源”。这个问题，在过去似乎已经有“定论”。其大意是：文字是劳动人民在长期的生产、生活实践中逐步发明创造的。这个结论看起来很严谨，符合历史唯物主义观点，符合人民创造历史的观点。但是，劳动、人民、生活是三个大概念，有着广义与狭义之分，涉及怎么样去理解的问题。“劳动”一词包括古今处于社会基层的“体力劳动”者，也包括处于社会中层上层的“脑力劳动”者。例如：大禹治水时，虽然他是君主，但在治水工程第一线，既是指挥员、又是战斗员，既参加脑力劳动，又参加体力劳动，特别辛苦。试问：大禹属于劳动者吗？创造历史有他的份儿吗？

先说“人民”一词。广义的“人民”，不仅指普通的老百姓，也包括全社会一切从事各种社会活动的人（现代叫作“公民”）。无论是物质财富的创造者，还是精神财富的创造者，无论是成功的英雄们，还是失败的探索者（铺路石），他们都是历史的贡献者。

再说“生活”一词。广义的“生活”，包括物质生活和精神生活，也包括宗教方面的活动。上古的巫史们，不仅掌管天文、祭祀、占卜、记录等事务，而且创造了与宗教有关的大量文字。例如，社会主义的“社会”一词，就来源于祭祀土地神大集会的宗教活动。人民检察院的“察”字，就是“祭”的孳乳字。还有吉、凶、祸、福、祝等，都源于古代祭祀用语。如此等等，不要“谈巫色变”。

关于劳动人民创造文字的说法，有人曾半开玩笑地说：“制造原子弹的人算不算是人民?”国家搞“简化字”，那些搞文字改革的专家教授们，相当于古代的大臣、大师、太史之类，他们也属于人民吗?

以上这些讨论，似乎是在钻牛角尖，玩概念游戏。实际上，它是关系到如何从“阶级斗争为纲”的极“左”思潮中解放出来的问题，如何正确、全面地认识中国文字起源的大问题。因为上古“巫史文化”是中国“传统文化”的源头，而由传统文化形成的“民族魂”与汉字文化的“字魂”是统一的。很多文字的构形（符号）所表示的是“阴阳符号”或“天道符号”，而不是“鸟虫之迹”“刀斧兵器”等。人们对于文字起源的观点不同，辨别文字符号时的思维方向则随之不同，结果在解字时就很容易陷入误区。

关于原始社会“巫”的产生，职能的演变和分流问题，“巫史集团”的历史功过评价和文字的创造发明等问题，三言两语无法说清楚，我们将在第六章作进一步专题探讨。

这里只作提要式的简介。

人文始祖伏羲氏太昊，为了仰观天文、俯察地理，以领悟天地之道的需要，创建了巫史集团，也称“巫觋集团”。在长达数千年的历史中，为中华文明作出了重大贡献。后来由于社会发展的需要，社会分工细化、专业化，自尧舜时代开始，巫史集团的很多职能被逐步地分离了出去。到了西周后期和春秋战国时期，技工（百工）、司法（理官）、医学（医师）、天文、祭祀、史官、礼官、乐官等职能，几乎全部从巫史集团的“母体”中分离出来。“巫”从原先国家“辅相”的地位，降为社会的低级人物，有的沦为妓女（中国最早的妓女出现）、歌妓；有的靠装神弄鬼（巫婆）维持生存，成为迷信的代名词。

但是，春秋战国时期的楚国，巫师仍处于国家辅相地位，视为大智慧者、国宝。直到楚国灭亡，秦朝统一六国，“巫”才完全退出了政治舞台。汉代以后，少数“道士”在民间以“巫术”骗取钱财，影响很坏。

现代人心目中的“巫”，大多定格在“装神弄鬼”骗取钱财，传播迷信的“巫婆”、“过阴婆”的形象上，这是一种“错觉”。

现将有关文献资料摘录如下，供大家参考。

1. 王大有著有《三皇五帝时代》。该书为“中华大道文库”丛书之一。全国人大原副委员长，著名历史学家周谷城为丛书题词“中华大道文库”。中国科学院院士贾兰坡为该书题名“三皇五帝时代”。该书明确指出“巫觋集团”是伏羲氏太昊创建。“女巫”主要来自伏羲氏的母族华胥氏和女娲的母族开明氏，在巫觋集团中称作“有蟜氏”。“男觋”主要来自伏羲氏的父族雷泽氏（又称方雷氏），在巫觋集团中称作“有典氏”（又为少典氏）。女巫与男觋为世代联姻关系。传说炎帝、黄帝皆为少典氏之子（裔）。其母皆为“有蟜氏”。所谓“少典氏”，就是因负责发明文字、记录天象，并整理成典册的工作而命名。

2. 赵毅、赵轶峰主编的《中国古代史》（高等教育“九五”国家级重点教材，高等教育出版社 2002 年版）第 7 页称“早期的科学知识，包括天文历法、医学等，也是由宗教人士传承的……巫在文字的产生和发展过程中扮演了重要角色”。

3. 季羡林主编、珊泉著《易贯中西——〈周易〉与人类文化》（北京燕山出版社 1996 年版）第 9 页写道：

“请不要小瞧那些远古的巫师们，在今天意味着蒙昧和迷信的职业，在远古却相当于高级知识分子。在原始部落中所处的地位非常特殊，唯有他们能够脱离劳动生产……专门对各种事物的运动变化规律进行大胆地摸索和探求。长此以往，便成了集天文、地理、数学、医学、建筑、军事、文学、艺术各种知识于一身的大智慧者。”

该书第 8 页写道：

“《周易》受到后世老子、孔子、朱熹及近代国内国外很多思想家和科学家的重视，被尊为中华文化的‘六经之首，大道之源’。”

4. 方培元主编《楚俗研究》（湖北美术出版社 1995 年出版）第 15 页写道：

“首先要声明：巫学，不是后世的装神弄鬼；道学，也不是后世的画符打醮。”“所谓巫学，不限于巫术、巫技，也不全是原始宗教，它荟萃着早期的科学和早期的艺术。早期科学，主要是天文、历数、医学；早期艺术、主要是诗歌、乐舞、美术。”

5. 刘俊华著《中华神秘文化》（首都师范大学出版社 1994 年版）第 2、3 页写道：“鲁迅说：‘中国文化的根柢全在道教，懂得此理者，懂得中国大半。’”

另外，关于“八卦”依附于占卜，还是占卜依附于“八卦”而流传的问题。请参见本书第三章第二节《时代的召唤，“八卦”的出现》。

第二个误区：否认古人在“气生万物”的宇宙观支配下，形成的“气生万字”的造字原则，把很多本来是表示元气、精气、阴阳之气的文字符号，误解为杂草、毛发、丝绳、杵头、木棍等。

例如：① 万物的“物”字。按一般人的解释是“花牛”的意思。认为牛是大畜生，又是用作祭祀的太牢。所以，将花牛之“物”字引申为万物之“物”。这种解释起码有一半是错误的。因为古代帝王祭祀时，只用纯毛色的牛，不用花牛。古人认为花牛身含“杂色之气”，其气质不纯正，不能用作祭神。再说：“物”字从勿、从牛，是如何会意成为“花牛”的呢？过去没有讲明“牛”与“勿”之间的因果关系（或叫内在联系）。其实，如果我们用“气生万物”的世界观去解释这个“物”字，就很容易了。“勿”的甲骨文、金文都写作“”，本义是五色的云气（或光气）。引申为五云的“色气”。对五色之气也可理解为元气、精气、天阳之气等等。按照“精气为物”的古代哲学思想，“物”字的本义应是：“由五色精气化生而成的花牛。”上古人认为，不同颜色的精气，化生出不同颜色、不同形状的物体。而花牛之所以“花”，是因为身含五色之气。于是，创字者便用“物”，作为不同颜色，千差万别的万物之物的代名词。而“万物”是缤纷的、复杂的，这就是“物”的美妙！

② 再例如“學”（学）字。该字的甲骨文写作、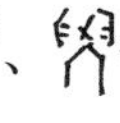等。很多人认

为此字中的“×”“爻”是表示渔网。是用双手“𦥑”拿着渔网之状，表示学习捕鱼方法或织网技术。然后引申为泛指学习所有的东西。实际上这种解释是不妥的。它说明这个创字的“仓颉”之类人物，可能是个渔民出身，心目中只能有渔网。假若“仓颉”是个猎人出身，他可能会创造出“双手抓一只野兔”的字表示学习。假若他是农民出身，则一定会造出“双手持禾”的字表示学习。那么，大臣、帝王们双手持何物来表示学习呢？世界上不同职业的人，一生中各自需要学习的东西太多太多了。而“學”（学）是属于大概念类的文字，其含义必须广阔，你若胡乱造出一个字来，社会大众不会认账，领导也不会批准。既然如此，“学”字的构形及内涵必须体现出大智慧、大观念，让人人都能接受它，那就必须用“气生万物”的宇宙观和“阴阳哲理”来指导造字。而“×”“爻”正是上古人用来表示“天地交午”“阴阳交午”的文字符号，“爻”又是《周易》中的楷书“爻”字。古人认为：万物生生死死，天地千变万化，人间吉凶祸福，寒来暑往，旱涝灾害，五谷丰歉等，都是阴阳消长、变易的结果，所以人人都需要学习这方面的知识。如果我们把“學”字中的“×”“爻”简单地理解为渔网，显然是误解。

以上仅仅列举了“物”和“學”两个字的构形原理，在汉字中还有大量类似的文字，如果我们不用“气生万物”（精气为物），“天人合一”的宇宙观、价值观去分析判断，则必然会陷入大误区。此类字例将在后面的有关章节中详述。

第三个误区：上古人创造文字时，经常用观测天象的方台（即天文台、天文中心），或“天柱”（又称天表、建木、神木），或“量天尺”（规、矩之类测量仪器），或者“祭祀中心”（又称祭台、神台、灵台）为原型背景，经过抽象化而变为文字或文字符号；并且将其大量使用在汉字的构形中，以表示上天、天意、天道（包括自然规律）、天理（包括法理）等。但是，后世人在说文解字时往往把“天台”误为土堆、石块、地界、人的口，把“天柱”误为草木、树棍、刑刀，把“量天尺”误为兵器（斧、矛、刀），有时还误认为是某种奇怪的“动物”之类，于是使很多本来具有崇高意境的文字失去了“字魂”，反而被妖魔化或粗俗化。上一节的《刀字歌》中所揭示的部分典型字例，就是很有力的说明。

《刀字歌》揭示了四十个被误解的典型字例，其根源涉及作为基本构件的戊、戈、辛三个文字符号。把“戊”误解为大斧；把“戈”误解为兵器平头戟；把“辛”误解为刀或刑刀。据考证：①“辛”是以观测天象的“天表柱”为原型的文字。大家可能不知道，天安门前的“华表柱”（又称“交午柱”“和表”），也是以上古天表柱为原型，经过艺术化演变而来，用作“中华民族”的象征和“天地交午”上下通达的象征。而“辛”字的甲骨文、大篆构形与“华表柱”的造型极为相似（此不详介，将在专题章节细解）。②在汉字中，同形而异字，或同字而异形的情况很多。例如“巛”，既是“川”的古字，又是“坤”的古字。“昰”，既为“是”的异体字，又为“夏”的古字。“戊”和“戈”在有时分别表示大斧、平头戟（兵器），这是无可非议的；但是，在有些组合字中，则是表示“量天尺”。它是以上古的“规”（圆规）和“矩”（曲尺，也叫直尺）为原型，组合在一起而形成的文字（或文字符号）。关于规和矩两件器具如何抽象成“戊”和“戈”，将在后文作专题探讨。

关于“三大误区”的造成，还有一个很重要的原因。那就是有些解字者，只“重视”鸟、虫之迹的符号和日常生活用品的符号，而“轻视”俯察地理方面的符号，更“忽视”仰观天文方面的符号。这样一个“忽视”，造成了一系列严重后果：①把很多表示天垂象、天之气、天意、天道的符号，特别是天地阴阳之气，体现“气生万物”的符号，误解为丝线、麻绳、杂草、木棍等。例如：把观测天象的“羊角柱”误为动物“羊”。②把记录太阳运行不同高度、角度的符号“丰”误解为草木；把体现天表柱造型的符号“辛”，误解为刑刀。③把“量天尺”符号“戊”“戈”，误解为大斧、兵器。④把天台（天文台）或祭台符号“口”误解为人口之“口”，或地界、城寨等。

所以，我们一定要努力从根本上找到陷入误区的原因。这样才能够把汉字的“字魂”找出来，才能把汉字文化的“本质”与整个中华传统文化的“内核”相统一起来。

第四节　同物而异象、异字

中国的汉字大多属“象形文字”，即使是“会意”或“形声”文字，也都是由“象形”符号组合而成。因为大千世界无奇不有，所以“形相近而义相远”的事物很多。在前面一节中，专门讲了汉字研究中的三大误区，实际上，还有很多大大小小的误区。这就是我们在学习古代汉语时经常遇到的“同物而异象、异字”和“同象而异物、异义”的情况。例如，以“人身”为主体，“人”的不同姿态，构成不同的象，随之而造出不同的文字（或文字符号），以表达不同的含义，即“同物而异象异字”。这类情况虽然很多人都基本了解，但是我觉得还是有必要在此列表再次展示一下，请见《同物而异象、异字例表 A》和《例表 B》。

附表一　《同物而异象、异字例表 A》（以“人体”为物而取“象”）

主体	姿态（或视角）	“形象”及文字（或文字符号）
1. 人身	站立、正面	（天）、（大）、（夭）、（立）
	站立、侧面	（人）、（人）作偏旁时写作“亻”；（从）、（北）、（比）、（儿）、（元）、（身）
	站立、弯腰、侧面	（勹）、（卩）、（匕、匕）：印、迎、仰、昂
	跽坐、侧面	（㔾、㔾、卩）；（兄）、（尸）、（兄）站立姿态、（女）（母）
	跪拜、侧面	（L）礼、丮、跪、㔾
	倒立、倒视	（屰）；（匕：化）
	大半身、正面	（子）、（巳、巳或是胎儿的象形）

续表

主体	姿态（或视角）	“形象”及文字（或文字符号）
2. 人手	正面（五指形）	（手）（“扌”部）（手部）
	侧面	（又、右），（左）、（寸）
	侧面（横向）	（彐、聿、尹）
	侧面	（爪、爫、受、學）、（印）
	侧面（省形）	（彐、司），（后）
	双手（侧面）	顺向（双）。双手相拱（廾、共具）、（奉）、廾（弄异）、双手相背（癶：癶后世演变为“大”，例如“”樊字）
3. 人足	正面（整体）	（止：趾）
	侧面（局部）	、（止、少、屮）
		、，从后至（夂：“夆”“夏”）或倒“止”
	双足相背	（癶：“登”），（舛、韋、偉）
4. 人体其他部位		①取象于“头部”（首、、頁、囟） ② 取象于“”（口、舌、言、音） ③ 取象于“（目）、（臣：竖目）、（横目）” ④ 取象于“鼻、耳”（自、厶、耳） ⑤ 取象于“”（心、忄、⺗、恭） ⑥ 取象于“筋骨”（吕）；“吕”（象脊背骨） ⑦ 取象于“”（牙）；男生殖器（且、祖）；女生殖器（匕、也）；其他

《周易·系辞下》曰：“古者包牺氏之王天下也。仰则观象于天，俯则观法于地，观鸟兽之文与地之宜，近取诸身，远取诸物，于是始作八卦，以通神明之德，以类万物之情。”我们知道八卦中的阴阳符号，应当是“中国最早的文字符号”。中国原始文字产生的最大动力，就是

"仰观天文，俯察地理"时记录的需要。巫师们在创造文字时，"近取诸身，远取诸物"，以"诸身"和"诸物"的形象为原型，创造出文字或文字符号来。上面的"例表一"中，列举出以"人身"为原型所产生的偏旁部首或文字符号就共达 79 个之多。而现代的《现代汉语词典》、《辞海》等大型工具书一般设置 230 至 250 个左右的偏旁部首。可见，以取"人身"之象为部首的占到"部首总数"的约三分之一。而"人"与其他"物象"共同组合的文字，约占当前文字总量的一半以上。上古的"巫史"们造字时，在取"诸物之象"方面，还特别重视为观测天象服务的有关"建筑物"和"仪器"之物。即"天文中心"的全貌景象和局部景象，包括天文台、天表柱、地维索、祭祀台、天文仪器（规、矩、风向标、牙璋等)。传说远古时，伏羲氏在卦台山（今甘肃天水市境内）观日影，创阴阳"八卦"。于是，巫史们创字时，便取卦台山"之象"造"圭"字（圭：为"卦"字的初文，见《辞源》"圭"条)。有学者认为"圭"字的构形，就是取象于卦台山的日出日落过程中出现的"四象、八景"。它是由"山景"抽象化成为符号性文字，而不能理解为"土堆"(此略，后文专述)。

由于后世人对母系社会"巫史文化"缺乏了解，对"巫史造字"的历史贡献更缺乏了解，特别是随着社会的发展，分工逐步细化（专业化)，使上古巫史集团的很多职能被分流出去了。春秋战国时期，原先"巫"的正面社会角色几乎被分流殆尽，由原来国家"辅相"的地位，逐渐变成了仅仅依靠"装神弄鬼"来维持生存的"低级人物"。所以，现代人特别看不起"巫"，更不愿意把"造字"的功劳与巫觋、天台、祭台、天柱等联系起来。故而在汉字研究中造成了众多误区。

下面重点探讨一下上古"巫史"们取象于"天文中心全景"所形成的文字及文字符号。

上古的"天文中心"到底是什么样的"全景"呢？由于时代太久远，无法见到实物。著名学者兼画家王大有先生，根据考古界发现的"观天台""祭祀台"等建筑台基的图形、陶器上有关图案、古代崖画、古代宗教性图画、以及古代文献中有关记载等，制作了一幅上古（伏羲时代）“天文中心复原图”，在他的著作《三皇五帝时代》中作了展现，现将其“模仿图”附录如下（见附图一）。

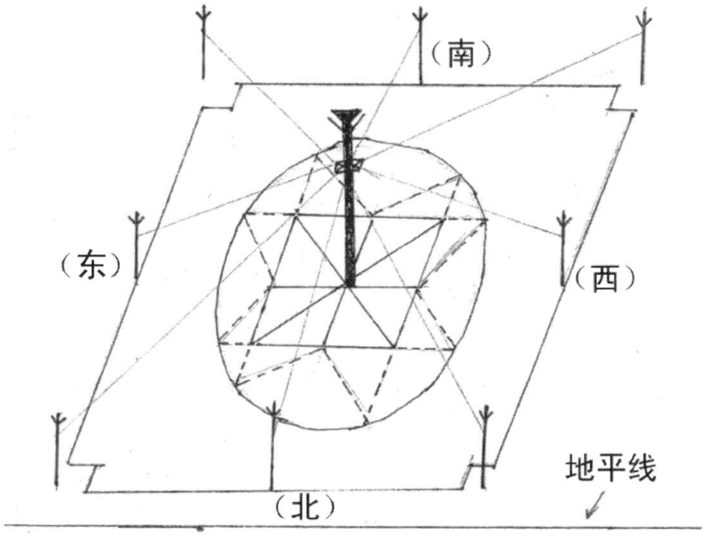

附图一 上古天文中心全景图

从图中我们可以看出，“天文中心”基本上由五大部分组成：①高台。呈方形，其“四边”分别正对着东、西、南、北四个方向，故俗称“方台”，又称“天台”。台的表面与地平线保持水平。②九柱：古代文献中传说：上天是由九根天柱支撑着，实际上就是指天文台上的九根“表柱”（俗称“天柱”）。方台的中央是一根最高最大的柱，叫“中心柱”，它常被作为“天表”的代名词。方台的“四正”和“四隅”各立一根小柱子，叫作“游表”。《淮南子·天文训》说“共工与颛顼争帝，怒而触不周之山，天柱折，地维绝”。故事中的“天柱”，就是指不周山上天文台的“中心柱”。③八索即“中心柱”连接在八根“游表”上端的八条绳索（维绳），又称“地维”。“八索”呈360度分布，有助于观测日、月、星辰运行在某区间的“维度”。④台面上有一个“八卦方位图”（又称“八芒图”），一般用石块排列组成。⑤天圆地方的标志物：方台中央的“八芒图”装在一个“大圆圈”内，而“中心柱”顶端有着一个小圆盘，称作“天盘”。方台与大圆圈和小圆盘相结合，象征着“天圆地方”。如果你站在不同的角度和高度去审视天文中心的全景或局部，一定会产生不同的视觉画面。巫史们正是根据这些不同视角的“物象”，抽象化为不同的文字符号，并且在造字的构形中广泛应用，以表示“天垂象”“天象”“天意”“天道”“天理”“天气”“天地交午”“阴阳交午”等文化含义。

下面，我们以天文中心的“全景图”和“局部图”为取象之物，作《同物而异象、异字例表 B》。

附表二　同物而异象、异字例表 B（以天文中心而取象）

主体	视角	“形象”符号	符号及文字
以天文中心全貌（全景或局部）为取象主体	A. 正面视角： 站在正北方，向着正南方看，这时图景是：“⏃” ① 因为九根柱子，正南方与正北每三根相重叠，成像“ᛁ|ᛁ”字形。 ② 因为“八索”只能看到重叠成像为“⌃”字形。 ③“高台”远看成“□”或“一”形。 ④“地平线”也成像为“一”形。 ⑤ 看不见台面上的“八芒图”，故无象可形。	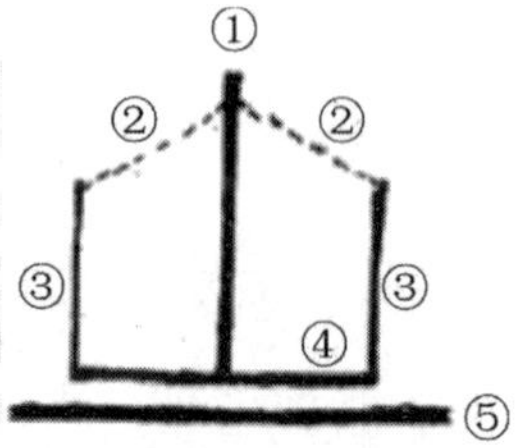 （图 A1） ①“中心柱”及重叠的两根“游表”所成之象。 ② 重叠的“维绳”所成之象。 ③ 重叠的三根“游表”所成之象。 ④“台基”所成之象。	

续表

主体	视角	“形象”符号	符号及文字
以天文中心全貌（全景或局部）为取象主体		⑤“地平线”突出中心柱顶部的“天盘”标志。 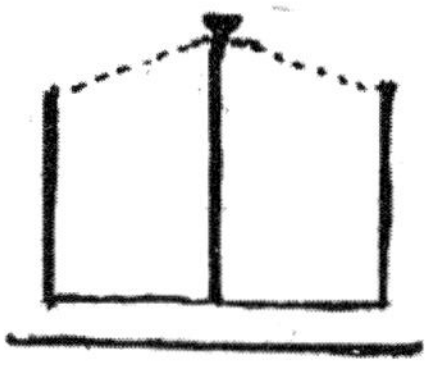 （图 A2）	
		 （图 A3） 突出中心柱上部的“交午”标志。省去了“地平线”的符号“——”。	
		 （图 A4） 省去了上部的“维绳”和下部的“地平线”所成图像。呈“山”字形。	“山”：豈、凱（凯）、岁
		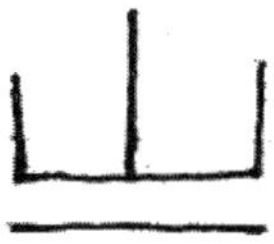 （图 A5） 省去了上部“维绳”所成之象。	“山”：徵、徽、微

续表

主体	视角	“形象”符号	符号及文字
以天文中心全貌（全景或局部）为取象主体		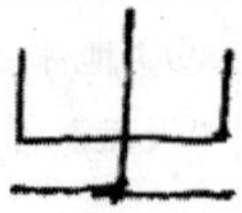 （图 A6） 将“中心柱”放在突出位置，“天柱”直插“方台”和“地平线”上所成之象。	“旹”（时）、蚩（蚩尤）、 “㞢”（祭名有、佑）、顯、瑞
		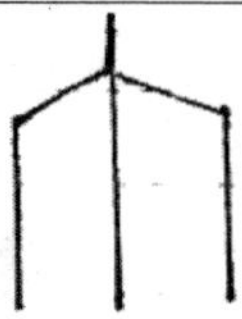 （图 A7） 由“八索”与“九柱”组合成像，省去了“高台”和“地平线”之景，呈“巾”字形。	“巾”：師、徽（黴）、常、幢、市
天文中心全景	B. 俯视成象： ①“高台”与“八索”“九柱”成象为“⊠”。 ②“高台”与“中心柱”成象为“古” ③“九柱”与“八索”成象为“米”。 ④“八索”与“八芒图”成象为“米”。 ⑤“高台”的台面单独成象为“口”。 ⑥“高台”与东、西、南、北的“四柱”和“四维”成象为“田”。	⊠（图 B1）符号： “口”为方台（高台）的俯视之象。 “＋”为东、西、南、北“四柱”和“四维”的俯视之象。 “X”为“四隅”的四根“游表”和四条“维绳”的俯视之象。 “十”为“中心柱”（天表）的俯视之象（容易误为树枝、木棍）。 注意：“十”≠“＋”。表示天表的“十”符号，短横“一”写在靠近顶部。而表示四方的“＋”符号，“一”写在正中部位置。 另外：“⊠”或简写为田、⊠、⊠、⊠。	（天台）“口”：台、始、呈、吉、史、司、后、哲 （天表）“十”：古、故、协、士（仕）、干、早 （四方）“＋”：甲骨文 [illegible]（方）、金文“[illegible]”（旁）、博、“叶”（即协的古文） “⊠”（金文“周”字之象形）

续表

主体	视角	“形象”符号	符号及文字
天文中心全景		图 B2 ✱：简写为“丰”或“米”，呈“米”字形（很容易误为稻米之“米”，二者为同象而异物）。	“米”（米）：精、番、瀋、審、潘、播、深、奥、氣、释
		图 B3 田：“口”为方台，“十”为四方（四正）之义。（很容易误为田地之“田”字）。“X”，表示四隅。 “四正”即正东、正西、正南、正北。 “四隅”即东北、西北、东南、西南。	“田”：、番、播。画的金文写作，此处从“周”与从“田”构形原理相同。
		图 B4 古：高台与中心柱所成之象。“口”为高台，“十”为中心柱。	“古”：古、故、做、中、史

值得注意的是，上面以“天文中心”为主体，在不同视角情况下的“象形”所产生的文字符号，在日常生活中，很容易误解为“其他普通物象”，例如：

① 把“”误解为土堆上的草木，把“”误解为普通的房子。

② 把“㞢”误解为“止”字，把“山”误解为“高山”，所以，在写“徵”（征兆之义）字时容易把一横漏掉。“旹”为“时”的古字，从“㞢”（天文中心）从日（太阳）。

③ 把“山”误解为山石之“山”。例如“歲”（“岁”的繁体字），这里的“山”是天文中心的抽象符号，如作为山石之“山”，这个“岁”字就无法会意了。

④ 把“”和“”误解为田地之“田”。把“✱”（丰）误解为

一堆乱柴草或为稻米之“米”字。这里的“米”通常是用来表示向四面八方辐射、扩展、延伸之意，引申为边远、边疆。例如“番”“奥”等字。

⑤ 把“巾”误解为布巾之“巾”字。例如“幢”字作“日幢”“幢景”词组时，“巾”含有天文中心“天垂象”之本义。再如“帀”字，《说文·帀部》“帀，周也”。还有“揰”“箍”，都含有符号“帀”，都具有“周”的含义。由“八维”呈360度布局而得“周”义。

⑥ 把“十”误解为数量词“十”。实际上它是天文中心的一种“俯视图符号”，例如“方”（“方”字，从十、从人）与“博”字中的“十”都是指四面八方。另外“十”也是天表柱（又称交午柱）的文字符号，但是上部的“一横”一般写得短一点，形成“早”字、叶（古“协”）字。

⑦ 把“口”误解为人口之“口”，或“地界”之类。这里的“口”是专指天文台或祭祀台（灵台）的。例如“古”字，一般人解释“十人之口相传承叫古”。实际上“十人之口”并不能代表“十代人之口”，不能会意出“古代”来。这里的“古”字，应理解为天表柱“十”，长久地树立在天文中心的“高台”（方台）上。由“长久”引申为“久远”“远古”“古代”。

第五节　同象而异物、异义

在汉字构形中，同象而异物、异义的情况时常遇到，若稍不留神便会产生误读。在此，先讲一个小故事，叫作“难解的曲线符号”，希望大家能从中领悟到“同象而异物、异义”产生的原因。

传说在古代，有一位很有名气的画家姓张，有一次在闹市上随手画了一个“ʃ”形的曲线符号，并考问在场的观众，谁能猜出这画的是什么东西来，就奖给他十斤猪肉。于是，农夫抢先回答说：这画的像田地里一条流水沟。接着，渔夫说：那像一条蛇或者鳝鱼。织布的老妇说：那像一根棉线或绳子。理发匠说：那像一根头发或辫子。木匠说：那像一根弯树枝。小商贩说：那像一条弯弯曲曲的山路。道士说：那像一股缭绕的烟气或祥云。医师说：那像一条人体的血管。最后屠夫说：那简直就是十斤重的一长条猪肉。结果引起了众人的哄然大笑。通过上述的小故事，我们可以从中领悟到三个大道理：①大千世界，“形相近而物相异”的东西的确太多了，一个抽象的符号，便会引起人们无限的猜想。②一个人的“感知”和“判断”，往往会受到其职业经验的影响，既具有某种“合理性”又容易产生“局限性”。③由此联想到“造字”问题。“造字者”的职业不同，看问题的角度和思路往往也不同。若巫史造字与农夫造字相比较，肯定会表现出世界观、价值观方面明显的差异性，特别是那些“象形字和会意字”。总之，在汉字构形中“同象而异物、异义”的情况多有发生。请参阅附表三：

附表三　同象而异物、异义例表

形象（符号）	楷书字	异物与异义	字例
1. 	厶	①表示缭绕的云气或烟气	气、云、弘
		②从动物或人口中冒出的气	台（作“说”的意思），牟（牛叫声）
		③元气、精气	台（作“我”的意思）、胎、始，以、姒、魂
		④弯曲的物体	勾、钩、厷、肱
		⑤表示人的鼻子	私、公
		⑥鸟头或鸟嘴	允、妧、兖、玄、夋、俊

续表

形象（符号）	楷书字	异物与异义	字例
2. X、卍、卍、卍、ㄨ	X、文	①丛生的草木或交错的树木	𣛧、攀
		②渔网、箩筐等交织物	网、羅（罗）、羉（罩）
		③阴、阳二气交午的符号	五、吾、文、學（学）、嚳（帝嚳）、爾（尔）（你）、希、晞、凶、交、教（教）
		④丝线、丝团	糸、絲（丝）、绸绳
		⑤俊杰人物	今“義”的简化字“义”，借其音又借其形
		⑥泛指一般交叉物	峭、艾
		⑦像两把刀交叉架在一起	殺（杀）、刈
3. 口或ㅂ或O	口	①表示人口之“口”	吃、唱、叫
		②表示器物	品、豆、器
		③表示石块、木块、土块之类	石、斫、串、另、捌
		④表示上古的天文台、祭祀台、神坛等	古（工）、史、事、使、司、占、吉、台、后、京、亨、呈、郢、咸、感、吾、悟
		⑤表示地域、地界	或、國（国）、域
		⑥表示范围、围墙、围沟等	困、囚、围
		⑦表示城堡之类	邑
		⑧表示人的头部、眼睛之类	兄、祝、子（孚）、哭、天（吴、天）

续表

形象（符号）	楷书字	异物与异义	字例
4. 8、𠂤、8、8、8	幺、糸、午	①表示丝、线绳之类	幺、絲、幾（几）、機（机）、亂（乱）
		②表示阴阳相交	“午”（甲骨文写作8，金文写作8、↑。“予”（篆文写作予）
		③表示小鸟（小鸡）的俯视图：8、8	玄（玄鸟）、兹、雍
5. 巛、巛	巛	①像一条条山沟、山川之形	“川”的古字。州、巡
		②像“八卦”中坤卦符号☷的侧视图“巛”“巛”	“坤”的古字
		③像翻耕过的土、垄、田沟	甾、菑
		④像水的波浪	災（灾）、邕
		⑤像草木的茎干之类	巠、經、徑（径）
		⑥像毛发之类	首（首）、子（子）、须、顺
6. 彡、三	彡	①表示光芒、光气	易（甲骨文、金文写作“易”。穆（甲骨文穆）。皇（金文皇）。昜、参、陽、彤、彰、彩、修
		②表示响声、音波	彭
		③表示花纹	彫（装饰之义）
		④表示毛发	须、髮（发）

续表

形象（符号）	楷书字	异物与异义	字例
7. 、	矢、交、午	①表示箭	矢、、雉（注意：“矩”字的“矢”，是由大字讹变，“矩”的金文写作、像人执“巨”之形）
		②表示交叉、交错	交（），校、效
		③表示阴阳交午或阳气上升	午、迕，金文、（寅），甲骨文、（黄），吉（甲骨文、），族、智、矣、候、侯，很多人把此处的“矢”误解为“箭”

在观察上表时，值得注意的是：

① 象形符号“”。在多数情况下是表示“气”的，如何领会该“气”是为云气、烟气，还是人体发出的气，还是元气、精气？要因字制宜，需要参考字形构件中的其他符号信息进行综合判断。另外，当表示弯曲的物体时，容易判断，如：勾、沟、肱等，但是表示鸟头或鸟嘴时，则很难判断，一般在“鸟族”的图腾像或族徽铭纹中，作为“神鸟”或“凤鸟”的标志，后来演化为文字。例如“允”（人身鸟首），㚯、俊。

② 象形符号“X、”。在一般情况下，泛指交叉之物体，这些容易看出来，例如“网”字。但是在汉字构形中，很多时候是作为阴阳二气相交午的符号（X、、、、、），它是表达气生万物宇宙观的重要“字符”。而恰恰在这个方面最容易被人们“忽视”“误解”，使传统

文化形成的“字魂”被抛弃。

③ 象形符号“𠙵、口”。在多数情况下是表示人口之“口”，或器具、地界、围墙之类。在古文字中有时也作为“日”字的省写。有很多时候也表示高台建筑，例如：高、京、亭等；但是，在有些字中表示特殊的高台，那就是观天台、祭祀台和后来的“明堂”（天子执政祭奠合二为一的地方）。这里的“口”既是表示天台神台的符号，又可引申为天、天意、天道、天理（包括法理）等。例如：古、吉、吏、司、后、辟、台。

④ 象形符号“8、8、8、8”。这些符号，在一般情况下表示丝线、线绳之类的物体。但是，若说它表示“午”“予”等文字，现代人感到很陌生。因为我们头脑中“气生万物”的阴阳哲理太少，远不如上古的“造字者”。

再说“8”符号用来表示赤中带黑的火神“鸟”（“玄”字、玄鸟）的问题。你若去俯视一只刚出生的小鸡或小鸭，并且画一张“小鸡俯视图画”，这幅画肯定象“8”形，因为你看不到小鸡双脚、双眼，只看见背部和头部。也有人把“玄”字解释为“一团放置长久的麻或丝”，因为时间长了，变为黑色了，所以引申为“黑色”。这种解释不符合生活实际，一团白色的丝或灰白色的麻线，放一百年后，颜色只会变暗，绝不会变成黑色，除非因腐烂变质，被碳化了。再说“玄”字又表示黑中带红（即“黑红”）之色，其中的“红”从何而来？看来把“玄”字的本义理解为“久置的丝线”有点证据不足。

在谈到“同象而异物、异义”问题时，还有两个十分重要的文字符号及文字。那就是“戊”和“戈”二字。在前面《刀字歌》中，涉及含有戊、戈的字例很多，若按照目前已经定论的“戊为大斧，戈为兵器”的思维模式去解读那些“字例”，就显得与中国传统文化的“内核”格格不入。它唤醒我们，必须从“戊”字的同象而异物、“戈”字的同象而异物方向去思考，然后找到问题的正确答案。通过深入的考证（包括对上古礼器、兵器和天文仪器的考证），我们十分惊奇地发现：上古观测天象的工具“量天尺”（即规和矩）抽象成文字符号后，也能组合成为甲骨文、金文中的“戊”或“戈”字，与原有作为大斧的“戊”和兵器的“戈”，形成了一组“同象而异物、异义”的关系图。

在《刀字歌》中，提到“我”“義”“羲”三个含“戈”的字例。有人认为“我”字的甲骨文、金文构形像一把“带刺的戈”（平头戟），后人“假借”为人称代词“我”。这种解释显然是“臆测”。传统文化观点认为：“我”是天生之物，由天意所“造化”，父母所生，绝不是从树杈上掉下来的，更不是从刀、斧兵器中生出来的或假借来的。世界哲学的最基本内容，就是回答“我从哪里来”？即万物是怎样生成的（世界观）。人文始祖伏羲氏，仰观天文，俯察地理，创阴阳八卦理论。天官羲和占日，常儀占月。按照文献中“少昊之前圣人以德为号”的说法，这“羲”“儀”二字的构形和文化内涵，一定与三位圣人的德“功德”有关。他们手中拿的“戈”，绝不是杀人的兵器，应是用来观测天象的仪器“规”和“矩”（俗称“量天尺”）。请参见附图二《伏羲女娲像》中“男执矩，女执规”的画面。那么，“规”和“矩”二件物品，如何能抽象化成文字符号，组合成“戊”或“戈”字呢？请详见附图三《戊、戈构形组合图》和第五章第一节、第二节的“专述”。

下面对附图三《戊、戈构形组合图》的文字符号演变原理作简要说明：

①“圆规”的正面视图符号呈“”形（含圆弧线），人们一见到这种符号，就会猜想到只有“圆规”才能画出“圆弧线”来。但是，人们也很容易联想到古代“月牙形”的大斧，于是造成“误解”，这就是“同象而异物、异义”的情况。“圆规”的正视图像，下部若不含“圆弧线”，则呈“”形，它容易被误解为楷书体丈夫之“夫”字，“规”的

帛书写作“規”（《老子甲帛书》二〇），“規”（《相马经帛书》一六上），从夫，从見，是“人头上长着大眼睛，在察看圆规划线的尺度之状”。“规”字由“圆规”引申为“尺度标准”，再引申为“法度”。

附图二　伏羲女娲像（唐代绢画摹本）

图解：画中男女一臂相抱，一臂高举。男执“矩”，女执“规”。下身呈龙（蛇）相交状。上端绘一太阳，日中有一展翅“三足乌”（日精）。下端绘一月亮，月中有桂树、蟾蜍和白兔。

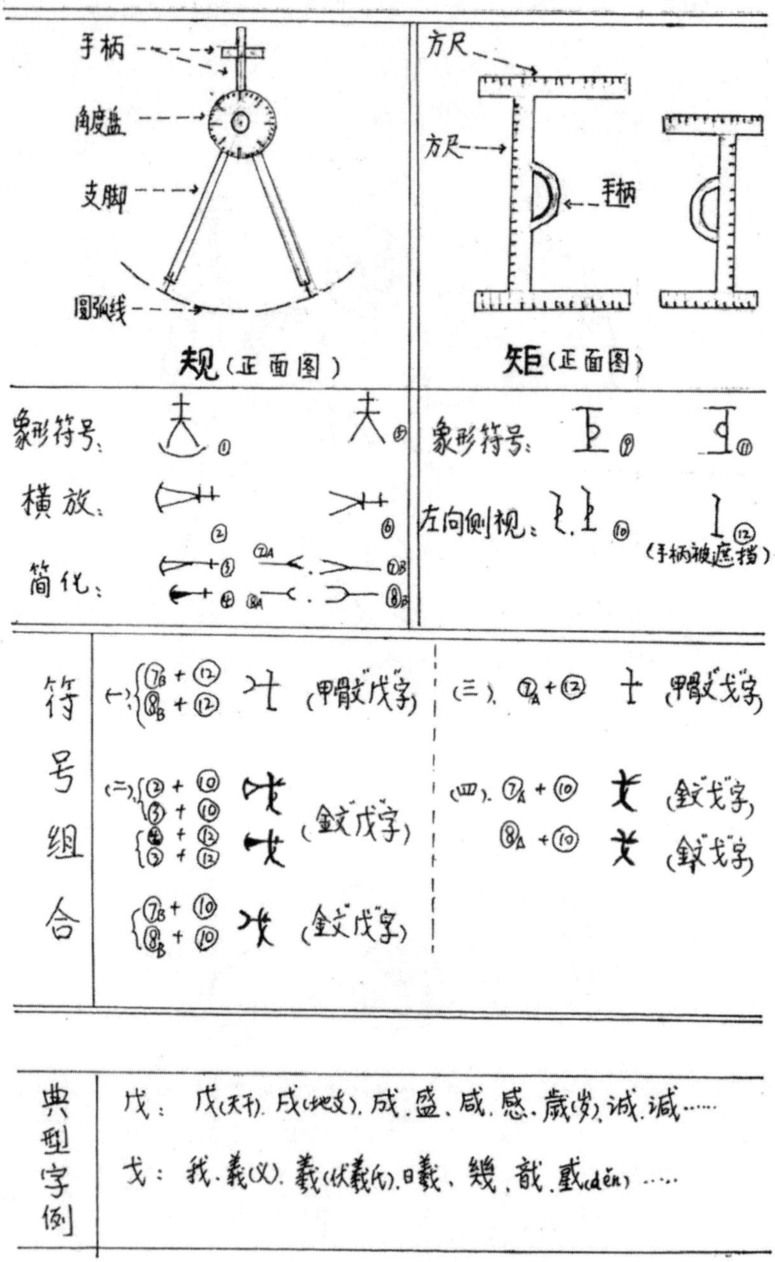
手柄
角度盘
支脚
圆弧线
规(正面图)
方尺
方尺
手柄
矩(正面图)
象形符号
横放
简化
象形符号
左向侧视
(手柄被遮挡)
符号组合
(甲骨文戊字)
(金文戊字)
(金文戊字)
(甲骨文戈字)
(金文戈字)
(金文戈字)
典型字例
戊：戊(天干)、戌(地支)、成、盛、咸、感、歲(岁)、诚、諴……
戈：我、義(义)、羲(伏羲氏)、曦、幾

附图三 戊戈构形组合图

② 关于为什么会产生“规”与“矩”的两个文字符号组合问题。因为二者是“测量”万物、万象时必备的基本工具，是不可或缺的“同胞兄弟”（尺度、弧度、长度与角度）。把二者组合起来，统称“量天尺”，显得更简便。同时，也是天圆（规）与地方（矩），“天地交合”的传统观念的体现。在中国人的眼里，“规矩”一词早已成为制度、准则、法令的代名词。上古人认为，人间的“法理”来源于上天的“天理”。所以，最早期的法官叫作“理官”（大理）。《尚书》中有帝舜任命皋陶为“大理”之官，主掌司法的记载。它又表明，制定和执行法律的职能，开始从原先的巫史集团中分离出来。因此，“规矩”由“量天尺”，引申出“天意”“天理”等含义。

③ 表示“量天尺”的“戊”和“戈”二字，与表示大斧的“戊”和青铜器平头戟的“戈”字，属于汉字中的“同象而异物、异义”情况，二者并不完全矛盾。例如“我”字，从勿从戈，“勿”是表示五彩的云气、精气，“戈”是表示“量天尺”（尺度、法度），若按照“气生万物”和“精气为物”的宇宙观来理解，“我”字的本义应是“按天意的标准所造化的精灵之物”。如果把这里的“戈”解释为兵器，那么，“我”字的本义便成了“我”不是天地精气所化生，而是由兵器所生，或是由兵器“假借”而生。显然，后一种说法是“荒唐的”。以上种种，都说明了一个很重要的问题：汉字的“同象而异物、异义”情况很普遍。类似的例子又如：“羊”字，有时表示动物之“羊”，而有时却表示上古人观测天象的“羊角柱”，它是最原始的“天表”构形。其相关字例有：姜、美、善、祥、恙等。

第六节 象形文字的“利”与“弊”

中国的“象形文字”是当今世界上独具特色的文字。凡事物者，皆具有两面性，皆需要用“一分为二”的观点去看待它。汉字也同世界上其他文字一样，具有自身的优点和缺点，或称作“利”与“弊”，把其优点和缺点加起来，便是它的“特点”“特色”。

（一）关于汉字的“利”。千百年来，无数的政治家、文学家、艺术家、教育家和文字工作者们，其“赞美之语”真是多得无法统计。然而，有几个基本的观点，还是有必要重申一下：

① 象形文字具有“生动性”，使人通过感官就能见其形、会其意。各地方言的读音虽然千差万别，但字义是相同的、相通的，所以这种文字具有强大的生命力，能几千年传承下来，并且不断丰富和发展。

② 汉字中的会意字，也是建立在“象形字”的基础之上的。它是通过多个“象形”的抽象符号进行组合而形成的文字，依然属于广义上的象形文字。这些会意字，把象形符号组合起来，以表达其本义、内涵，使文字充满着丰富的想象力和独特的魅力，并闪耀着“字魂”的光芒，使整个字活了起来（具有了生命感）。例如乾坤的“乾”字，籀文写作“乾”，篆文写作乾，从卓、从乞。而卓是日出日落之象，其中的“十”表示天表日竿，“早”是太阳升在日竿之上，“”，是太阳落在日竿之下。早与重合为“卓”。“乞”是气的省写，表示天空中万千气象，也表示元气。《周易·乾卦》“大哉乾元”，即指博大无边的元气。“乾”字所展现在我们面前的是一幅“日出时朝霞万丈，日落时气象万千，日出日落、周而复始、年复一年，乾元之气，博大无边，天生万物，皆来自元气”的美丽壮阔的画卷，表达出的是“气生万物的哲理”。

③ 汉字中的形声字。汉字的形与声紧密结合，给人以轻快明了的感觉。总之，汉字的优点还有很多，不作详论。如果我们把中国的象形文字与西方的字母文字相比较的话：西方的字母文字就像一瓶纯净的矿泉水，喝起来感到清爽、明快；中国的象形文字就像一瓶茅台酒、喝起来回味无穷，而且酒是陈的香。

二、汉字的弊。关于汉字的缺点，自五四运动以来，有很多人作过这样或那样的评论（也可叫批判）。直到现代，关于简化字的问题，关于是否改用字母文字的问题，仍然存在着种种看法。对于这些问题，笔者在此不多谈论，只想重点讲个问题，即汉字研究中为什么会容易陷入误区的问题。原因有很多，其中一个重要原因就是象形文字是以“象”为基础的，而大千世界的万物是千姿百态的，“同象而异物”“同物而异象”的情况很多，容易造成对文字形与意的误读。这个问题似乎成了汉字的一个弊端，很难解决。在前面我们用了大量的篇幅介绍“同物而异象异字”和“同象而异物异义”，目的就是为了说明这一点，以便引起注意。要想解决这个弊，没有捷径可走，如果说真有什么捷径的话，那就只有一条：紧紧抓住传统文化的“内核”，以防失去“国魂”和“字魂”。失去向心力的物体，必然偏离运行的正确轨道。

第七节 “假借”不是灵丹妙药

在汉字的六书中，“假借”是其中之一。“假借”的产生，主要有两种原因：一是造字之初，文字不多，记录和表述时不够用，于是便取一个同音或近音字代用，不作新字，这叫“借音字”。也有借形字、借义字，不作多述。二是本来有其字，因为写字者提笔忘字或嫌原有字笔画太多，便随手借用一个同音或近音的字代用，而不考虑其原来的字意如何。这样一来，就给后世的阅读者带来很多困难，甚至误解。虽然历代都有一些学者们使出九牛二虎之力去破解那些假借字，但是能达到共识的不多，争鸣却不少。

假借字，是历史的产物，我们不必去埋怨古人。问题是我们自己要小心谨慎，不要反而出现对“假借”一词的“滥用”。所谓“滥用”，就是把那些构形不明的字，或者自己目前没有办法解说清楚的字，统统装进“假借”的笼子里，把假借当成了包治百病的“灵丹妙药”。

如何辨别假借字，需要考虑的因素很多，比较难以把握。但是，有两点必须考虑，那就是“时间因素”和“空间因素”。特别是时间因素，老祖先不可能向后世还没有出生的子孙们去借东西，而后世可以借祖先的遗产遗字，这个道理看起来很容易明白，因为它是一个最基本的逻辑关系。但是，在汉字假借问题上，我们常常会犯这种逻辑性错误。

例如“東”（东）字，甲骨文和金文写作“”。有人认为，像两头扎起来的一个大布袋，里面装着东西（物）。“东”的本义就是代表东西。用东西之东，假借为方位词东方之东。这种解释就犯了一个时间因素的逻辑性错误。作为方位词的“东”，起码最迟产生在炎黄时期，因为仰观天文、俯察地理，首先要有方向、时间的概念，否则，无法观测。而“东西”这个双音词，秦汉时期才使用，最早不超过春秋战国时期。炎黄时期的老祖先，怎么会向秦汉时期的人去借“东”字呢？再例如，作为天干之一的“甲”字，甲骨文和金文都写作“十”。小篆写作。很多人认为“甲”字的本义是古代战士穿的护身衣“铠甲”。天干中的“甲”，是假借铠甲之甲的借音字。传说黄帝令仓颉造字，令大挠作甲子，说明黄帝时代已经有甲乙丙丁之类文字或文字符号。但是，铠甲之类是后来先秦时期的发明，之前的尧、舜时期，战士们打仗都是身穿便服或赤膊上阵。试问，黄帝时期的大挠，怎么能向千年之后秦汉时期的人去借“甲”字呢？（“東”字见第八章专述，“甲”字见第九章专述）。

另外，“假借”不能违背最基本的情理。不能借块“石头”当作“馒头”，不能借“狗”去表示“人”，也不能借人去表示狗，不能借死物表示活物。前面讲到的“我”字，用带刺的兵器“戈”，假借为人称代词，就是以一种“借刀替人”，“以刀作为人”的做法。这是违背常理、情理的事，古人是不会干的。这种“假借”是不能成立的，不存在的。

以上仅举三例，其目的是为了告诉人们：不要滥用假借这个名称和方法。

第二章　气生万物与气生万字

第一节　从两个故事说起

一、“女娲补天”的故事及启示

凡中国的大人、小孩，大都知道神话传说中“女娲补天”故事的大概内容。据《淮南子·览冥训》记载：远古的时候，四方撑天的大柱子倒塌了，九州大地裂开，上天出现了大窟窿，不能完整地覆盖大地，大地也不能负载万物。大火蔓延、洪水泛滥而得不到控制。猛兽和凶鸟吞食人类。在这种天崩地裂的情况下，勇敢而善良的女娲，熔炼“五色石”以补苍天，斩断巨龟之足以作撑天的支柱；杀死黑龙以解救百姓；集聚芦灰堵塞大地裂缝涌出的洪水。结果，补好了苍天，立定了四极，平息了水火之灾，杀死了害民的猛兽，大地恢复了春暖、夏炎、秋杀、冬寒的正常秩序。人们背朝大地拥抱上天，用方正的“矩”为枕头，躺在正直的“准绳”上。阴阳变化之气把壅塞失调不能通达的地方巧妙地理顺贯通。危害万物、伤害百姓的气候也被平息了。人们永远铭记着她，美名传播千秋。

有人说：“女娲补天”仅仅是一个神话，看起来“英勇壮丽”，实际上“荒唐可笑”。因为上天不可能出现“大窟窿”，女娲也不可能用几块石头就补好了天。但是，也有人说，不知道上古时代人们的脑中是一种什么样的“观念”，很难猜想。现代人看起来是“荒唐可笑”的事，为什么却会几千年一代一代地传下来呢？故事的内容，一定有不少是古人眼中“合情合理”的地方。的确如此，如果我们带着“天地皆为气”

“通天下一气耳”“清阳之气上升为天，浊阴之气下降为地”“气生万物”的宇宙观，再回过头来解读“女娲补天”的故事，“其情其理”就感觉顺畅多了。我们可以这样去解读：天地皆为阴阳之气所形成。当阴阳之气流畅通达时，则四季分明，风调雨顺，则五谷丰收，人们丰衣足食，社会安乐和谐。当阴阳失调达到一定“极限”时，必然带来四季失序，春天不暖，夏天不热，秋天不凉冬天不寒。当雨不雨而为大旱，当晴不晴而为大涝，五谷不收，六畜不育，病疫灾荒随之而来，甚至大地震，火山爆发，这叫“天崩地裂”。用现代“环境保护”的意识去看，由于地球上长期的“大气污染”，特别是二氧化碳超量排放，突破了地球“自然净化，自然调节”的承载极限，这就叫“地不能负载万物”。天空中那保护地球生态的“臭氧层”也遭到破坏，出现了“空洞”（天洞）。于是，自然规律被打乱，大旱大涝飓风等“极端天气”给人类和整个地球生态带来“巨大灾难”。女娲为什么“炼五色石以补天”？因为上古人认为：万物都是由“无形之气”化生为“有形之物”的。五色石原本是由“五色之气”化生而成，通过熔炼，再把它还原为五色之气（气体变固体，固体变为气体）。用五色之气去补“天气”的窟窿，是属于“以气补气”的原理和方法，古人认为这是“合情又合理”的，并不觉得“荒唐”。现代人重视植树造林就是希望减少二氧化碳，多增加氧气，去充补那臭氧层出现的“天洞”。所以，从某种意义上讲，当代的“环境治理工程”，很像古老神话传说中的“女娲补天工程”。

从以上“女娲补天”的故事，我们可以得到三点体会：①在上古人的头脑中，“气生万物”的观念十分浓厚。②上古人把“四季变化”是否正常，同阴阳之气是否通达顺畅紧密地联系在一起，把各种自然灾害都看作“阴阳失调”的表现。女娲补天，改变了“阴阳失调”的局面，使人类和自然界继续“和谐共处”。它反映了“天人感应，天人合一”的传统文化的基本观念。③女娲补天之后，人们“枕方寝绳”。“方”指方尺，即“矩”，表示规矩，自然规律。“绳”：指准绳、准则。人们以“规矩”为枕头，躺在“准绳”上作息。说明“大灾大难”之后，人们开始懂得“按自然规律”和“社会准则”办事了。

二、老师为我讲《震卦》

早在我年轻上大学的时候，有一次课外活动中，同学们与哲学课老师闲聊，无意中提到《周易·震卦》的内容。老师说：震卦里包含着达尔文的“进化论”思想。老师的这一说法，我“终身难忘”。因为我是第一次听到这种说法，也是我第一次感受到古老的八卦中丰富的哲学内涵。他说，中国人头脑中“气生万物”的宇宙观来源于八卦。“气”如何能变为“物”呢？这种“化学反应”需要一定的外部条件，即一定的温度、压力等等，上古人叫作“震”。《老子·四十二章》：“道生一，一生二，二生三，三生万物……万物负阴而抱阳，冲气以为和。”这里的“一”，是指原始混沌的“元气”；“二”，是指阴阳二气，及其由阳气所形成的天，阴气所形成的地；“三”，是指“和气”，也叫“冲和之气”，是阴阳二气激荡中的“质变”。冲是激荡、震动、冲击的意思。说明阴阳二气在“化生万物”时，必须经过“激荡”（包括雷电的剧烈震动、高温、高压）的外部条件配合，才能“合二为一”，才能“由二生三”。从而成为新的“生物体”。这是一种无形变有形，量变到质变的过程。叫作“化生”，也叫“造化”过程。这就像现代人制造化工产品一样，几种原料配合，在一定的温度、压力、催化等外部条件下，化学反应才能实现。而达尔文在其《物种的起源》中说：数亿年之前地球上没有生命，也没有水，只是混沌的大气，大气中混合着碳、氢、氧、氮、磷、钾等很多种物质。这些物质各自独立存在，缥缈不定。后来在风力、阳光和雷电的强大外力作用下，大气中氢与氧开始化合为水分子。氮、氢、氧、碳等化合为蛋白质类物质。于是地球上开始有了水，有了藻类。后来又有了低级微生物、植物，后来有了各种动物和人类。达尔文用近代科学思想所讲的“风力、阳光、雷电的作用”，恰恰正是中国八卦中“风卦”和“震卦”的基本原理。它是一种从无形（气）到有形，从无机物到有机物的“生化”过程。古代人在讲“气生万物”时，特别强调“化生”“造化”，这里的“化”，就是指物质（气）由量变到质变的“冲和之气”的形成过程。在古代文献中，常常用“阴阳交午（或交通）”“天地交午（或交通）”“神通”“变通”“变易”“变化”等词语来表达。

第二节　“阴阳交午”及其文字符号

前面的“女娲补天”故事，重点体现的是“气生万物”的宇宙观。关于“震卦”的故事，则重点讲到“万物化生”的基本条件，即“阴阳交午”“天地交午”之类。上古人心目中的“阴阳”概念，类似于现代哲学中“事物的二重性”“矛盾双方既对立又统一，在运动中相互变化、转变的规律和属性。”“阴阳”一词，一般作为“阴气”和“阳气”的简称，“阴阳”所指的范围还有大、中、小之分。大阴大阳的概念：一般是指天阳与地阴；“日”为大阳（俗称太阳），“月”为大阴（俗称太阴）。四季冷暖变化等，也属“大阴阳”的范畴。小阴小阳的概念：一般用于指某一具体植物、动物、人体等内部所含阴阳二气运动的“小循环”。

在前面的故事中讲到了“阴阳交午（交通）”，实际上就是指“化生”的过程。所以，古人把它作为“生命”“生机”“生气”“活力”“兴盛”的代名词。例如《周易·泰卦》：“象曰：天地交，泰。”意思是说，天阳之气由下而上升，坤阴之气由上而下降，二者相交午叫“天地交”；又曰：“天地交而万物通也，上下交而其志同也。”意思是说，因为天主生，地主养。当天地交午时，则生养万物，一派生机，五谷丰收，六畜兴旺，所以叫“万物通”。在人与人之间，上层的人与下层的人能相互交通（交流），心相通则志同道合，则社会安定和乐，这就叫“国泰民安”。这也是“泰”字的基本文化内涵和其“字魂”。

在中国的传统文化中，凡“天地交午”之象的出现：占卜者称之为“大吉大利之征兆”；医学者称之为“健康安泰之兆”；农者称之为“风调雨顺，丰衣足食之兆”；而君王称之为“国泰民安之天命”。在前面曾讲到北京天安门前的“华表柱”，它是由上古观测天象的“天表柱”经过艺术演变而来的。柱身上雕刻着一条乘云水飞腾而上的“巨龙”，象征着伟大的中华民族（龙族）。柱的上端有一个“圆盘”，柱的下端为“一方台”，象征着“天圆地方”。柱的上部有一块横板，经艺术化为一块云朵状，故称“云板”。“云板”与“柱身”一横一纵呈“十”字形，象征着“天地交午”和“阴阳交午”，所以华表又称“交午柱”。又因为阴阳交午，必产生冲和之气，即“和气”，故华表又称“和表”（参见《辞源》“交午”“和表”辞条）。华表顶端蹲一怪兽，叫“望天犼”，瞭望着太空，观天象，通天意，象征着“天地相通”或“天地之气相通”。现代人去天安门前游览，却很少有人细心地“品味”那华表的文化和艺术的内涵，这是我们对中华传统文化的“内核”缺乏深入了解。

在汉字构形中，有很多关于“天地交午”“阴阳交午”的文字符号，若稍不注意就会被误解为“它物”，所以了解这些符号十分必要。这类文字符号一般有三种书写方式，即“直线式”“曲线式”和“点线结合式”。详见附表四。

附表四　“阴阳交午”符号例表

书写形式	“交午”符号	说明
1. 曲线式	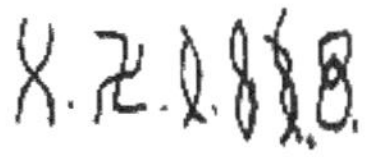	由于“象形文字”中存在着“同物而异象、异字”和“同象而异物、异义”的情况，①“曲线式”交午符号，很容易被误解为线绳之类符号。
2. 直线式	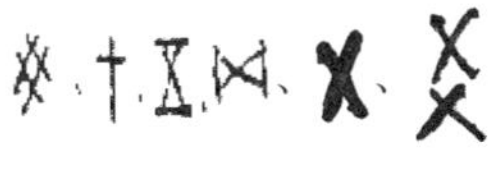	②“直线式”交午符号，很容易被误解为木棍、渔网、编织物之类。王大有先生认为“”为东西交午符号；“”为天地交午，或上下交午符号。“二”指天、地（或上与下）。

续表

书写形式	“交午”符号	说明
3. 圆点与线条组合“点线式”		③“点线式”交午符号，人们很容易把“圆点”误解为“土堆”“石块”“箭矢”“结绳”之类符号。

例如“交午”的“午”字：甲骨文写作、或；金文写作或、；小篆写作，。很多人把“午”的本义解释为“杵”。这一下就把“午”的字魂抛到了九霄云外。中国人为什么把 12 点钟前后的一段时间称作“午时”？因为当太阳运行到天空中央时，阳气由早晨的逐步上升阶段（称上午），开始转变为逐步下降阶段（称下午），它是一天中“阳气”变化趋势发生转折的“交接点，或称“交叉点”。所以“午”字以“交叉”的“双曲线”，或“双直线”或“圆点”（结点）作为文字构形的符号，为“会意”字。而“杵”为形声字，其中的“午”，仅起到表声作用。《说文·木部》：“杵，舂杵也。从木，午声。”实际上“午”字的甲骨文、金文构形与“杵”字一点也不相似。小篆的“午”写作“”。其中的“十”是表示阴阳交叉的符号；上部的“︿”是指天穹，太空的符号。太空中央的阴阳交叉点叫作“午”。当然，“午”也指每年农历五月夏至前后一段时间。在一年之中，“夏至”是阳气由极盛开始减弱，阴气由极弱开始逐步增强的阴阳变化交叉点（交错点）。有关“午”字，请参见第一章五节的“附表三”，本章六节的字例“午”字，第九章“天干与地支”。

再如“學”（学）字，甲骨文写作，金文写作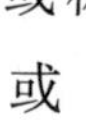。其中的×、都是阴阳交午的符号。引申为阴阳之道、天地之道。因为天地交午才能化生万物，世界上万事、万物的运动规律都是人们“学习”的内容。“”是表示双手，是一人传授，另一人接受之象，表示学习过程。我们千万不能把“×”“”理解为木棍的交叉或渔网的线绳之类，否则，“学”

字便失去了“字魂”。在第一章第五节中曾讲到张画家“难解的曲线符号”的故事。它告诉我们：不同职业的人，对同一个“现象”有着不同的理解。如果“学”字是“渔父”造出来的，那么其中的×、爻一定是表示“渔网”，若是“巫史”造出来的，则×、爻一定是表示“阴阳”。在汉字中，含有“𦥯”部件的字还有不少，例如覺，嚳，鷽……《说文·鸟部》：“鷽，山鹊知来事之鸟也。”既然是“知来事者”，一定能通天意，通阴阳。“覺”，一般解释为“悟”，即领悟天地之道、阴阳之道的意思。“嚳”，一般作为高辛氏“帝嚳”的人名（帝号）的专用字。我们都知道，上古帝王的名与号大多与其“功德”相联系（少昊之前，以德命其名）。此字将在本章第六节进一步阐述。

在汉字中，“×”作为阴阳交午符号使用的文字还有，希、晞、五、吾、悟、语、爽、爾、璽……，将另作专述。

第三节 中国人的“气味”

（一）中国宗教意识与西方宗教的根本区别

宗教，是人类从原始文明过渡到现代文明历程中的必然产物。从其积极意义上去看：当人类处在野蛮蒙昧时代时，只会“感性思维”，只会与“物质”打交道。而不会“抽象思维”、理性思维，与“精神”世界打交道。随着人类的进化，“大脑”的发达，所思考的问题便越来越复杂，开始思考“我从哪里来，再向何处去?”“万物从何处来?”为什么会有生与死、吉与凶、福与祸等，即“哲学的思考”。为了探求这些答案，于是，很自然地便产生了“宗教”。世界各个民族创造的宗教，其内容虽然有共同之处，但是，差异性却较大。有的建立在纯粹“唯心主义”哲学理论的基础上；有的是“唯物和唯心”的东西相混杂；有的“唯物主义”哲学思想成分多一些，有的则少一些。西方的基督教（天主教）认为世界万物都是“上帝”创造的、主宰的，即“造天地万物真主宰”；认为人的命运是上帝早就安排好了的……而中国的宗教自从传说中的人文始祖伏羲氏首创八卦、“阴阳哲理”以来，就“定格”在“气生万物”的宇宙观（世界观）框架之内。后来通过炎帝《连山易》、黄帝《归藏易》和周文王的《周易》（简称“三易”）得到传承和进一步地丰富、发展。我们知道，人类进入文明社会后，求知的欲望很强烈，特别是关于生与死、吉与凶、福与祸方面，希望能够“先知先觉”，以便“趋利避害”。而“三易”正是顺应人们追求“先知先觉”的欲望，并通过“占卜”的方式来宣传“气生万物”的世界观和“阴阳变易”的方法论的。它属于朴素的“唯物论”和原始的“辩证法”范畴。在这种宗教观的长期熏陶下，便逐步形成了中国传统文化的“内核”。中国宗教虽然混杂着很多“唯心主义”的东西，带有一定的迷信色彩，但是其“内核”仍然属于“唯物”“辩证”的。中国人善于以“阴阳之道”“天地之道”来阐明事理，预测吉凶。这就是中国宗教与西方宗教的根本区别。

（二）汉语中含“气”的词组和成语

在“气生万物”世界观指导下，中国的宗教虽然也讲上帝（天帝）、神、鬼、妖之类，但是都采用“气”的方式来表达。例如：神气、鬼气、妖气、凶气、邪气、灵气、福气、吉气、祥气等。笔者专门对汉语中人们经常使用的含“气”的词组和成语进行了初步统计，发现词组200多个，成语有30多个。其内容含意，几乎是“无所不包”：涉及悠悠万物、万事，上至天，下至地，中至人，社会的、政治的、经济的、文化的各个方面。特别是“人”，从生至死，从物质生活到经济生活，大多都是用“气”的方式进行表达的。这就叫作“中国人的气味”，也是“汉语的一大特色”。无论是中国人学习汉语，还是外国人学习汉语，了解这些“气味”是十分必要的，也是研究“汉字构形”的重要参考依据。特列表如下：见附表五《含“气”词组统计表》，附表六《含“气”字成语统计表》。

附表五　含“气”词组统计表

大致性分类	词组名称
（一）大自然类	天气、地气、人气、元气、精气、阴气、阳气、和气、生气、大气层、空气、大阳（太阳）之气、大阴（太阴、月亮）之气、星气（占星气）、云气、雾气、节气（二十四节气）、老气、彩气、色气、朝气、暮气、晦气、寒气、暖气、热气（炎气）、爽气、暑气、皞气（皓气）、刚气、柔气、景气、风气（引申为“社会风气”）、岚气、瘫气、香气、臭气、腥气、腐气、瘴气、土气（引申为“洋气”的对应词）、淫气、毒气、氧气 气象、气流、气团、气体、气温、气压、气味、气旋、气结、气虚、气亏、气盛、气质、气量、气势、气派、气候、气态、气宇
（二）宗教类	神气、鬼气、怪气、妖气、凶气、邪气、恶气、杀气、吉气、祥气、灾气、福气、运气（命运之气）、财气、才气、贵气、紫气（引申为吉兆）、“魂”（精气为物，游魂为变）、“魄”（精气的一种）
（三）人类： 1. 人生轨迹	①出生前：元气、精气、胎气 ②出生后：生气、稚气、孩子气、天真气、活气（活力） ③青壮年：朝气、阳刚之气、豪气、浩气、斗气、志气、盛气、惰气、火气、勇气 ④老年：衰气、暮气、老气、死气 ⑤死亡：气数已尽、气绝、气终
2. 人身体质	血气、脉气、胆气（引申胆量）、脾气、骨气、力气（力量）、脏气（五脏六腑之气）、精气（肾脏之气）、胸气（胸怀）、心气、胃气、肺气、实气、虚气、胀气、闷气（引申为情绪不得释放）、益气、伤气、足气、脚气、汗气、卫气、焦气、气功、气息、气脉 补气（气增加）、泄气（气减少，引申情绪低落）、窝气、火气（病状）、寒气（病状）、湿气（病状）、废气、益气、帅气（人的外表）、气色（多指健康状况）、气质（人的内在品质）、气度（胸怀或风度）、气味

续表

大致性分类	词组名称
3. 性格、表情	性格：①和气、客气、大气（引申办事风格）、小气（引申办事风格）、神气（引申精神表情）、俗气、习气、雅气。 ② 傲气、狂气、霸气、戾气、骄气、娇气、使气、负气、硬气、虎气（引申为威风）、猴气（灵气、活泼）、牛气（引申为强硬、强势）、熊气（引申为软弱、愚笨）、鬼气（引申为狡诈）、傻气、呆气、憨气 ③ 土气、洋气、义气、意气、骨气、节气、正气、邪气（气不正） 表情：①喜气、怒气、衰气、乐气、悦气、叹气、悲气、伤气、闷气、煞气 ②赌气，闹气，生气，淘气，消气，怄气、性气，忍气，服气，受气（受别人欺负） ③流氓气、无赖气、浪子气、君子气、凶恶气、奸邪气 ④口气（表情绪）、语气（轻、重、柔、硬表达情感）、声气（用声调表达情感） ⑤气话（生气的话）、气概、气盛
4. 吉凶贵贱	运气、福气、吉气、凶气、灾气、灵气、瑞气、烦气、手气、幸运气、景气、邪气（妖邪之气）、妖气、怪气、逆气（办事不顺当）、晦气、倒霉气、鬼气、秽气、受气、贵气、财气、穷气、穷酸气、贱气
5. 才智、事业	才气，老气，英气，俊气，锐气，胆气（办事风险承受力），傻气（不聪明），巧气，理气（理性之气），勇气，斗气，争气，大气，小气，阔气，土气，洋气（追求时尚），名气（知名度），浩气（大气），人气，美气（指好事），厚气（引申为办事大方），薄气（做事小气），惰气（懒惰） 气魄（办事有魄力），气节（做人做事有底线），气势，气派，气量（胸怀肚量），气力（力量），气氛，气短（引申为胆量小）

续表

大致性分类	词组名称
（四）其他	进气，出气，纳气，接气，哈气，咽气，换气，喷气，油气，烟气，松气，送气，吭气（说话义），馊气，燥气，湿气，潮气，岔气，贯气，透气，臊气，膻气，酸气，沼气，煤气，蒸气，电气，胀气，合气，厚气，薄气，香气，食气，浪气，闲气，气化，气泵，气垫，气床，气锤，气窗，气球，气眼，气枪，气焊，气锅，气脉，气胀，气畅，气壅，气通，气滞，气闷，气韵（指文章诗歌的品质）

注明：在日常生活中，含“气”的名词、动词、形容词“成百上千”个，此处仅仅统计了其中一部分。

附表六　含“气”字成语统计表　　（共37例）

（一）	气宇轩昂 气壮山河	气贯长虹 气势汹汹	气吞山河 紫气东来	气冲霄汉 乌烟瘴气
（二）	朝气蓬勃 盛气凌人 有气无力	暮气沉沉 意气风发 喜气洋洋	死气沉沉 意气用事 怒气冲天	血气方刚 意气相投 忍气吞声
（三）	理直气壮 颐指气使	正气凛然 趾高气扬	秋高气爽 酒色财气	心平气和 老气横秋
（四）	垂头丧气 唉声叹气 同仇敌忾	扬眉吐气 平心静气	低声下气 一鼓作气	灰心丧气 一团和气

（三）“气”是美文、美术最高境界的“评判标准”之首

从古至今，中国人对“美文”“美术”作品达到最高境界的评判标准进行了明确规定，即气、神、韵、境、味五个字。其中把“气”排在标准首位。

曹丕在《典论·论文》中指出：“文以气为主。”南朝画家谢赫提出“气韵生动”，作为绘画六法之首。用“气脉”“气韵”“气象”“气势”

“气息”“生气”“灵气”“才气”等词语论述和品评诗文、艺术作品。后来，很多名人也先后提出类似观点，例如：

“气”是宇宙之元气和艺术的本源。（曹植等人认为）

“气为干，文为支。”（刘禹锡《答刘子厚书》）

“气者，文之帅也。道明则气昌，气昌则词达。”（方孝孺《与舒君》）

“诗者，纯乎气息。”（黄子云）

“诗文者，生气也。”（方东树）

一篇好的文章，诗词或绘画作品，往往会使人们感受到气势磅礴，生机盎然之美，或者是小巧灵活，秀气之美。这就是一种“气味”之美，即中国人的“气味”。

第四节　上古“三大姓”（风、姜、姬）的文化内涵

前面三节重点讲的“气生万物”（中国人的“气味”）。从本节开始将重点探讨“气生万字”问题。在“解字”过程中为了便于前后衔接和查阅，将对所解读的“字例”进行顺序编号。对“字例”的解读方式，一般设置“字源”“背景资料”“本义”“引申义”“其他”共五个专项，特作“例表”如下：

001：某 字	
文字解读（分项）	1. 字源：含甲骨文、金文、古文……（不求全备） 2. 背景资料：包括人文、历史、天文、神话传说、学术争鸣…… 3. 本义： 4. 引申义： 5. 其他：①指明“该字”在本书其他处介绍。 ②与“该字”的构形相关联的其他文字（字例）。

续表

001：某 字	
说明	在“字源”专项中： ①所引用的甲骨文，一般引自赵诚《甲骨文简明词典》。 ②金文，一般引自容庚编著，张振林、马国权摹补《金文编》。 ③小篆、古文、籀文，一般引自许慎《说文解字》。凡引自其他处者，则另加注明。

上古“三大姓”：是指伏羲自命“风”姓，炎帝自命“姜”姓，黄帝自命“姬”姓。

关于中国“姓氏”的产生，据文献记载，最早起源于传说中的人文始祖伏羲氏。当时处在“新石器时代”之初，属于母系氏族的繁荣期。人类原本没有“姓”这个概念，当然更谈不上“文字”了。自从伏羲、女娲首创“婚姻制度”开始，“姓”便应运而生。可别小看“婚姻”二字，在第一章的开头已经讲到，人类自从有了婚姻制度，才产生了“羞耻”的概念，才逐步产生了一系列“人伦”的概念，不仅构筑了社会伦理的基石，更成为宗教和道德体系中不可或缺的支柱。因此，我们绝不能低估“婚姻”二字背后所承载的文化与精神价值。对于“姓”这个字，我们不能简单地理解为“女子所生”“以别婚姻”。它还包含着一个深层次的文化内容，即该部族的世界观、价值观和功德。特别是在上古“三大姓”中体现得更明显。因为这些“姓”，都是他们“自命”的，或“创造”的，而不是别人“赐予”的。它实际上起到了一个“图腾”或“族徽”的作用，只不过是以文字的形式，高度概括而已。在此，我们有必要重点探讨上古“三大姓”的文化内涵。

“风”“姜”“姬”这三大姓，从“表面”看不出他们之间的相互联系。但若“深入”去看，三个字都突出地反映了“气生万物”和“天道观”思想内涵。

(一) 伏羲自命“风”姓

关于伏羲为“风”姓的传说在很多历史文献中都有所记载。但是，作为人文始祖的伏羲氏，为什么会自命姓“风”呢？我们几乎看不到这个方面的直接性资料。不过，答案就藏在伏羲创八卦阴阳理论、“女娲补天”“伏羲、女娲兄妹为婚”等神话传说故事之中。伏羲女娲在昆仑山上决定是否结为“夫妻”之前，首先询问“上天之意”，“上天”以昆仑山下两股“云气”相交合为兆，显示同意他们结为夫妻。这种“云气之合”，即“阴阳之合”。所以后世称作“姻缘”。我们应该再回过头去看一下本章第一节中讲到“气生万物”需要一个“化生”过程相关的内容。《震卦》是讲雷电的剧烈“化生”过程；而《风卦》则讲的是较为缓慢的“化生”过程，故称作“风化”。在汉语词典中，“风化”一词包括两种含义：一是指自然属性的物理风化，化学风化，生物风化，地质学上叫“风化作用”。二是指社会属性的“教育感化”或“风俗教化”。汉语中的风俗、风气、风度、风华、家风、党风、民风、社风、国风等词，都是一种“化”的表现或结果。

综上所述，现在看来，答案已经出来了。“风”字的本义应是：“天地阴阳二气处在流动、变易、交融状态。”上古人认为：在阴阳二气互动变易中，当阳气兴盛时，则“化生”；当阴气兴盛时，则“化死”。自然界“负阴抱阳”，周而复始，寒去暑来，八风轮流。于是“万物”生生死死，永无穷尽。而伏羲氏正是发现这一“奥秘”（规律）的伟人（圣人），所以，伏羲氏自命“风”姓。“风”的本质仍然属于“气”，只是特指“运动”“变化”中的阴阳二气。“气动则为风。”“羲，气也”（《说文·兮部》），指气舒展而出。可见伏羲本身就是以“气”命名。再如“曦”（xī）字，指早晨的阳光（光气）。以上风、羲、曦三字可以连贯起来思考。

下面开始解析“风”字：

01. 風（风）

1. 字源：在甲骨文中，“风”与“凤”字为同字，写作等；隶定作（从辛、从隹）；古文写作；小篆写作；繁体楷书写作風；简化字：风。

2. 背景资料：①《说文·風部》曰：“風，八風也。”“东方曰明庶风，南方曰景风，西南曰凉风，西方曰阊阖风，西北曰不周风，北方曰广莫风，东北曰融风。风动虫生，故虫八日而化。从虫，凡声。”以上所谓“八风”。《左传·昭公二十年》：“七音八风。”杜预注：“八方之风。”《淮南子·天文训》：“何谓八风？距日冬至四十五日条风至；条风至四十五日，明庶风至；明庶风至四十五日，清明风至……”也就是后世的“立春，调风至；春分，明庶风至；立夏，清明风至；夏至，景风至；立秋，凉风至；秋分，阊阖风至；立冬，不周风至；冬至，广莫风至”。“调风”也作“条风”，条者，生也。“明庶”者，迎众也。“清明者”，芒也。“景”者，大也，言阳气长养也。“不周”者，不交也，言阴阳二气未化矣。“广莫”者，大莫（漠）也，开阳气也。②《六书故·动物四》：“天地八方之气吹嘘，鼓动者命之曰风。”③《广雅·释言》：“风，气也。”

以上诸多文献对“风”字的涵意解释得比较具体。但问题是“风”字的构形演变令人费解，为什么甲骨文“风”与“凤”为同字？为什么古文“风”字从“凡”、从“日”，篆文从“虫”？

下面讲一下笔者的看法：

在甲骨文卜辞中，大多借“鳳”（凤）表示风雨之“风”。它不是一种随意地“假借”，而是有着因果关系的（后孙向祖先借）。这里因为涉及中国的“龙凤文化”。简言之，“凤”是神话传说中的神鸟。实际上它是伏羲氏少昊时代的“图腾”；也是东方众多氏族部落联盟的“图徽”。《说文·鸟部》对“鳳（凤）”鸟有一段精彩的描述，用现代汉语讲解：凤是神鸟。黄帝的臣子“天老”说，凤鸟的样子是前面像鸿雁，后面像麒麟；蛇一样的颈项，鱼一样的尾巴；鹳雀一样的额头，鸳鸯一样的腮帮；龙一样的花纹，虎一样的背；燕一样的下巴，鸡一样的嘴；五色全都具备，出产在东方君子的国度，翱翔在四海之外；飞过昆仑山，到黄河的砥柱饮水，在弱水洗羽毛，黄昏时宿止在风所出的洞穴；一出现，天下就大安宁。我们从“凤鸟”的形象可知，它是那些崇拜鸟，崇拜蛇、龙、虎、鱼的众多部族所组成“联盟”的“图徽”。而少昊是部落联盟的首领。传说中的太昊（皡）、少昊都是伏羲氏族的首领在不同年代的尊号。据说始祖伏羲氏出生在我国西部今甘肃省天水市一带，天水市境内有卦台山，到伏羲氏太昊时期，便逐步沿黄河、汝河、淮河东迁。后来伏羲氏少昊开辟了我国“东方文明”。因始祖伏羲氏为“风”姓，西方为其祖居地，故称“风”姓的老巢为“风穴”。“凤鸟”从东方君子之国，沿黄河向西飞，经黄河三门峡的“砥柱山”，再到昆仑、弱水，最后到风姓的祖居地“风穴”（今卦台山附近有“凤凰山”，可能即风穴处）。既然“凤鸟”的归宿是“风穴”（风姓故居），那么，甲骨文中借“凤”字表示“风”，便顺理成章了。

“风”字的古文写作“”，从“凡”“⊖”“ʃ”。“凡”字的甲骨文写作“”，像考古文物的“大盘子”，即今“盘”的初文。此指“天盘”“天穹”之意。“⊖”初看像太阳，但仔细推敲，应理解为“受精卵”（虫卵、鸟蛋）之类，表示“化生”的开始。“ʃ”是表示“运动的气流”。可见，古文“风”字的构形，简直是一幅“阴阳化生图”。“风”字的篆文，繁体楷书皆从“凡”、从“虫”写作“風”，与古文“风”字的构形原理基本相同，只是省去了“ʃ”（气）的符号，把“⊖”改写成“虫”，更加生动具体了。因为“虫”字在古代泛指一切动物。按照《大戴礼记·曾子天圆》的说法：兽为毛虫，鸟为羽虫，龟为介虫，龙蛇为鳞虫，人为倮虫。“風”字中的“虫”也可以由动物引申为“万物”。天穹下化生万物者——“風”。

有人批评把“風”字简化为“风”，把“虫”改为“x”，是失败之作。但笔者的看法恰恰相反，认为是最成功之作。因为“X”是阴阳交午的符号，只有阴阳交午时，才能化生万物。“万物”，比“虫”的含义更为广泛、准确。再说，把“凡”改作“几”，其含意没有变，同样为天穹、天盘之意。

3. 本义：“风”字的本义是天地阴阳二气处在流动、变易、交融状态。《六书故》：“天地八方之气吹嘘鼓动者，名之曰风。”“风”的功能是“化”，即化生与化死。但在一般情况下多指“化生”。所以，伏羲氏对这种“化”的功能的发现是“天道大发现”。并且伏羲氏自命“风”姓。后世关于“女娲造人”的神话故事，大概与风姓之“风”的化生、化育、生育功能有关。直到现代，仍然有人为了求子、求孙把女娲神像作为“送子女神”进行供奉和祭拜，这大概出自“风文化”的历史渊源。“女娲”后来又演化为“西王母”，被尊奉为爱神，生育神和长寿不死的药神等，都是源于“化生”。

4. 引申义：由于伏羲氏为“风姓”，“风”的化生、化死功能成为中国传统文化的“基因”。所以在汉语中，由“风”字组合的词组和成语也特别多。具初步统计，经常使用的相关词组共有 230 多个，成语 100 多个，简直可以称之为“风文化”。详见附表七《含“风”词组统计表》和附表八《含“风”成语统计表》。

“风”字的引申义，一般分为自然属性和社会属性两方面。

A. 自然属性方面：

① 由阴阳二气交融、交流、交午，引申为男女，雌雄的异性交配之义。例如：“风马牛不相及、风流下贱”等语句。

② 中医学上的名词：风、寒、暑、湿、燥、火称为“六淫”。古人认为：天有“八风”，人的经（脏）有“五风”（即肝风、心风、肺风、肾风、脾风）。“风”又通“疯”字。

③ 自然景象：风光、风景、风味、风貌。

B. 社会属性方面：

① 教育感化：例如：风化（教化）、义风、善风、信风、德风……

② 逐步养成的习惯：例如，风俗、风气、移风易俗、学风、家风、党风、民风、古风、遗风……

③ 办事态度：作风、风格、风骨、风范……

④ 信息：风声、闻风而逃、闻风而至、望风、风传、风闻、风言风语……

⑤ 民歌：采风、风雅、风乐、风调……

⑥ 精神状态：风度、风情、风采、风华、风趣、威风、神风……

5. 其他：

① 请参见本章第一节内容。

② 参考羲、姬、熙、娲、凤、龙等字例。

③ 参见附表四《阴阳交午符号例表》，附表七、附表八。

④ 参见第一章第三节中的“八卦”哲学思想。

附表七　含“风”词组统计表

A. 自然属性类

① 大自然方面：

春风（古称：协风、和风、条风、调风、清明风、明风、明庶风……）、东北风、东风。

夏风（古称：巨风、刚风、凯风、景风、炎风……）、东南风、南风。

秋风（古称：凉风、爽风、朗风、历风、凄风、劲风、商风、阊阖风……）、西南风、西风。

冬风（古称：寒风、不周风、伤风、广莫风、朔风……）西北风、北风。

季风、陆风、海风、狂风、急风、轻风、微风、强风、扶风、台风、飓风、回风、旋风、阴风、阳风、风声、风蚀、风化、风势、风障、风圈……

风雨、风雷、风雪、风霜、风力、风量、风速、风压、风标、风向、风洞、风浪、风沙、风气（兼社会属性）、风光、风景、风云……

② 器物方面：风车、风泵、风锤、风斗、风炉、风帆、风钻、风镐、风琴、风笛、风扇、风筝……

③ 中医学：“五风”（心风、肝风、肾风、肺风、脾风）、风邪、风瘫、惊风、痛风、透风、风疹、风寒、风湿……

说明：自然属性的含“风”词组约“数百上千”之多，此处仅作少部分例举。

续表

B. 自然、社会双重或多重含意类 ①风流：自然属性表示“风的流动”；社会属性表示与众不同，出类拔萃；又表示轻浮放荡。 ②风物：表示一个地方特有的自然景观和人文景观。 ③风气：在某一段时间盛行的某种思潮或行为方式、生活方式，又为“中医学”名词。 ④风俗：经过长期积淀而形成的一种“习惯方式”。（包括宗教的、政治的、生活、文化的） ⑤风情：自然属性表示风的大小强弱的情况（风情、灾情）；社会属性表示“风土人情”。又表示个人的风度气质。 ⑥风采：本指“风物”的光彩，又泛指人文活动的特征（文章的风采、血染的风采） ⑦采风：采集各地风俗、风情的活动。 风马牛不相及：此处“风”字为自然属性的交配、发情之意，指牛马不同类不会雌雄相诱而接近。社会属性表示两个人或两件事之间毫不相干（比喻）。 ⑧风云：自然属性指风和云，社会属性指“政治风云”“风云人物”。 ⑨风暴：自然属性指暴风、暴雨。社会属性指“政治风暴”“革命风暴”。 另外：风雅、风度、风格、风韵、风骚、风骨、风尚、风华、风趣、风发、风范、风纪、风姿、风致、风光、风化、风貌、风色、风景、风险、风潮、风尘、风传、风闻、风声、风浪、风口、风头、风行、风靡、风神、风土、风水、风味、风韵、风谣、风雨、风月、风言、风语。 成风、阳风、阴风、和风、吹风、避风、顶风、兜风、耳风、口风、观风、望风、听风、随风、惠风、古风、疾风、接风、凯风、冷风、烈风、临风、漏风、门风、清风、软风、伤风、上风、下风、诗风、文风、作风、学风、校风、家风、民风、党风、社风、国风、政风、世风、顺风、收风、放风、搪风、通风、透风、正风、邪风、歪风、妖风、怪风、威风、信风、巡风、余风、遗风、迎风、涨风、招风、着风、走风、整风、追风、巫风、淫风、乱风、义风、仁风、祥风、明风、德风、神风、鬼风…… 清明风、融合风、协和风、枕头风（方言）、耳边风……

附表八 含"风"成语统计表

A. 风流人物、风流才子、风情万种、风姿百态、风流不羁、风云人物、风度翩翩、风骨傲然、风华正茂、风光无限、风尘仆仆、风餐露宿、风驰电掣、风吹草动、风刀霜剑、风和日丽、风花雪月、风卷残云、风流云散、风靡一时、风平浪静、风起云涌、风声鹤唳、风调雨顺、风行一时、风雨交加、风雨飘摇、风雨同舟、风烛残年、风雨兼程、风雨无阻、风月无边、风云变幻、风言风语、风马牛不相及
B. 暴风骤雨、捕风捉影、高风亮节、伤风败俗、意气风发、乘风破浪、疾风暴雨、呼风唤雨、和风细雨、春风化雨、春风满面、凄风苦雨、看风使舵、见风转舵、煽风点火、顺风转舵、兴风作浪、望风而逃、望风披靡、闻风丧胆、闻风而动、栉风沐雨、移风易俗、吟风弄月、疾风劲草
C. 饱经风霜、叱咤风云、大煞风景、附庸风雅、雷厉风行、满城风雨、平地风波、谈笑风生、一帆风顺、意气风发
D. 八面威风、甘拜下风、空穴来风、两袖清风、满面春风、弱不禁风、蔚然成风

（二）炎帝自命"姜"姓

《国语·晋语·文公》曰："昔少典娶于有蟜氏，生黄帝、炎帝。黄帝以姬水成，炎帝以姜水成。成而异德。故黄帝为姬，炎帝为姜……"晋皇甫谧《帝王世纪》曰：（炎帝）"母曰任姒，有蟜氏女，登为少典妃，游华阳。有神龙首，感生炎帝。人身牛首，长于姜水。有圣德，以火德王，故号炎帝。初都陈，又徙鲁。又曰魁隗氏，又曰连山氏，又曰列山氏。"后人根据这些文献记载，对炎帝姜姓、黄帝姬姓的来源及文化内涵，做出了种种猜想。

1. 关于先有姜水、姬水之名，后有姜姓、姬姓；还是先有姜姓、姬姓，而后才有姜水、姬水之名的问题。上古对地名（山名、水名）的命名，一般有两种方法：一是根据其自然特征命名。例如：山的形状，物产；水的曲直、长短、水色、流量等特点，命名为曲水，白水，黑水，清水，浊水，弱水，沔水，沙河……二是按照“名随族迁”的原则，某部族长久居住的地方，便以该部族的“姓”或“氏”命名。例如：燧人氏居住地一般称“遂川”“遂水”。共工氏居住地一般称江水、共水、共山、邛水、邛山、邛邑……而姜、姬二字皆从“女”旁。女性只能生孩子，绝不能生出山川、河流来。我们从姜、姬二字构形来看，它们本身就是“姓”的标志。可见姜水、姬水原本没有名字，因为后来姜姓、姬姓人聚居在这个地方，才命名叫“姜水、姬水”的。

2.“姜”字为何从“羊”，其文化内涵是什么？不少人认为，炎帝自命“姜”姓，是因为炎帝神农氏开创了半农半牧的“牧耕”时代，成为畜羊、牧羊的部族，产生了羊崇拜、羊图腾，于是以“姜”为姓。

以上这种解释似乎“合情合理”。但是当前的历史学界和考古学界却提出了不同的观点：例如，由赵毅、赵铁峰主编的《中国古代史》第三章中明确指出：“公元前一万年直到距今 4500 年前左右……这一时期饲养的家畜，不见有马，也缺乏养羊的例证。到了公元前 2300 年至夏代纪年的‘齐家文化’时，养马和养羊才发展起来。”虽然在裴李岗文化遗址中发现有“陶羊”。但这并不能证明它是属于家养的羊。也没有在其他遗址的众多动物遗骸中发现“家养羊”的骨骸。中国人讲“六畜兴旺”时一般按照马、牛、羊、鸡、犬、豕的先后顺序排列。但实际则恰恰相反，按照人类畜养动物的时间早迟，应该是把“豕”（猪）放在第一位，考古发现，早在一万年前左右人类就开始养猪了，然后依次是犬、鸡、羊、牛、马（参见陈雪良《中华远古文明之谜·六畜》，文汇出版社 2003 年版）。

以上资料说明，在六七千年前的炎帝时代，我国境内不可能存在着一个以畜羊、牧羊而闻名的部族。但是对于这一考古发现，在“文字学界”基本上保持着“沉默”的态度。因为炎帝时代若没有“养羊”的史实存在，那么炎帝“姜”姓中的“羊”，就无法解释，也谈不上什么羊崇拜、羊图腾了。对于为何伏羲氏的“羲”字也从“羊”，更是无法解答。随之而来的是关于大羊为“美”，羊言为“善”，祀羊为“祥”的说法也都会站不住脚。世界上的事物真是太奇妙。有人说：“上帝堵上一扇门，往往为你打开一个窗。”“姜”字从“羊”，这个“羊”字到底如何正确解释？同样是考古学界为我们提供了一组（四件）难得的实物资料，即陶器上的“羊角柱”图案（见第四章附图五《陶器上的“羊角柱”及星座图》）。经王大有先生等人的考证，确认它是远古时期最原始的，用作“仰观天文”的天表柱。因为表柱顶部有两个半圆形分枝，像两只羊角，所以叫“羊角柱”，以“羊”作为其文字符号。由此，我们可以认为：羌、姜、祥、恙、羲、曦等字中的“羊”，不是指动物羊，而是指“羊角柱”。又因为“羊角柱”本来是用作观测天象的，所以引申为“天象征兆”“天意”“天道”等意思。例如“祥”字本义是“征兆”，包括吉兆和凶兆。在甲骨文、金文中“祥”字不从“示”、写作“羊”。吉兆叫“吉羊”，凶兆叫“不羊”。后来新造了一个“祥”字专门表示“征兆”之意。到了秦汉以后，“祥”字才专门表示“吉兆”，成为褒义词。

02. 姜

1. 字源：甲骨文写作；金文写作；小篆写作；楷体写作姜。“姜”字的甲骨文的构形是一个跪坐的女人，头上顶着羊角一样的东西。金文、小篆的构形与甲骨文相似。

2. 背景资料：上面用大量的篇幅介绍了炎帝姜姓的来源及历史学界、考古学界对羊的畜养年代的看法，不再作重述。笔者认为，“姜”字中的“羊”不属于动物羊，而是天表“羊角柱”。它表示“沟通天地，领悟和遵循天道”的意思。我们从很多传说故事可知，无论是伏羲氏，还是炎帝（又称魁隗氏，列山氏），都是善于观测天象的伟人。炎帝的“炎”字，本身就是崇拜太阳，崇拜火的含意。对于“火”字，古人与现代人的理解是不一样的。《淮南子·天文训》：“积阳之热气生火，火气之精者为日，积阴之寒气为水，水气之精者为月。”《淮南子·览冥训》：“阳燧取火于日，方诸取露于月。”我们不能简单地把“炎”字的火，理解为“刀耕火种”或“善火食”的火。传说炎帝临魁，善于观测北斗星，并根据斗柄的指向，了解季节的变化。神农氏善于观测天象，并制定律历，指导农时。炎帝的“功德”很多，我们认为主要来源于“姜”字中的“羊”（“羊角柱”）。因为只有观测天象才能领悟天道（规律）。顺天地阴阳之变，做到“天人合一”，事业有成。所以，炎帝自命“姜”姓。姜字体现了传统文化的“内核”。

伏羲氏的“羲”字从羊，这里的“羊”，同样是指观测天象的“羊角柱”，而不是指“牧羊族”。

3. 本义：“姜”字的本义是，在“羊角柱”下观测天象的人。本应该写作“羌”字，但作为姓氏，从“女”（母）。“羌”作族名的专用字。“姜”作姓的专用字。

4. 引申义：“姜”字由原本为“观测天象的人”，引申为“循天道而为的圣人（伟人）”或“沟通天地阴阳的人”。

5. 其他：

① 许慎《说文解字·女部》：“姜，神农居姜水，以为姓。从女，羊声。”认为先有“姜水”之名，后因水名而得姓。

② 左民安《细说汉字·女部》，认为“姜”字的甲骨文是女人头上戴着一个“羊角冠”，表示“很美”的意思，其本意是“美”，而不是姓。

③ 周家庭《含“羊”字词与传统文化》：“姜和羌在古代亦为一字……美、羌、姜的构意相同，都是崇尚羊图腾的游牧部族名。上古地名，族名和首领名往往同词。”（载《汉字文化》2015 年第三期第 86 页）。

④ 参见第四章第一节内容《天表“羊角柱”》及羌、美、善、祥、義（义）、羲等字例。

⑤ 参见熙、荣二字。

（三）黄帝“姬”姓

关于黄帝自命“姬”姓的有关历史文献记载，在前面讲“炎帝姜姓”时，已经连同作了基本介绍，不再重复。这里重点是探讨“姬”字构形和文化内涵。

03. 姬

1. 字源：甲骨文写作（从“母”）；金文写作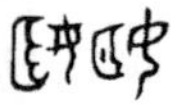（从“女”）；小篆写作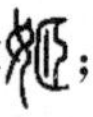；楷书写作姬。

“姬”字从女，从𦣞。（甲骨文从“母”与从“女”互通）。而“𦣞”（yí）是一个象形字，其构形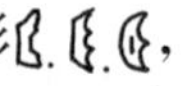，让人很难辨认为“何物”？《说文·𦣞部》：“𦣞，頤也。象形。”指人的腮颊、下巴。“頤”同“颔”。清代段玉裁《说文解字注》曰：（𦣞）“此文当横视之。横视之则口上，口下，口中之形俱见矣。”故“𦣞”后世写作“颐”，增加了“页”（头部）作“意符”。“颐”字的含义是：①面颊、下巴。②养（营养、保养）。③六十四卦之一颐卦的卦名。（参见《辞海·页部》“颐”条、“頤”条），那么“姬”字的本义是什么呢？

2. 背景资料：在前面介绍“炎帝姜姓”时，已经否定了先有“姬水”之名，后有“姬姓”的说法，应是先有姬姓，而后有“姬水”之名。试问黄帝为什么要自命为“姬”姓呢？我们可能不知道，上古帝王们对自己的“姓”“氏”“名号”十分重视，特别是自命的“姓”，往往是本人或本部族宇宙观、世界观和理想抱负的“宣言书”。例如：伏羲氏自命为“风”姓，意味着气生万物，而“风”为阴阳二气“化生”的动因；也意味着自己首创“阴阳八卦”哲理，是“天道大发现”的伟人（圣人）。炎帝自命“姜姓”，意味着在天表“羊角柱”下仰观天文，领悟天道，因“天气”而制定“节气”，以指导农时；也意味着自己是“沟通天地，循天地之道，造福于万民”的伟人（圣人）。

而黄帝自命“姬姓”，则意味着张开大嘴吸纳天地间的“精华之气”，化育成“圣明之人”；也意味着圣明者才能领悟天地之道，协和万邦，治理天下。笔者对“姬”字的这种解读，其依据主要是以下几方面：

① 黄帝的“道统思想”。

黄帝继承八卦阴阳理论，并创造了《归藏易》，虽然与八卦的内容有异，但是其基本哲学思想是一致的。中国古代就有“黄老之学”的说法，认为老子的“道学”是来源于黄帝的“道统思想”。传说黄帝拜“天老”为师，主要是学习“天地之道”“阴阳之道”。台湾历史学家王寒生在《〈黄帝四经〉出土注释自序》中说：“从《四经》观之，老子、孔子、墨子、庄子、列子等人的学说，均出自黄帝遗教，当是无疑。”又说：“老子传黄帝道也……儒家尚德化，法家重刑罚，韩非、申不害俱出道家。……‘道生法。法者，引得失以绳。而明曲直也。’可见，法家出于道家也。”又说：“真正的道家，必修‘内圣外王’之道。内而克己，以明德；外而救世，以兼善天下。其修，修天道，以达成‘天人合一’也……”

② 黄帝自命姬姓，是其道统思想的集中反映。

在本章第二节《中国人的气味》中讲到了中国宗教意识与西方宗教的根本区别。自人文始祖伏羲氏首创八卦阴阳哲理以来，中国的宗教就基本定格在“气生万物”宇宙观、世界观的框架之内，然后通过炎帝的《连山易》、黄帝的《归藏易》和周文王的《周易》得到传承、丰富和发展。《周易·颐卦》的卦象为上艮下震，像人吃东西时，上颚不动下颚动之状。《序卦传》说：“颐者，养也。”彖曰：“天地养万物，圣人养贤以及万民。颐之时大矣哉。”通过《颐卦》，我们可以从中了解到“𦣝”（后世写作“颐”）的基本含意是指“天地之养”和“圣人之养”。那么“姬”字中的“𦣝”还有什么特殊含义吗？《国语·周语下》：“我姬氏出自天鼋。”天鼋，即大龟。上古人认为，龟能长寿千年，能预知未来吉凶之事，是因为它善于吸纳天地精华之气。精气丰足时，则可变为“灵气”，所以古代占卜时一般用龟甲。中国传统文化中有“四灵”之说，即龙、凤、龟、麟（见《礼・礼运》）。“𦣝”的构形正是人张着大嘴吃东西和吸纳“天地精华之气”之象。“𦣝”与“天鼋”，虽然二者“物象不同”，但是表达的“义理”却是完全一样的——即“精气为物”（神灵之物、圣人之物）。另外，在有的文献中，传说伏羲氏“以龙名官”，炎帝“以火名官”，黄帝“以云名官”，称“五云之官”，黄帝又以“云”作为礼乐的名称，叫作“云门”。“五云之气”一般指太阳的“五彩光气”，也特指“精华之气”。如果我们把“姬”“颐”“天鼋”“以云为官名”“以云为礼乐名”等作为一个“整体链条”来分析，那么“姬”字的文化内涵就十分清楚了。神话传说“黄帝四张脸”，而“𦣝”字构形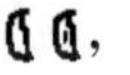，正是侧着脸吸纳天地四方精华之气的样子，也包含着吸纳四方人才之意，也可理解为治理“四方万邦”之意。“𦣝”字增添“女”旁，写作“姬”，作为“姓”的专用字。

3. 本义：侧着脸，张开大嘴，吸纳天地间博大的精华之气，化育而成为“圣明之人”。

4. 引申义：

① 吸纳天地精华之气，则聪明、健康、健美，故后世人引申为美丽、美女。

② 由“美女”引申为美妻、美妾。

③ 汉代宫中女官之名“姬官”。

5. 其他：

① 参见姜、颐、黄、物、易等字例。

② 参见本章第二节《中国人的气味》。

③ 参见《辞源・女部》“姬”条。

04. 颐 yí

1. 字源：甲骨文写作；金文写作；籀文写作（从首）；小篆写作（从頁）；繁体楷书写作頤；简化字：颐。

2. 背景资料：请参见“姬”字的背景资料。

3. 本义：“𦣞”是“頤”的古字，为侧着脸，张开大嘴，吸纳天地精华之气之状。

4. 引申义：①由吸纳精华之气引申为吸纳营养之物。②由吸纳营养之物引申为养育、保养。③由“保养”引申为“健康长寿”。

5. 其他：参见姬、熙、嬰等字例。

05. 熙 xī

1. 字源：小篆写作；楷书写作熙。

2. 背景资料：《说文·火部》：“熙，燥也。从火，巸（yí）声。”这是说“熙”是一个形声字，“火”之形表示“燥”之义，而“巸”仅是“表声”作用。“燥”与“湿”相对应。我们在考证中发现，“熙”不是一个单纯的形声字，而是“会意”兼“形声”字。它由、巳、火三者会意。“熙”的本义不是“燥”，而是“万物兴盛之貌”，并引申出很多其它含意来。

① 𦣞（yí）的本义，请见“姬”“頤”二字的解读。它是“吸纳天地四方精气”的意思。

②“巳”（sì），金文写作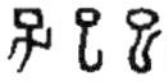；小篆写作。多数学者们认为，“巳”是胎儿的象形。由胎儿已经孕成，即将分娩出生之义，而引申出“已经”“完毕”等义。所以“已”（yí）与“巳”（sì）相通。（参见周瑞宣《汉字形义手册》第5页；朱骏声《通训定声》“巳条”；赵诚《甲骨文简明字典》“巳条”）。也有人认为“巳”像钩子、像蛇。例如《说文·巳部》：“巳，已也。四月，阳气已出，阴气已藏，万物见，成文章，故巳为蛇，象形。”

③“火”（灬）：前面介绍“炎帝姜姓”时，已经介绍了古人对“火”的认识，认为“火”的产生是由于阳气的聚积而生热，“火之精者曰日。”

“熙”字由𦣞、巳、火三部件构成，会其意是：吸纳天地四方博大无边的“精气”（𦣞），孕育出千千万万的“生命”（巳：胎儿）；又泛指生命之物，万物。万丈光芒（火：光气）显示出万物旺盛的生命力（万物生长靠太阳）。由此我们可以想象，“熙”字的构形简直又是一幅生动壮丽的“天地化生图”。它反映出“精气为物”和“气生万物”的宇宙观，也是“熙”字的“字魂”所在。

3. 本义：“熙”的本义是“万物兴盛之貌”。

4. 引申义：

① 由“万物兴盛之貌”引申为“兴起”“兴盛”。例如《书·尧典》：“庶绩成熙。”再引申为“福”“吉祥”。《汉书·礼乐志》：“熙事备成。”

② 由“火”（光气、阳光、太阳）引申为“光明”。曹植《七启》：“熙天曜日。”再引申为“燥”，曝晒。卢谌《赠刘琨》：“仰熙舟崖，俯澡绿水。”

因为“熙”字的文化内涵丰富，古代帝王们喜欢以“熙”字为年号。据统计，从三国的蜀汉、曹魏到清朝的康熙皇帝，先后有16个帝王以“熙”为年号：延熙、咸熙、太熙、永熙、光熙、义熙、元熙、熙平、熙宁、雍熙、淳熙、绍熙、嘉熙、重熙、洪熙、康熙。

5. 其他：

① 参考姬、颐二字例。

② 参《炎帝姜姓》部分的“姜”字。

③ 参见荣、以、胎字例。

06. 娶 (yí/xī)

1. 字源：小篆写作；楷书写作娶。

2. 背景资料：“娶”字的读音有三种，古音读 xī，今音读 yí；又读作 fēi，通“妃”字。在古代“娶”与“熙”二字多为通用。

3. 本义：①喜悦的意思。《说文·女部》：“娶，说乐也。从女颐（yí）声。”“说”即“悦”之义。②娶（fēi）：配偶之义，通“妃”。（参见《辞海·女部》娶条）

4. 引申义：（略）。

5. 其他：①参考姬、熙字例。②参考妃字例。

第五节　“五云之气”与勿、物、昜、易等相关文字

“勿”字的本义是“五云之气”，引申为“色气”“光气”“精气”等。在含有“勿”的组合文字中，很多都体现出“气生万物”的原理。例如物、忽、易、赐、昜、陽、揚、暘、我、義、羲、曦等。本节将对上述的部分字例作重点解读。

（一）勿与物字

关于“勿”和“物”字的构形及含意，已经在第一章第三节《汉字研究中的三大误区》中作了比较详细地阐述，为了加深印象，此处再作进一步地阐述。

07. 勿

1. 字源：甲骨文写作；金文写作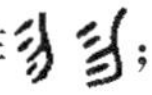；小篆写作；楷书写作勿。

2. 背景资料：“勿”的甲骨文、金文构形基本相同，像缭绕的“云”发出光彩、光芒四射状。古代占候多望云气。《周礼·保章氏》：“以五云之物（勿），辨吉凶水旱，降丰荒之祲象。”所以，“勿”的本义是指“五彩的云气”，引申为“五云的色气”。在甲骨文卜辞中，一般指“色气”或“颜色”。在汉字的“组合字”中，“勿”在组合中，大多表示“五彩之气”，即五彩的元气，精气、光气等。

3. 本义：指五彩的云气（五云之气）。

4. 引申义：①由“五彩的云气”，引申为“五云的色气”，再引申为泛指“色气”“颜色”。②由“五彩的云气”引申为五彩的元气，精气、光气等。

5. 其他：①参见第一章第三节：《汉字研究中的“三大误区”》的第一大误区。②参考物、昜、易、我等字例。

08. 物

1. 字源：甲骨文写作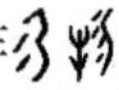；小篆写作；楷书写作物。

2. 背景资料：在甲骨文卜辞中，“勿”是“物”的初文。“勿”多指“云气之色”“色气”。“勿牛”即谓花色的牛、杂色的牛。后来将勿、牛二字组合为“物”字，成为“形声字”（“牛”为形符，“勿”为声符兼表意的意符）。古人一般用毛色纯正的牛作为牺牲（祭品），以表示对神的尊敬，很少用“花牛”作祭品，认为杂色牛的“气质”不纯正，但是民间有时也用“花牛”作祭品，不是绝对的；而帝王祭祀绝不用花牛。

“物”字的本义既然指“花牛”，为什么后人却用它来代表“万物”之“物”呢？过去的解答是：①“牛”是大型动物。②“牛”是祭祀“太牢”之一。这两条理由看起来很有道理，但细心分析下去却感到理由不充分。因为世界上的大型动物还有很多种，例如“大象”“巨鳄”。再说“牛”虽然是“太牢”之一，但是杂色的“花牛”很少用于祭祀。它不是“正品”，而是“杂品”。那么正确的答案是什么呢？我们必须从传统文化的“内核”——“气生万物”“精气为物”的哲学思想中去寻找答案。

前面讲“伏羲自命风姓”时，已经讲到古人“气生万物”的宇宙观。作为“花牛”的“物”，之所以能成为“花色的牛”，是因为它由不同颜色的精气“化生”而成。大千世界本来就是繁杂多彩的，用大型动物“杂色的牛”来代表“万物”，是再恰当不过的。“大象”虽然体型大，但是没有“花象”，不合适代表五彩缤纷的“万物”。

3. 本义：“物”的本义是花色的牛（即杂色的牛）。它是由五彩的精气“化生”而成，所以“物”的本义也可表述为“由五彩精气所化生的花色牛”。

4. 引申义：泛指世界繁杂的物质、物体、物象，即“万物”。

5. 其他：①参见勿、易、昜等字。②参见第一章第三节《汉字研究中的“三大误区”》。

（二）易与赐、惕字例

09.易

1.字源：甲骨文写作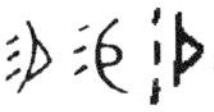；金文写作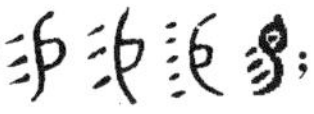；小篆写作；楷书写作易。

2.背景资料：古代对“易”字的解释有些“杂乱”。《说文·易部》：“易，蜥易、蝘蜓，守宫也，象形。《秘书》说：‘日月为易，象阴阳也。一曰：从勿。’凡易之属皆从易。”意思是说，先人对“易”字的解释有三种说法：一是指蜥易，又叫蝘蜓，守宫之名。即现代的“壁虎”（四脚蛇）之类。二是日、月二字组合为“易”字，为阴与阳之合，“字从日下月”，有日光、有月光。三是指“旗勿”之勿，大概是旗子上的什么物件。另外，今人徐中舒《甲骨文字典》：“易，甲骨文象两酒器相倾注承受之形。故有赐予之义，引申之而有更易之义。”赵诚《甲骨文简明词典》：“易，构形不明。甲骨文作动词有两种意义，其中之一是用作‘赐予’之赐，和金文的易用作‘锡’（即赏赐之赐）同。”左民安《细说汉字》：“易，蜥易也。当‘易’被假借为‘改变’义之后。又被假借为‘交换’义，如交易、贸易。”意思是说：“易”字本来是指壁虎之类的动物。后来被假借为“改变”（变易），又假借为“交换”（交易）等含意。

我们从“易”字甲骨文，金文的构形来看，它是太阳透过云层照射出五彩光芒之形象。其中的“”为太阳露出大半部脸；“”“”是云层之象；“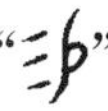”“”是光芒之象。太阳、云层、光芒三者所组合的图景，即“易”字。前面讲到的“勿”字是云层和光芒的组合，“”是表示五云的光气、色气，那么“易”字从日，从勿，其本义十分明显，即“太阳透过云层，照射出五彩光芒。”又因为“太阳”是运动着的，“云彩”是运动着变换着的，所以“易”字很自然地引申为“运动”“变

化”之义，由“变化”引申为“改变”“变通”之义，再由“改变”引申为“改换”“交换”之义。

“易”字的文化内涵十分深奥。炎帝的《连山易》、黄帝的《归藏易》、周文王的《周易》，被人们统称为上古“三易”。这里的“易”字，其基本含意就是“变”。上古人认为，天地间阴阳二气是处在“运动”和“变化”之中的。气生万物，万事万物也是处在运动和变化中的，而这种运动变化的“规律”，是可以被认识的，即量变引起质变，互相转变，变而化之，变而通之，特殊情况下的“以不变应万变”等。上古的“三易”，不仅讲的是宇宙观（世界观），还讲到了方法论。人们把《周易》作为“占卜”的书，实际上是“哲学”的书，它只是利用人们追求“先知先觉”的强烈欲望，追求吉祥、幸福、避免灾祸的愿望，进行世界观、方法论方面的教育和传承。所以说，伏羲的八卦和后来的“三易”，是中国传统文化的“灵魂”“内核”或“根”，但是，“占卜”过程中杂带着“迷信”。

“易”字在甲骨文卜辞中，大多作“赐予”之义，应该是另外一种文化内涵。

3. 本义：太阳透过云层，照射出五彩光芒。

4. 引申义：①因太阳和五彩之云是运动着、变化着的，故引申为“运动”“变化”之义。②由“变化”引申为“改变”“变通”之义。③由“改变”引申为“改换”“交换”等义。④太阳透过云层“赐给”万物以阳光，泛指“赐予”。

5. 其他：参考勿、物、赐等字例。

10. 赐

1. 字源：小篆写作；繁体楷书写作賜；简化字为：赐。

2. 背景资料：在甲骨文卜辞和金文中，大多以“易”字表示“赐予”“赏赐”之义，后来的小篆中才专门新造了一个“賜”字。为什么“易”表示“赐予”呢？前面讲了“易”是由太阳、云层、光芒三大件组合的文字，是一幅“太阳露出大半部脸，透过云层，放射出五彩光芒”的壮丽图景。后世人对这样一幅图景的“会意”有两种不同的思维方向：第一种是由“太阳在运动，云气在运动、变换”，而会意出“运动”“变化”之义。第二种思维方向是：在乌云笼罩的阴雨天，终于盼到了太阳的出现，太阳穿透云层，射出万丈光芒。阴雨过去，天气开始晴朗。占卜者们认为，这阳光是上帝的恩赐。卜辞中有“易日”一词，即天帝赐予日光，天气由阴雨转变为晴天，后来由“上天、上帝的恩赐”扩大为泛指君王的恩赐、赏赐等；所以，把“易”字的构形“会意”为“赐予”。

3. 本义：《说文・貝部》：“賜，予也。”

4. 引申义：（略）。

5. 其他：参见勿、易二字例。

11. 惕 tì

1. 字源：金文写作；小篆写作；楷书写作惕。

2. 背景资料：《说文・心部》：“惕，敬也。从心，易声。”实际上“易”是表意兼表声。“惕”字的构形简单，金文、小篆、楷书都是从心，从易。但其“意境”和文化内涵却十分深妙。前面已经介绍了“易”字的含意，是太阳透过云层，发出五色光气之象。而“惕”字的构形则是有一个人正在“专心地”观测和分析这种千变万化的天象，以领悟天意，辨别吉凶。这个人应该是仰视天文的“巫史”，怀着对上天“敬畏”的心情，尽职尽责地工作着。所以，“惕”字本义是“敬畏”。例如《左传・襄公二十二年》：“无日不惕，岂敢忘职。”

3. 本义：以敬畏之心，观测天象和领悟天意。

4. 引申义：

① 由“敬畏”引申为“危惧”。例如《易・乾》：“君子终日乾乾，夕惕若厉，无咎。”

② 由“敬畏”引申为“警惕”。

5. 其他：参见易字例。

(三) 昜与陽字

12. 昜 yáng

1. 字源：甲骨文写作；金文写作；小篆写作；繁体楷书写作昜；简化字为："𠃓"（限作偏旁用）。

2. 背景资料：对于"昜"字构形和本义，历来有不同的看法：

①《说文·昜部》："昜，开也。从日一勿。一曰飞扬。一曰长也。一曰彊者众皃。"意思是说：昜是"开"（开始）的意思。另一说法是"飞扬"之义，还有一种说法是"生长"之义。还有一种说法是生命力强大，繁茂的样子。王筠《说文解字·释例》说："昜，是将一旗展于日中之形，昜，旗也。"

② 朱芳圃先生、左民安先生认为："昜"字的构形，上部是"灯缸也"，下部是"灯光的下射"。

③ 李孝定《甲骨文字集释》："昜，契文从日在丂上，象日初升之形。"（丂，疑为"可"的异体；可，古柯字）。

④ 赵诚《甲骨文简明词典》："昜，是揚（敭）、陽、暘的本字，构形不明。卜辞中作地名，方伯名，为借音字。"

以上可见，关于"昜"字的构形：有"一旗展于日中"说；有"灯缸，灯光"说；有"日在丂'柯'上"说；有"构形不明"说。"笔者认为，要想解开"昜"字构形之谜，不能把眼睛只盯在日常生活上，应该放开眼界，从传统文化的"内核"——"气生万物与气生万字"方面去思考。"昜"字的构形应该是从"旦"，从"勿"；甲骨文、（从旦，从），是气或者云气符号的简写，很容易被误解为草木、虫、蛇之类。"昜"的金文，构形与甲骨文相同，但金文的字例大多数写作（从旦，从勿）。"旦"是早晨太阳露出地平线之貌。"勿"是指五彩的云气，此处指万丈光芒的美丽朝霞。

昜，是传说中日出“暘谷”之“暘”的本字。《尚书·尧典》：“尧帝分命羲仲，宅嵎夷，曰暘谷，寅宾日出。”《孔传》：“日出于谷而天下明，故称暘谷。”另有传说：暘谷之上有“榑木”，又称“扶桑”。所以，上古巫史们据此又造了一个“東”（东）字，即“日在木中谓東”，表示日出于东方。此处的“木”，不是指一般的树木，而是指“榑木”，后人尊称为“神木”，即观测天象的“表木”（天表柱）。

“昜”“東”二字的构形，都是上古天文官（巫史）取象于“日出暘谷、榑木”之景象。

请注意：

① 在现代汉语中，“昜”字已经不再单独使用了，仅仅作为简化字的偏旁，并改写作“𠃓”。例如：“楊”简化为“杨”，“暘”简化为“旸”。“昜”字的本义由“暘”（旸）字承担，所以说“昜”是“暘”（旸）的本字。

②“昜”与“易”字只有“一横之差”，容易混淆。“易”，从日，从勿。而“昜”，从旦，从勿。

3. 本义：“暘”字的本义就是“昜”的本义。是太阳从地平线升起，朝霞万丈之貌，简要地概括为“日出之貌”或“日出”。

4. 引申义：

① 由“日出”引申为“天晴”。

② 由“日出”引申为日光照射在山坡上，孳乳为“陽”（阳）字。

③ 由“日出”引申为太阳从东方升起，孳乳为“揚”（扬）字。

④ 由“日出”引申为天晴时太阳把冷水晒成了温水，孳乳为“湯”（汤）字。（汤的本义是温水）。

5. 其他：参见勿、易二字例。

13. 暘 yáng

1. 字源：小篆写作；繁体楷书写作暘。

2. 背景资料：详见“昜”字。

3. 本义：见“昜”字。

4. 引申义：见“昜”字。

5. 其他：见“昜”字。

13. 陽（阳）

1. 字源：金文写作；小篆写作；繁体楷书写作陽；简化字作：阳。

2. 背景资料：现代人常常把“日”和“太阳”混为一谈。实际上“太阳”是人们对“日”的尊称，或者叫古代哲学概念上的称谓。人们称日为“太阳”，月亮为“太阴”。传说“阴阳哲理”来源于伏羲氏首创“八卦”，他在卦台山（今甘肃省天水市境）观测日出日落的变化规律，把山体上日光照射的部分称为“阳”，日光照不到的部分称为“阴”。以阴阳部位的不断变动情况，创造出太阳、少阳，太阴、少阴的概念，即“八卦”中的“四象”。从“陽”字的金文、小篆和繁体楷书的构形来看，都是“日光照射在山阜上”之象形。这应该就是“陽”字本义。请注意：凡楷书字“阝”（在左），皆表示山阜。

3. 本义：日光照射在山阜上之貌。

4. 引申义：

① 高而明亮。《说文·部》：“陽，高明也。从，昜声。”（“昜”表意兼表声。）

② 太阳的简称。《诗·小雅·湛露》：“湛湛露斯，匪阳不晞。”

③ 山南、水北称之为“阳”。

④ 凸出，外露。雕刻中分为阳纹、阴纹（凹进去的纹）。

⑤ 指活人或世间。例如：阳寿、阳间（人死后称阴间）。

⑥ 中医学上的阴阳概念。

⑦ 哲学概念。阴与阳相对应，表示事物“对立统一”的两个方面。

5. 其他：参见勿、昜、昜三字例。

第六节　阴阳交午及相关文字

在本章第二节中，讲了“阴阳交午及其文字符号”，侧重于对“文字符号”的辨别，并随之列举了“午”“學”“鷽”三字的构形及文化内涵。本节将进一步对“阴阳交午”方面的字例进行解读。

在前面“附表四”《阴阳交午符号例表》中，把“交午”的符号分为“曲线式”“直线式”“点线式”三种。下面按这种大致性分类进行部分字例解读。有些文字的交午符号时而写成“曲线式”，时而写成“直线式”或“点线式”。所以，分类只能是“大致性”的，不是绝对的。

(一)“曲线式”交午符号的字例

“曲线式”交午符号，一般写作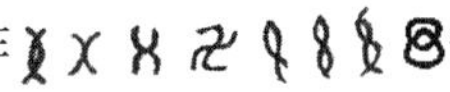等形状。主要字例有予、豫、序、舒、幻、抒、書、畫、劃……

14. 予

1. 字源：小篆写作；楷体写作予。

2. 背景资料：对“”的构形的理解，直接关系到对该字文化内涵的正确领会。《说文・予部》：“予，推予也。象相予之形。”意思是说：“亅”像人手，“”像物品，像以手举物品给予别人之形。所以，“予”的本义是给予、授予。这种解释显然有些牵强，因为举着的东西并不能说明是送给别人的，可能是自己用。文字构形中没有见到别人伸手去接受物品。在古文献中，“予”字的含意有两条：一是作“我”的意思，帝王或大臣们往往在先王面前自称“予小子”；二是作“给予”“授予”的意思。如何解读“予”字构形呢？需要调整我们原来的思路。笔者认为：“”同“”，都是“曲线式”阴阳交午的文字符号，表示“化生”；“亅”是某物的符号。“”（予）的构形是“天地阴阳交午，化生之物降于地上”之象形。这种“象形组合”，可以有两种“含意”：一是按

照《庄子》的“精气为物”“我亦即物”的哲学思想，理解为“我”的意思。二是“阴阳化生之物降于地”，引申为上天的恩赐或赐予、给予、授予等意思。

3. 本义：“予”的本义是天地阴阳交午、化生之物降于地上。

4. 引申义：

① “我”的意思（“我”乃上天化生之物）。

② 赐予、给予、授予等义（“与”“予”二字互通）。

5. 其他：

① 参见本章第二节《阴阳交午及其文字符号》。

② 参见我字例。

15. 幻

1. 字源：金文写作；古文写作；小篆写作 ；楷书写作幻。

2. 背景资料：《说文・予部》：“幻，相诈惑也。从反予。”《周书》曰：“无或诪张为幻。”“幻”字的构形很奇妙，是倒反的“予”字。“予”是天地阴阳交午，所化生之物降于地之象形。而“幻”字是化生之物漂浮在天空之象形，使人感到“此物”若有若无，似是而非，即“幻觉”“幻象”“幻梦”之类，由此而引申出变化（变幻莫测）、凭空虚构、惑乱等义。

3. 本义：指天地阴阳交午，所化生之物飘浮在半空中之状。

4. 引申义：

① 因为“化生”是一种由“量变”到“质变”，由“无形”到“有形”的变化，所以“幻”字引申为“变化”之义。例如“变幻莫测”。

② 由“化生之物飘浮在半空中”，若隐若现、若有若无之状，引申为凭空虚构之义。例如：幻象、幻觉、幻梦、幻想等词语。

③ 惑乱，相诈惑，即“相欺诳幻惑也”。

5. 其他：参见予字例。

16. 豫

1. 字源：古文写作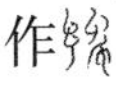（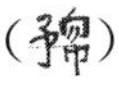）；小篆写作；楷书写作豫。

2. 背景资料：“豫”，是一个古老的字。传说大禹治水时把天下划分为“九州”，其中今黄河以南的中原地区为“豫州”。“豫”，又是《周易》六十四卦之一的“卦名”。这个字的文化内涵很丰富。但历来的解说却不同。《说文·象部》：“豫，象之大者。贾侍中说：‘不害于物。’从象，予声。”意思是说“豫”指大象。其中的“予”仅作表声，没什么含意。并且由大象行动缓慢，不伤害它物的特性，引申为宽大舒缓之义。笔者认为这种解释仅是“豫”字的表面层次的含意，并不是其“内涵”。“豫”字不单是“形声字”，而是“会意兼形声”字。在上古造字者的头脑中，气生万物和精气为物的世界观十分牢固。他们认为“象”之所以体型大，是因为由大量的精气聚合“化生”而来，它是“精气博大”的代表物。“予”是阴阳化生之物降于地之象形，其化生之物或大、或小、或微、或众多、或单一。当“予”和“象”组合成“豫”字，其含意则可表示众多的精气，化生出众多的“物”（物体、物种）。万物化生，一派生气蓬勃的兴盛景象。这就是“豫”字的本义和文化内涵。我国中原地区在上古被称为“豫州”，就是因为这里土地肥沃，物产丰富，地大物博，一派生机。据考古资料和天文资料可知，在尧、舜、禹和先秦时期，黄河流域的气候比现代要温暖、湿润得多，生态环境优美，黄河之水是清水，森林多，适合大象的生存。文献中有不少关于商王命人驱赶象群和捕杀大象的记载。但是，如果我们把“豫”字仅仅理解为“大象”，的确太简单化了。

我们再从《易·豫》的卦象来分析：“象曰：雷出地奋，豫。”孔颖达疏：“雷是阳气之声，奋是震动之状，雷既出地震动，万物被阳气而生，各皆逸豫。”孔颖达解出了“豫”字的本义。“雷出地奋”就是指“天地阴阳交午”，它是万物“化生”的过程（即量变到质变、无形变有形的激荡过程）。“万物被阳气而生”就是指万物充满生机兴盛之景象。

“豫”字由万物化生，兴盛繁茂的本义引申为“悦乐之义、安适之义、游乐之义”；并且“豫”通“预”，“豫”通“与”。

3. 本义：指阴阳交午，万物化生、兴盛繁茂之貌。

4. 引申义：

① 由兴盛繁茂之貌，引申为“悦乐之义”，再引申为“游乐之义”。

② 由“悦乐”引申为“安适”之义。

③ 豫通“预”（预备）。豫通“与”（参与）。

④“豫”又同“序”。周代指乡学，后来指州学、郡学。

5. 其他：

① 参见予、幻二字例。

②“化生”是需要一定条件的，就像化学反应需要一定温度、压力等条件一样。古人认为：雷震、风化都是促使“化”的重要因素。《豫卦》中讲的“雷出地奋”，就是指“化生”的表象。请参考本章第一节中“老师为我讲震卦”的故事，本章第四节中“伏羲风姓”的相关内容。

17. 序

1. 字源：小篆写作；楷书写作序。

2. 背景资料：在《辞海·广部》“序”字条目，列出了“序”字的五条含意。①次第（次序）。②作“叙”（序言）。③古代的学校名（庠序）。④中堂两旁的墙（东序、西序）。⑤季节（时序）。在这五条中，哪一条是属于“序”的本义呢?《说文·广部》：“序，东西墙也。从广、予声。”将其作为形声字。其中“广”（yǎn），依傍岩岸架屋，像高耸的房屋的样子。“予”，仅表声，没有含意。如果把“序”的本义理解为“东西墙”，就无法引申出次第（次序）、叙（序言）、学校（庠序）、季节（时序）等义。笔者认为：“序”的本义为学校，属于会意字。“广”表示房屋，“予”表示学习的内容，即阴阳哲理，天地之道，这是“予”字的内涵。“予”既表意又兼表声。上古时期，“学在官府”，只有贵族子弟才有资格上学，他们学习的主要内容不是捕鱼、耕种，而是天地之道、阴阳哲理、治国之术等。为什么“序，东西墙”呢？因为西周天子的学校“辟雍”在中心位置，校址为圆形，围以水池。在水池之外，是四方形的围墙，分别设有东西南北四学。东学叫“序”（东序），北学叫“庠”（上庠）。由“东序”校舍引申为房屋的东西墙壁。请参见第四章第四节的“附图十《辟雍布局图》”。

3. 本义：学校。即以天地阴阳之道、人伦宗教和治国之术为基本教学内容的学习场所。

4. 引申义：

① 因为天地阴阳变化是有规律的，有顺序的，所以引申为“次第”（次序、顺序）之义。

② 因为天地阴阳变化，才产生春去秋来、寒去暑来的四时变化，所以引申为“季节”（时序）之义。

③ 由“学校”引申为“叙述”“序言”。

④ 由“学校的房屋”在“辟雍”的东西侧，引申为东西墙壁。

5. 其他：

① 参见学、予、庠等字例。

② 参见第四章第四节《辟雍布局图》。

18. 書（书）shū

1. 字源：甲骨文写作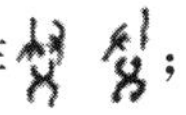；金文写作；小篆写作；繁体楷书写作書；简化字：书。

2. 背景资料：从上面“字源”可以看出，“书”（書）字的甲骨文、金文作“”从“”。小篆仍然从“”，增加了“曰”。“聿”yù，像手持笔形。可是难解的是“”符号，很多人解此字时都采取了回避的态度，因为这个符号有点“不可思议”。实际上它是一个“曲线式”的“阴阳交午”的符号，表示“化生万物”，引申为“万事”和“万物”。人们手拿着笔书写什么？那就是书写“万物”或“万事”。后来增加了

“曰”字，表示“语言”。書（书）是一个“会意”字。

“书”字的本义，是用笔书写、记载万事和万物及语言的情况，引申为“著作”“信函”“典籍”等，再引申为书写和著作。

“畫”（画）从聿、从、从田（此处“田”与“周”同意）。这里的“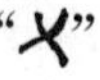”符号，同样也是“曲线式”阴阳交午的符号，引申为万象、万物。“田”是表示四面八方，也可写作（周），不能误解为田地之“田”。“画”字的构形原理与“书”字相同，在此一并解读。

3. 本义：“書”字的本义是用笔书写，记载万事万物及语言的情况。

4. 引申义：

① 装订成册的著作。

② 记录、记载。

③ 信函。

④ 典籍。

⑤ 字体。

5. 其他：

① 参见本章第二节附表四：《阴阳交午符号例表》（“曲线式”交午符号）。

②“畫”（画）字中的符号“田”，参见第一章第四节附表二：《同物而异象、异字例表 B》。

③ 参考赵诚《甲骨文简明词典》第 330 页“”（书）条，容庚《金文编》第 202 页“書”条、“畫”条，《说文・聿部》“書”条，《辞海・一部》“书”条。

④ 中国人对文学艺术的最高境界的评判标准：气、神、韵、境、味，把“气”放在首位。而“书”字、“画”字的古文中所含“×”“”符号，本身就是一种“气”的符号，指天地万物之气。

19. 畫（画）huà

1. 字源：金文写作；古文写作；小篆写作；繁体楷书写作畫；简化字写作画。

2. 背景资料：参考“書”字例的背景资料。

3. 本义：用笔描绘四面八方的万象、万物之状。

4. 引申义：

① 泛指描绘。

② 在大地上划界线。

③ 通“划”。

④ 指汉字的一笔（笔画）。

5. 其他：参考書字例。

(二)“直线式”交午符号的字例

“直线式”交午符号，一般写作×、等形状。含有这种符号的文字比较多，但是在后来的文字演变过程中，有的由“×”变成了“+”，例如“思”字小篆写作“”，从“囟”，从“心”。有的在简化字中被“大改观”了，例如“”简化成“”，“爾”字简化为“尔”等。现列出部分字例如下：

① 乂（yì）：凶，囟（囟），聰（聪），悤（忽），驄，囟，卤，吾，悟，语，（縈），產（产）

② 爻（yáo），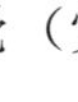（肴），崤，希，睎，睎，稀，豨，教（教），學（学），嚳（喾），覺（觉），鷽

③ 爽，爾（尔），儞（你），璽（玺）

下面对其部分字例作以解读。

20. 乂 yì

1. 字源：小篆写作（“x”的变形）；楷书写作乂。

2. 背景资料：由于汉字中的“同象而异物、异义”现象，人们对

这个很简单的“乂”字构形，产生了不同的理解。一种认为“乂”像交叉的两把刀，是割草的器具，例如“刈”字、“殺（杀）”字的构形就说明了这一点。这种解释无疑是正确的。第二种解释为“阴阳交午”符号，因为在古文献中，“乂”：①指“有才德的人”，例如“俊乂”一词；②治理、安定的意思。人的才德何来？按传统文化观念“精气为物”，精灵之气化育精灵之物。“”表示阴阳二气“交和”，化生为“人才”。

关于“治理、安定”之义的来源，按《周易·泰卦》：“天地交，泰”的思想，只有当天地阴阳之气“相交”“相通”时才会生气蓬勃、一派兴旺景象，才会“政通人和”“国泰民安”，所以说“乂”的符号表示阴阳交午之象。

3. 本义：“乂”的本义有两种解读：一是指割草的器具；另一种是阴阳交午。（同象而异物、异义）

4. 引申义：

① 由阴阳交午引申为精气化育的“精灵之物”，再引申为“才德出众”的人。

② 由阴阳交午，“天地交，泰”的古代哲学观念，表示生机蓬勃、兴旺、政通人和，而引申为“治理”“安定”“国泰民安”等义。

5. 其他：

① 参见第一章第五节《同象而异物、异义例表》。

② 参见本章《阴阳交午符号例表》（“直线式”交午符号）。

21. 産（产）chǎn

1. 字源：金文写作；小篆写作；楷书写作産；简化字：产。

2. 背景资料：《说文·生部》：“産，生也。从生，彦省声。”即生成，“出生”的意思。例如①“产犊”（动物生育）。②产男产女（人类生育）。③天然的生成物（矿产、水产、农产品……）。④产业。⑤财富（地产、房产、资产、私产……）。

现代双音词中，有“生产”“产生”。实际上“生”与“産”二字是有一定区别的。我们从“産”字的金文、篆文构形中就可以明显地看到“”“”“”三个文字符号。其中的“”（“^”为阴阳相遇、相合的符号，“”为阴阳交午的符号）是表示阴阳之气“化生万物”的意思。“”是指高崖、高处。“”即“生”字。把三个符号组合在一起，“会意”为：阴阳化生之物，从高处（母体）中降生。大家知道：中国传统文化的“内核”是气生万物，天人感应，天人合一。造字者在“气生万物”的宇宙观主导下，造出了这个“産”字。“産”，是属于“大概念”文字，包括：产动物、产人类、产植物、产矿物、产财富等。“产生”一词，还包括社会属性的“产事物”（产生问题、产生灾难、产生办法……）。

3. 本义：阴阳化生之物，从高处（母体）中降生。

4. 引申义：

① 泛指“万物”（动物、植物、人类……）的化生，出生。

② 引申为社会属性“万事”的产生，出现。

5. 其他：（略）。

22. 媧（娲）

1. 字源：籀文写作；小篆：；繁体楷书：媧；简化字：娲。

2. 背景资料：《说文·女部》：“媧，古之神圣女，化万物者也。从女，咼声。”这里显然是指传说中的“女娲氏”。但是“娲”字并不是个单纯的“形声字”，而是一个“会意”兼“形声”字。“娲”字的籀文构形从“女”，从“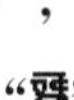”，其中上部的“—”是表示上天；“▽”即“□”，是表示观测天象的天文台（又称天台、灵台、方台），在此处表示“天象”或“天地相通”的意思，而不是指人口之“口”；“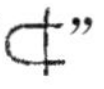”即“趾”、表示行走、运动；“”是女人的“子宫”之象形；“×”是阴阳交午，化生万物的符号；“丅”是某物从“子宫”中降生之象。我们把“”的构形部件串联起进行“会意”，那就是：天地相通，乾元之气不停地运动着，阴阳二气进入女人的子宫中相交午而化生出新的生命，然后降

生在人世间。

“娲”字的籀文构形，简直就像一幅“天地化生人类”的路线图。它明显地反映出母系社会人们的生育观、生命观。所以数千年来，人们一直把“女娲”作为“造人神”的总代表、神女、圣母，进而被尊奉为“化万物者的神母”。

前面讲到伏羲氏风姓时，对“风”字的文化内涵进行了深入探讨，认为“风”的本质是“气”，阴阳二气运动状态称作“风”。“风”的功能是化生和化死，一般多指是“化生”。这与“娲”字中的阴阳交午符号“×”，是一致的，相吻合的。

“娲”字的小篆和繁体楷书构形很难进行“会意”。简化字从女、从呙（“口”为天台，“冂”为子宫，“人”为生命）。

3. 本义：秉天地之气，化生万物的圣女。

4. 引申义：（略）。

5. 其他：

① 参见风、産、族字例。

② 在繁体楷书中，媧、禍、過三字的右边构形相同。但是考证“禍”“過”的古文字的构形，与“娲”的情况完全不一样。特提出注意。

③ 本章第一节讲到“女娲补天”的故事，反映了远古人“以气补气”的观念，而“娲”字构形反映了“阴阳二气化生万物”的观念。二者都是“气生万物”宇宙观的体现，也是该字“字魂”的体现。

23. 榮（荣）róng

1. 字源：金文写作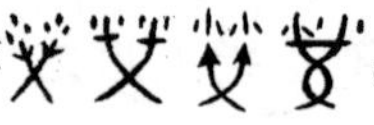；小篆写作；繁体楷书写作榮；简化字：荣。

2. 背景资料：对“荣”的构形，学术界有不同说法。①左民安《细说汉字》指出：“荣”字的金文就像两棵交相争荣的花草，上部的六个小点儿就是鲜花竞放的形象，真是荣华昌盛。“荣”本义是指草木开花。②伊强、朱振华说：“‘荣’的金文像树之花，或说像火炬交叉之形。”

在容庚《金文编》中，关于“荣”的字例多达21例，其中下半部写作“”的有5例，写作、的各一例。如果把它们理解为两棵交叉的“花草”，或“花木”，或“火炬”，都感觉有些“牵强”。笔者认为：“×”是属于“直线式”阴阳交午符号，、、是属于“曲线式”阴阳交午符号，都是表示阴阳交午而化生万物之义。“荣”字上部的六个（或四个）小点儿，不是“花朵”，而是“光气”（或五彩光气），表示“生气”（生机之气）。小篆“荣”的上部从双“火”，也指“光气”。前面在介绍炎帝姜姓之“姜”字时，讲到“炎”字中的“火”是指光气或太阳的问题。古人与现代人对“火”字的理解是不一样的。古人认为“积阳之热气生火，火气之精者曰日”（见《淮南子·天文训》）。在汉字中，“火”有时指燃烧的“火焰”，有时指“阳气”“阳光之气”“光气”（五彩的光气）等。例如：然、炎、熙、焦等字下边的“火”（灬）都是指“阳气”“光气”，表示旺盛的“生命力”或“太阳崇拜”。自然的“然”字、康熙的“熙”字、焦姓的“焦”字等，其中“火”的文化内涵都是如此，千万不要误解为“火焰”烧烤食物。“荣”字下部的阴阳交午符号在此处表示“化生”，上部光气（火）符号则表示“成长”。俗话说“阴阳不交，五谷不生”“万物生长靠太阳”。“荣”字的上下构形充分体现了这种传统文化的内涵，也是“荣”的“字魂”所在。

3. 本义：由阴阳交午而化生万物，阳光普照而生长繁荣之象，会意为“茂盛”。

4. 引申义：

① 由茂盛引申为繁荣、荣盛、兴盛。

② 由“阴阳交午五谷生”引申为草类开花和谷类结穗。

③ 由“阳光普照，万物生长”引申为光荣、荣耀，再由“光荣”

又引申为“荣光”，即指五色之光气。古人认为是祥瑞之征兆，李白《西岳云台歌》：“荣光休气纷五彩。”（休：美）

④ 由荣耀引申为显贵、显耀。

⑤ 由显耀引申为屋檐两头翘起的部分（翘起、张扬、显耀）。

⑥ 梧桐树的别称。传说“凤凰”只落在梧桐树上，所以梧桐树被赋予显贵、荣耀的文化内容。《说文·木部》：“荣，桐木也。”

5. 其他：

① 参考姜字，熙字（关于“火”的文化内涵）。

② 参考乂字，产字例。

24. 吾

1. 字源：甲骨文写作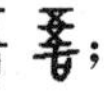；金文写作；小篆写作；楷书写作吾。

2. 背景资料：从上面“吾”的构形来看，阴阳交午的符号时而写作、（“直线式”），时而写作、（“曲线式”）；时而写作、（“一直一曲式”）。虽然符号形态不一样，但都是表示“交午”的意思。按王大有先生《三皇五帝时代》一书中的看法，“”为东西交午的符号；“”是上下交午或天地交午的符号。“吾”字中的“”应指天地阴阳交午而化生某物的意思。“”指“天台”（不是人口之“口”，更不是围墙之类）。“吾”字构形的“会意”是：降落在天台（神台）上的天地阴阳化生之物。《说文·口部》：“吾：我，自称也。”即对自己的称呼。《论语·学而》：“吾日三省吾身。”古人认为：“精气为物”“我即物”“通天下一气耳”（《庄子》语）。所以，“吾”用作第一人称代词（吾乃天地阴阳化生之物也）。

据考证，凡用作第一人称代词的文字（吾、我、予、余、朕、台），其构形中都含有“气”“精气”或“阴阳之气”等符号。

3. 本义：降落在天台之上的天地阴阳化生之物。

4. 引申义：一般作为“我”的意思，自称。第一人称代词。

5. 其他：①参见我、予、余、朕、台等字例。②参见语字例。

25. 悟 wù

1. 字源：古文写作；小篆写作；楷书写作悟。

2. 背景资料："悟"字的构形从心，从吾，像是某人在天文台上，"用心思考"天地之间"阴阳交午"的问题之状。由此可以想象：这个人（巫史）是在"领悟"天地之道，阴阳之道。《说文·心部》："悟，觉也。"《说文·见部》："覺（觉），寤也。从见，学省声。一曰发也。"意思是说，"觉"是睡醒的意思，另一义是"发现"（发觉）。总之，"悟"字含有醒悟、觉悟、领悟、明白、发现（发觉）等含义。

3. 本义：在天文台上，用心思考天地之间阴阳交午的奥秘。

4. 引申义：

①"领会"出某种道理。例如：执迷不悟、恍然大悟、悟天意。

②"发现"了某种奥妙（天道大发现）。例如：悟真、悟空。

③ 如梦初醒，从"蒙眬的心理状态"转变为"清醒"，明白事理。例如：觉悟。

另外把"领悟"的道理讲出来，叫作"语"，论述之义。《说文·言部》："语，论也。"

5. 其他：

① 参见"吾"字。

② 吾、悟、语三字存在着"同源"关系。见语字例。

26. 學（学）xué

1. 字源：甲骨文写作；金文写作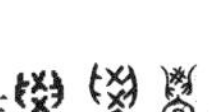；小篆写作；繁体楷书写作學；简化字：学。

2. 背景资料："學"（学）字的甲骨文写法有时含""，有时含""，二者表意相同。有时不含双手""（臼 jiù）。金文的下部增加了"子"，表示教孩子学习，学子。小篆、繁体楷书的构形与金文相同。对于""的理解，有人认为是表示房屋、教室；有人认为表示覆盖物，

处于蒙昧状态。笔者认为，表示“教室”更合适一些。对“乂、爻”符号，有人认为表示“渔网”，用双手教孩子学习结网技术或捕鱼方法，由此引申为泛指学习一切东西；而笔者认为，此处的“乂、爻”是阴阳交午的文字符号，它也是“学”的“字魂”所在。

3. 本义：学子从传授者手中获取“天地阴阳之道”的知识。

一个人活在世界上，上至帝王下至百姓，需要学习的东西太多太多了。所以，“学”字的构形符号要求尽量为“大容量”的代表。上古人认为：万物的生生死死，人类的吉凶祸福，都是“天地阴阳”变化的结果，又称天地之道。“阴阳哲理”既是“世界观”，又包含着“方法论”。并且孳乳出原始的“宗教观”“伦理观”。孔子讲“学而优则仕”，其中学习的内容，不是指织网、捕鱼，而是天地之道、宗教伦理。

4. 引申义：

①“学”字在上古有时作“教”的意思，读作 xiào。

② 泛指“学习”。《论语·为政》：“学而不思则罔，思而不学则殆。”

③ 学问。例如：治学。

④ 学科。例如：数学、生物学、政治经济学。

⑤ 学校。例如：小学、中学、大学。1912 年中华民国临时政府（孙中山）宣布，全国所有“学堂”改名称“学校”。

5. 其他：

① 参见本章第二节《阴阳交午及其文字符号》（对“学”作了详细解读）。

② 参考教、覺（觉）、嚳（喾）字例。

③ 参考序、庠字例。

27. 教 jiào

1. 字源：甲骨文写作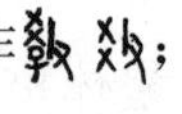；金文写作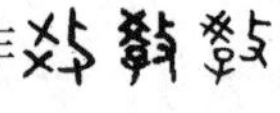；古文写作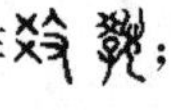；小篆写作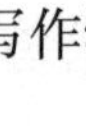；楷书写作教。

2. 背景资料：“教”的甲骨文中右边是一只手拿着教鞭（或教具之类），左下方是个“子”（孩子）。上方“”是阴阳交午的两个符号。金文中“”符号是“”的异体写法。古文中“”，从心、从巳（胎儿，胎气），大概是教化入心、入气的意思。楷书把“”演变成“孝”。在楷书中阴阳交午的符号“”，有时演变成“”，例如“”（希），（肴）。但是楷书“教”字中的“孝”，有人认为“”，即老、考的省写，这是错误的。因为“老”的古文字是一个人头上长着长发之象，而不是“”的符号。“教”字的构形原理与“学”字基本相同，都是突出“天地阴阳之道”。

3. 本义：手执教鞭，将天地阴阳之道传授给学子（或孩子）。

4. 引申义：

① 泛指教育，训诲。

② 政教、宗教。

③ 文体的一种，称“教告”。

④ 当读作（交）时，有传授知识技能或“使”“令”“让”的意思。

5. 其他：参学、嚳（喾）字例。

28. 嚳（喾）kù

1. 字源：小篆写作；繁体楷书写作嚳；简化字：喾。

2. 背景资料：“嚳”，是高辛氏帝嚳，作为“帝号”的专用字，其文化内容十分深奥，要想解开这个字的本义，必须按照“自少皞以上，天子之号以其德”的原则去考证。帝嚳的“功德”是什么？文献中有各种各样的记载，宋代范祖禹所撰《帝学》曰：“帝喾高辛氏，聪以知远，明以察微，仁而威，惠而信，修身而天下服。”这种归纳，虽然比较得体，但是比较笼统。下面讲几条具体内容。

① 把“领悟天道”放在第一位。这是他能“聪以知远”的根本原因。据《路史·后纪九·高辛记》和《春秋元命苞》记载：高辛氏昼观

日，夜观北斗，以北斗斗柄招摇星一年四时的指向，定节气，教民稼穑以安。《大戴礼·五帝德》："历日月而迎送之，明鬼神而敬事。"又"序三辰（日月星）以固民"。他任命重为天官；吴回为地官（祝融）；长子阏伯为火正，主观测东方大火星、又称商星（今心宿二）；次子实沈主观测西方参星（白虎星，今金星）；妻子常羲氏（后世月宫"嫦娥"的原型）主观测月亮。所谓"领悟天道"，即探索自然规律。从而做到"聪以知远"，不搞乱指挥。

② 重视民族大团结。以联姻的方式，实现各部族联盟。传说帝喾有四妃生四子：姜嫄（炎帝族）生弃（后稷）；简狄生契（简狄：有娀氏族，东夷的一支）；庆都生尧（庆都，陈丰氏炎帝族）；常仪（羲）生挚（常羲：东夷娵訾氏）。帝喾时代没有发生大的战争，是民族大融合的时代，也是经济文化大发展的时代。

③ 注重教化。一是教化自己的子孙们有德有才。四妃生四子。"四子"对中国后来的历史影响都很大。"后稷"，善于根据天时地利发展五谷生产，并且成为周族的始祖，后世人称他为"谷神"。"契"曾为司徒官，教化民众，循天道，彰仁爱，并且成为商族的始祖。"挚"，入赘于东夷族成为首领，传说他将帝位主动禅让给了尧。"尧"，中国历史上受人尊敬的帝王。二是教化百姓、民众。讲仁爱，守时序，衣食足，出现"政通人和"的局面。

高辛氏的功德就体现在"嚳"字的构形之中。王大有先生认为："𦥯"，是从先祖伏羲的"八卦"、炎帝的《连山》、黄帝的《归藏》那里承传学习"卦爻筹算"之象，故从双手"𦥑"和卦爻之"爻"。"爻"又为天地阴阳交午，四时八节之象。"冖"即"︵"，表示天穹。"告"是昭告，布告天下人急用之，广用之。所以"嚳"字的本义应是：承传天地阴阳之道，布告天下人急而用之，广而用之，实现国泰民安。《说文·告部》："嚳，急告之甚也。"此处的"甚"字，应理解为特别急需，特别广泛之意，不应理解为"急而又急"。

3. 本义：承传天地阴阳之道，布告天下人急而用之，广而用之。

4. 引申义：（略）。

5. 其他：

① 参见学字例，以便了解“天地阴阳之道”的符号、。

② 参见风、姬二字例，以便了解“气生万物”的哲理。

③ 参见辛字例，了解“高辛氏”的文化含义。

（三）“点线式”交午符号的字例

“点线式”交午符号，一般写作形状等。例如：午、交、御、寅、黄、知、智、族、吉、矦（候、侯）、生（）。

29. 午 wǔ

1. 字源：甲骨文写作；金文写作；小篆写作；楷书写作午。

2. 背景资料：“午”字的构形复杂多变。时而写作（“曲线式”），时而写作（“点线式”）；时而写作（“直线式”）。但其基本原理没有改变，都是表示阴阳二气相交。关于“午”字的构形原理和本义，已经在本章第二节《阴阳交午符号例表》的“例字部分”中作了详细介绍，此略。

3. 本义：阴阳二气在运动中消长变化的交叉点。

4. 引申义：

① 一天中，太阳运行在阳气由极盛开始逐步减弱，而阴气开始逐步增强的时间交叉点（正午、中午、午时）。

② 一年中，阳气由极盛开始逐步减弱，阴气开始逐步增强的季节交叉点（午月，五月）。《说文·午部》：“午，啎也。五月，阴气午逆阳，冒地而出。”因为“夏至”在五月份，是一年中阴阳消长的交叉点。

③ 按《后天实用八卦方位图》的标志，表示南方叫“午”，北方叫“子”。南北方位叫“子午线”。

④ 泛指阴阳二气的交合、交融、交错。笔者在本书中常使用“交午”一词，皆为此意。

5. 其他：①参见本章第二节《阴阳交午符号例表》所附例字“午”。②参见第九章“天干与地支”（午）。

30. 黄 huáng

1. 字源：甲骨文写作；金文写作；古文写作；小篆写作；楷书写作黄。

2. 背景资料：对“黄”字的构形和本义，历来有不同的解读，现举几例：①《说文・黄部》：“黄，地之色也。从田、从炗，炗亦声。炗，古文光（字）。”认为“黄”是指地气之色。段玉裁《说文解字注》：“从田，土色黄，故从田。”②《释名・释采帛》：“黄，晃也。猶晃晃象日光色也。”认为“黄”字从日，从光，像太阳光气之色。③郭沫若《金文丛考》：“黄即佩玉。后假为黄白字。卒至假借义行，而本义废，乃造珩若璜以代之，或更假用衡字。”意思是说：黄是“璜”的本字。后来假借表示颜色（黄色）。④唐兰认为：“黄字古文，像人仰面向天，腹部胀大，‘尪’的本字。”唐玄之也认为：“黄字，是一个会意字，是指一个得了膨胀病和黄疸的病人皮肤的颜色……这种黄疸病人的皮肤就成了殷人的黄色标准。”⑤潘峰《释“黄”》在引用了上述唐兰、唐玄之的文章后，认为，“黄”是一个象形字，本义是“孕妇”。黄字从或，是一个倒置的女性生殖器；“⊖”是膨胀的腹中孕育一婴儿之象；“”是“大”（人）的讹变。由于孕妇一般肤色会变“蜡黄”，所以引申为“黄色”之意。（见《汉字文化》2005 年第一期载文）⑥王大有在解读黄帝为什么帝号为“黄”时认为，黄帝本为天鼋氏（轩辕氏），“天鼋”即大龟，长寿千岁，龟的侧视之像为“𦣞”（姬）；正视之像为“”（黄），（《三皇五帝时代》，中国时代经济出版社 2005 年版第 247 页）。⑦赵诚认为：早期的甲骨文中“矢”“寅”“黄”三字易混，到晚期才有

区别，矢作“”，寅作“”，黄作“”。三字同源。皆由“”衍化而来（赵诚《甲骨文简明词典》中华书局 2009 年版第 75 页）。⑧ 左民安认为：“黄”的甲骨文像展开的一张野兽皮，其头、腹、腿俱在，其金文的形体变得复杂一些，小篆的形体与金文相同。所以说，“黄”字的本义是指展开的“兽皮”，晒干可用（见左民安《细说汉字》九州出版社 2006 年版第 479 页）。

以上对“黄”字本义的八种说法，到底谁是谁非或接近“正确”呢？恐怕没有人敢去下结论。笔者在此只是提出一点个人的观点：前面在解读“上古三大姓”时，分别解释了为何伏羲自命风姓，炎帝自命姜姓，黄帝自命姬姓。风、姜、姬三字包含着三位圣人的宇宙观、价值观和功德。炎帝以“炎”为帝号，是表明对太阳的崇拜（火为阳气的积聚，“火之精者曰日”）。黄帝以“黄”为帝号，同样是表明对太阳的崇拜。“黄”字的本义应是“光气博大之貌”，其理由如下。

① 自伏羲创八卦“阴阳理论”以后，炎帝继承发展作《连山易》。黄帝继承发展作《归藏易》，认为气生万物，而阳气之精华是“日”，尊称为“太阳”。万物生长靠太阳，中华民族崇拜太阳是一种基本文化。所以，以“炎”“黄”作为帝号完全符合上古人的最高境界。伏羲氏太皞，“皞”是高而白的光芒，日、月之光。至于后世什么东方青帝、西方白帝、中央黄帝……用五色、五方，配五帝的说法，那是春秋战国“五行说”的附会之辞，不可为据。

②“黄”字的甲骨文“”，从日、从（阳气上升的符号）。金文、小篆皆从日，从炗（光）。很明显地可以看出是“日”与“光”的符号组合即“黄”，异写为“晃”字。

③ 按现代光学的说法：阳光含有赤、橙、黄、绿、青、蓝、紫七种颜色，例如“彩霞”“彩虹”之色。古人一般讲“五色”（青、赤、黄、白、黑）为正色。

古人以“炎”，即火光之色为赤色（红色），借“黄”的光气之色表示黄色（中正之色），又以构形不规则的“日”（光气）表示白色（、：甲骨文“白”字）；可见表示赤、黄、白三色的文字，都是借用“五色之光”（日光）而来。“黄色”并非因“土色”“孕妇蜡黄”“黄疸病”而来。

3. 本义：光气博大之貌。

4. 引申义：①因光气含有五色，借以表示“黄色”。②隋唐时期，称二岁以下的幼儿为“黄”。大概因幼儿毛发较黄，俗称“黄毛小子”“黄毛丫头”。

5. 其他：①参见《上古三大姓》中“风”“姬”二字例。②参见地支“寅”字例。

31. 族 zú

1. 字源：甲骨文写作；金文写作；小篆写作；楷书写作族。

2. 背景资料：“族”字在“词典”工具书中一般列入“㫃”（yǎn）部，“㫃”表示旗子的飘带随风舞动之状。“矢”为“箭”，是捕猎或作战的武器。很多箭集合在旗下，便会意为“积聚”。有的人认为，“族”的本义就是一种军事组织。长期以来，对“族”字的本义好像已成定论。但是考证中国远古时代氏族的起源，发现“族”所表示的是一种母系社会或父系社会的一种“血缘关系”的名称，而不是军事组织的名称。既然是表示血缘关系的名词，按照中国传统文化的宇宙观、生育观，那一定是“气生万物”“精气为物”“秉天意所生”者。由此必须重新审视“族”字的甲骨文、金文构形，并且谨防因“同象而异物、异义”而陷入误区。笔者认为：“㫃”不是旗杆和飘带，而是“表木”（或日竿）和运动着的“风”。“”不是表示“箭”，而是阴阳交午，化生万物的符号。甲骨文中有时还写作“”，其中的“”是表示方台、天台，是立“天表”的高台。因为远古时期，较大的部族都设置有观测天象的“天象台”，兼“祭祀台”，目的是预测吉、凶、旱、涝、战争和气候时令。只有部落联盟才能设立规模较大的“天文中心”，甚至成为“替天行道”的政权象征。“族”字的表木（日竿）表示“天意”“风”是阴阳二气运动，“”（交午）是阴阳化生，三者组合而“会意”为：“秉天意所化育的众生。”“”表示众多的生命。一个“”也可代表“众生”，所以“族”也引申为“积聚”“众多”之义。

3. 本义：表木下秉天意所化育的众生（表木：又称天表、天柱、神柱）。

4. 引申义：

① 积聚。同一血缘关系的众生积聚生活在一起。又因为上古凡大型的狩猎、生产活动、或战争，一般以氏族为单位，所以“族”又含有军事组织的意思。

② 众多。由“众生”引申为“众多”，后世一般写作蔟或簇，例如“簇拥”一词。

5. 其他：

① 参见本章第一节《阴阳交午符号例表》的（）。

② 参见风、娲二字例。

第七节　“第一人称代词”的构形原理

在汉语中：我、吾、余、台、予、朕等字皆作为第一人称代词。当我们深问：古人造字时，为什么会把这类文字作为第一人称代词呢？可能有人会说这是在“钻牛角尖儿”。凡研究汉字的人，都有必要钻这个“牛角尖儿”，这就叫“钻研”。上述六个字若从表面上去看，它们的构形各异。但深入研究下去就会发现它们有一个共同的构形原理，那就是“精气为物”“物亦即我”的朴素唯物主义思想。

前面已经解读了吾、予二字，本节重点解读我、余、台、朕四字。

32. 我 wǒ

1. 字源：甲骨文写作；金文写作；古文写作；小篆写作；楷书写作我。

2. 背景资料：观察“我”字的构形十分繁复，容易产生误解。特别是“我”从“戈”，若按传统的解读，“戈”是兵器，是平头戟。因而就会联想到“杀伐”，再从“杀伐”联想到“”（勿）的构形。人们带着这种思路再去看甲骨文“”，便解读为“带刺的戈”或“三锋戈”，所以把“我”字的本义解读为“带刺的兵器”。后世假借作“自称”之词。笔者在第一章第二节《刀字歌》中，曾列举了我、羲、娥等含有“戈”的字，若把这里的“戈”理解为兵器，就是把中国传统文化变成了“刀文化”，与传统文化的“内核”（天地之道、阴阳之道）格格不入。由于汉字中大量存在着“同象而异物、异义”现象，往往使人陷入“误区”。第一章第五节专门探讨了这个问题，其中包括由“量天尺”规和矩所组合的文字符号“戊”“戈”。

“我”“義”（义），伏羲氏的“羲”，嫦娥的“娥”等字中的“戈”，不是带刺的兵器，而是“量天尺”，引申为“天的规则”或“天意”。

“我”字的金文、古文、小篆构形都是从“戈”，从“勿”。楷书中“”仅是“勿”的略变，弯曲的“勹”，变成了直立的“”。甲骨文、的左边像“芒刺”的符号，应理解为“光芒”，五色云的“光气”，而不是“刺芒”，它是“勿”的简易写法。“勿”表示五云光气、精气。“戈”表示“天的规则”。勿与戈组合在一起，会意为“五色精气按天的规则所化生之物。”它体现了“气生万物”“精气为物”“我亦即物”和“天人合一”的思想。也是“我”的字魂。

3. 本义：五色精气按天的规则所化生之物。

4. 引申义：

①“自称”之词，意思是“我乃精气化生的精灵之物”。

② 旧时史家用以指称当朝或本国（我朝，我国）。

③ 存私见。《论语·子罕》："毋固，毋我"。

5. 其他：

① 参见第一章第五节"同象而异物、异义"中的《戊、戈组合图》。

② 参见勿、物、羲、義、歳等字例。

33. 余 yú

1. 字源：甲骨文写作；金文写作；小篆写作；楷书写作余。

2. 背景资料："余"字的甲骨文、金文、小篆的构形都很简单。但是，会其意却有点复杂。《说文·八部》。"余，语之舒也。从八，舍省声。"所以段玉裁《说文解字注》解释为："从八，象气之分散。"后来有人根据"余"字的甲骨文、金文构形认为，余字从"亼"、从"木"，像树木支撑的房屋。与"舍"字同义。假借为第一人称代词"我"的意思。笔者认为凡是第一人称代词，古人造字时都是按照"精气为物""我亦即物"的哲理造出来的。"余"字从"亼"，是"三合之气"的符号，即《老子》"冲气以为和"的"冲和之气"。按现在的话讲："一"指元气；"二"指阴阳之气；"三"指冲和之气，即"和气"。而"和气"是万物化生过程中的"质变"。"余"字中的"木"，不是指普通的树木，而是上古人观测天象的"表木"。东方人称"榑木"，西部人称"建木"，引申为天地之气相通或舒畅，由此"会意"："余"字从"亼"，从木，表示天地之气相通，阴阳交合化生之物。因为人类也是阴阳化生之物，所以"余"与"我"同意，都可用来"自称"。

另外，谈一下"假借"的滥用问题。不能把"构形不明"或"不能自圆其说"的文字，在解读时都装进"假借"的笼子。例如：把"我"理解为"长柄的带刺的三锋戈"，假借为"我"的自称。又把"余"理解为"房屋"，假借为"我"的自称，等等。前面曾讲过：不能"借刀替人"，也不能"借房子替人"；不能借"死物"为"活物"。

3. 本义：天地之气相通，阴阳交合而化生之物。

4. 引申义：

① 第一人称代词：“我”的意思。

② 作语气助词。

5. 其他：

① 参见我、吾二字例。

② 徐、畲（yú）二字皆含有“余”，具有“天地之气相通、舒畅”的文化内涵。

34. 台

1. 字源：金文写作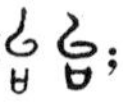；小篆写作；楷书写作台。

2. 背景资料：“台”字是一个典型的“同象而异物、异义”的例字。造字者先后给它赋予了三种不同的“本义”：①作第一人称代词“我”的意思。以“”（厶）符号表示“精气”；以“”（口）表示天台、引申为“天意”。二者会意为：秉天意，精气化生之物，即“我”。《书·禹贡》：“祗台德先。”《尔雅·释诂》：“台，我也。”②作“悦”（高兴）的意思。把“”（厶）符号表示笑出的“气流”；把“”（口）表示人口之“口”。二者会意为：从人口中发出的笑声，引申为“悦”。《说文·口部》：“台（yì），说也。”《段注》：“台说者，今之怡悦字”。《说文》中无“悦”字，以“说”代“悦”字。③读音 tái：古有“三台星”。后世用以比“三公”，是对人的尊称，例如“台端”“台甫”。此处的“台”（tái），本义是从天文台“”观测到太空中发光的精气之物“星”（）。古人把观星辰叫作“占星气”。“星”，也属精气之物。把他人比喻为天上的星辰，自然是“尊称”了。

3. 本义：有三种。

①“秉天意，精气化生之物”即“我”。

② 从口中发出笑声，引申为喜悦。

③ 读音 tái。在天文台上观测到发光的三个精气之物，取名“三台

星”。后人又以“星辰”比喻他人，表示尊称。

4. 引申义：见“本义”部分。

5. 其他：

① 参见第一章第五节附表（三）《同象而异物、异义例表》中的符号“口”。

② 参见《辞源·口部》“台”条。

③ 请注意：今高台、天台的“台”字，本应写作“臺”，简化字写作“台”，与“台 yí”字无关联。

④ 参辞字例。

35. 朕 zhèn

1. 字源：甲骨文写作；金文写作；小篆写作；楷书写作朕。

2. 背景资料：“朕”字的甲骨文从舟，从双手，从“丨”。像是天降一物“丨”，用双手去承接，用舟（船）去承载之状。上古人“天生万物，地载万物”的思想比较浓厚。以上三个文字符号，会意为“我乃大地承载的天降之物”，即“我”。金文的构形与甲骨文相似而不相同，因为“”是阴阳交午的符号，也可写作“”，表示“化生”之意，与天降之物“丨”含意相近。小篆的构形从“火”，是火光、阳光的意思。楷书的构形很难“会意”，但是也能见到某些关联。“舟”演变成了“月”（肉），“双手”演变成“夫”，“光气”演变成了“丷”。

3. 本义：舟船承载着上天所降阴阳化生之物。

4. 引申义：表示“我”。我是上天所降的阴阳化生之物。《说文·舟部》：“朕，我也。”《尔雅·释诂下》：“朕，我也。”郭璞注：“古者贵贱皆自称朕。”自秦始皇以后，“朕”才成为帝王的专用词。

5. 其他：参见予字例。

本节综述：

通过对我、吾、予、余、台、朕六个“第一人称代词”的解读。我们发现，古人造字时，善于应用“气生万物”的宇宙观指导文字构形。这六个“第一人称代词”的构形特点充分地体现了这一点，同时也体现了“天人合一”的观念。

例如：

①“勿”（五色精气）＋“戈”（量天尺）＝“我”	（精气＋天意）
②“⧗”（阴阳交午）＋“ㅂ”（天台）＝“吾”	（精气＋天意）
③“△”（三合之气）＋“木”（表木，天表）＝“余”	（精气＋天意）
④“ᘓ”（精气）＋“ㅂ”（天台）＝“台”（yí）	（精气＋天意）
⑤“丨”（精气），又表示（天降化生之物）＝“朕”	（精气＋天意、天降）
⑥“8”（阴阳交午）＋“亅”（天降之物）＝“予”	（精气＋天意、天降）
虽然“朕”“予”二字中没有表示“天表”或“天台”的符号，但仍然可以领悟出“天降”的暗示义。	

第八节　精气符号“ᘓ”（厶）及相关字例

在第一章第五节《同象而异物、异义例表》中，指出了象形符号“ᘓ”（楷书：厶）所表示的六种“异物”“异义”。其中之一是表示“精气”（或元气）。本节将专门解读代表精气符号“ᘓ”的部分字例。

（一）台、始、胎三字同源

本章第七节介绍了第一人称代词“台”字的构形原理。其中的“厶”（ᘓ）是表示化生万物的“精气”；“口”（ㅂ）是表示天文台，代表“天意”“天的规则”。二者会意为“秉天意，精气化生之物”，即“我”；也就是说：“我”是秉天意而生，是精气的化生之物。上古造字者，按照这种思路，又造出了“始”“胎”两个含有“台”旁的文字来。

先讲一下“始”字，从女，从台。表示精气在女子（母）的腹中按天意而化生。会意为：一个新的生命（物）开始造化出来，所以赋予“始”字的引申义是“开端”“最初”。《易·乾》：“大哉乾元，万物资始，乃统天。”

再说“胎”字，从月（肉）、从台。《说文·肉部》：“胎，妇孕三月也。”当精气在女（母）体中孕育（化生）三个月时，称作“胎”。人们平时讲“胎气”，即指化生胎儿的精气。“胎”，是生命的开始，所以也含有“开端”“最初”的意思。《尔雅·释诂》：“肇、祖、元、胎，始也。始为建类一首；肇、祖、元、胎为同意相受。”

36. 始 shǐ

1. 字源：金文写作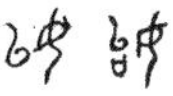；小篆写作；楷书写作始。

2. 背景资料：见本节的“开头语”。

3. 本义：精气在母腹中按天意而化生。

4. 引申义：①由精气在女腹中化生，表示一个新的生命（物）开始造化出来，引申为开端、最初之义。②方、才。例如：“年始十七八。”

5. 其他：

① 参见台、胎二字例。

② 见“以、似、姒、始四字同源”综述。

③ 参见《辞海·女部》“始”（条）。

37. 胎 tāi

1. 字源：小篆写作；楷书写作胎。

2. 背景资料：请见本节的“开头语”

3. 本义：精气在母体中化生之状。

4. 引申义：指精气在母体中化生（孕育）已达三个月时间。

5. 其他：参见台、始二字例。

（二）以、似、姒、始四字同源

“以”字的甲骨文、金文构形很特别。甲骨文写作。金文写作、（隶定为“厶”）。小篆在其上部增加了一道弯，写作“”，仍然是“精气缭绕”之象。隶书《西峡颂》写作“㠯”（上部不封口）或“㠯”（上部封口）。据考证，大约在汉代以后，“㠯”改写作“以”（从厶、从人）。所以，《玉篇·巳部》：“㠯，今作以。”《正字通·巳部》：“㠯，以本字。”在汉代，“以”字一般写作“㠯”。“似”字一般写作“佀”。参见《辞海·人部》佀条，伊强、朱振华《说文解字》（文白对照本）“㠯”（以）条。在古铭文中，“以”多写作“台”（以与台互通），“姒”写作“妐”或“始”（妐、姒、始为同一字）。容庚《金文编·女部》：“始，经典之姒字，金文作、姛、、。”

、虽然是表示“精气”的符号，隶书作厶。但在作为单独文字的“㠯”（以）时，它却表示由精气化生的胎儿“巳”。所以《说文·巳部》：“㠯（以），用也。从反巳。贾侍中说‘巳，意巳实也。象形。’”。所谓“从反巳”就是把“巳”反过来看。“巳”字的古文字一般写作“、”，是胎儿的象形。由胎儿已孕育成即将分娩出来之意，引申为已经、完毕、开始、过去等义。“以”字从“厶”、从“人”，是表示精气“厶”已经化生成“人”（胎儿）。但是“胎儿”毕竟是胎儿，还没完成最终成为“人”的过程，所以，另造了一个“似”字表示相象、类似、继续之义。又因为胎儿即将从母腹中分娩，一个新的“生命”（物）开始诞生来到世界上；所以造出一个“始”字（姒同始），表示开端、最初等义，而“姒”字后世重点用作姓（禹为姒姓）。

38. 以 yǐ

1. 字源：甲骨文写作；金文写作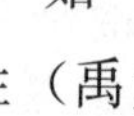；小篆写作；隶书写作㠯，楷书写作以。

2. 背景资料：请见“以、似、姒、始四字同源”综述。

3. 本义：精气化生的胎儿。

4. 引申义：①由于“胎儿”是精气化生而来，故引申为“用”“使用”之义。②缘故，因为。③认为。④与。⑤连及。⑥作代词：此，这些。⑦作介词：把，拿，在，于，向，跟，按照，从。⑧作连词：和，而。⑨与方位词连用。例如：黄河以南，长江以北。⑩作副词：已经，完毕，过去。

以上众多引申义，反映出古人对“精气化生”过程赋予极大的“联想力”，因而产生了上述“十大类引申义”，而不属“假借”。

5. 其他：①参见台、煕、始等字例。②参见《辞源・人部》“以”（条）。

39. 似 sì

1. 字源：金文写作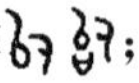；小篆写作；楷书写作似。

2. 背景资料：请见“以、似、姒、始四字同源”综述。

3. 本义：处在化生中的胎儿。

4. 引申义：①因为胎儿在化生中还不能算作“完全的人”，正处于“人”的“相象”阶段，故引申为“相象”之义。

② 由“相象”再引申为“类似”之意。

③ 又继续化生、化育，引申为“继续”，再引申为“嗣续”。

④ 给，与。

⑤ 于，表示“比较”。

5. 其他：参见以、始二字例。

40. 姒 sì

1. 字源：“姒”与“始”同字，见“始”字。

2. 背景资料：见“以、似、姒、始四字同源”综述。

3. 本义：同“始”字。精气在母腹中按天意而化生。

4. 引申义：①“姒”字主要用作姓。禹为“姒”姓，大概是取《易・乾》“大哉乾元，万物资始，乃统天”的意思。禹的儿子叫

“啟”，也含有开、开始、打开等义。

② 古代兄妻为“姒”，弟妻为“娣”。有时称“娣”为“姒”。

③ 古代妻媵相称，年长者为“姒”，年幼者为“娣”。

5. 其他：①见始字例。②参见《辞海·女部》“姒”（条）。

第九节 阴阳哲理与婚姻类文字构形

婚姻观和生育观，是一个民族、一个国家的传统文化中人们宇宙观（世界观）、价值观的重要体现。“我从哪里来？”答曰：我是天地所造化，为父母所生。“何为父母？”答曰：父母配偶乃是“姻缘”（天意）的结果。所以，中国人结婚时必须首先“拜天地”。违背了天意就会遭到“天罚”，就会带来凶祸，甚至夫死妻亡，或断子绝孙的命运。中国人的这种婚姻观渊源十分悠久，可以追溯到八九千年前的人文始祖伏羲、女娲那里。现将伏羲、女娲首创婚姻制度的传说故事摘录如下。

唐代李亢《独异志》曰：“昔宇宙初开之时，有女娲兄妹二人，在昆仑山，而天下未有人民。议以为夫妻，又自羞耻。兄妹即与上昆仑山，咒曰：‘若天遣我二人为夫妻，而烟悉合，若不，使烟散’，于烟即合。其妹即来就兄，乃结草为扇，以障其面。今时取执扇，象其事也。”

很多学者对这个传说故事进行了考证和解读，虽然说法有异。但是，故事所“折射”出的几个“基本观念”是很有价值的：第一，凡夫妻的结合，必须符合“天意”。上天以昆仑山下“烟合”为征兆（即天垂象），表示同意二人结合为夫妻。此处的“烟”，指两股云气，象征阴阳二气。后世演变为婚姻的“姻”。第二，有了婚姻制度，人类才开始产生“羞耻”“人伦”的概念，与低级动物的“交配”相区别。它是人类进入“文明”的标志之一。第三，对“兄妹为婚”的说法，有人解释为两个兄弟氏族（或部族）的联姻。“兄妹”是平等关系，相爱关系，并不是后世所说的抓着女人的头发叫“妻”，拎着女人的耳朵叫

“取”（娶）。

“姻合”，是指阴、阳二股云气的交合、缠绕融合。“姻”字右半部分小篆作“”，是正反两个“片”（云气），由一长横“—”相连接的构形，为两股云气盘旋交合之状。“㛰”字构形与上述“烟合”的故事完全相吻合，可见中国人的婚姻观是在伏羲氏“八卦”阴阳哲理影响下而产生的。关于婚姻的文字还有“婚”“娶”“妃”“妻”“爽”“妇”“配”等等。笔者认为：这些文字的构形中，大多都充满着“阴阳之道”“姻缘”等文化内涵而成为其“字魂”。但是也有不少人把“娶”（取）理解为抓着女人的耳朵，抢婚；把“妻”字的构形理解为“用手抓着女人的头发，霸占”；把“妾”字构形理解为“女子头上一把刑刀”，含意为“女奴”“性奴”；这使得中华民族的“婚姻观”充满了“血腥”和“暴力”。

在商代甲骨文卜辞中：妃、妻、妾、爽都是“配偶”的意思，没有贵贱之分，后世才逐步有了贵贱等级的区别。在这个问题上，当前学术界基本形成了“共识”。商代的“婦”（妇）应是指才貌双全的女子。她们很有实权，在带兵征伐、主持祭祀、守卫边疆、农业种养等方面都有所担责。学者们称之为“诸妇”。她们与商王的关系非常亲密，很多人死后还享受祭祀。有学者认为是商王的嫔妃，有人认为不是。后世的“婦”（妇）字才演变为“配偶”之义。

下面对“婚姻类”的部分字例作详细解读。

41. 姻 yīn

1. 字源：籀文写作；小篆写作；楷书写作姻。

2. 背景资料：本节开头语中已经对“㛰”字构形作了解释，它是正反“两片云气”在运动中相“交合”之状，即阴阳二气交午。在传统婚姻观中，男为阳，女为阴，阴阳交午可以表示男女婚配。但不是简单地“性交”，而是含有“天意”“姻缘”的文化内涵。所以中国人结婚必须把“拜天地”放在第一位。这里顺便讲一下含有“”旁的其他文字。例如：①“淵”yuān（简化字为“渊”），由云气的盘旋运动，引申为泛指“盘旋”之状，并增加了“水”旁（表义符号）。水流的盘旋，产生很大很深的水坑（水潭），称为“渊”。②“簫”（箫）xiāo，“筝”表示手执竹子制作的乐器；“”表示吹奏的气流盘旋，从而发出美妙的声音。③“肅”（肃），“聿”表示手执权柄，“”表示“盘旋”。在复杂多变的矛盾中，寻找到融合点、平衡点，即斡旋。《说文·聿部》：“肅，持事振敬也。”

无论是水流的盘旋“渊”字，还是吹奏气流的旋转“箫”字，工作中的斡旋“肃”字，它们都是由两片云气的盘旋（烟合）的“媥”字所衍生的文字。

小篆“姻”字，从女、从因。此处的“因”，既表声又表义。甲骨文“因”字“”，简写作，金文写作。赵诚先生认为：像人被衣物包裹之形。在商代为表示“南方”的专用名词。例如卜辞：“南方曰因。”古人认为南方代表“天阳之气”，故“天子面南而坐”。天阳之气是造化万物的“本原”，所以笔者认为：甲骨文、金文“因”字的构形，是在天阳之气包裹下化生人类之状。可见，“姻”与“媥”字的构形，都体现出“阴阳哲理”和“天意”“姻缘”等婚姻观念。

3. 本义：顺天意，阴阳二气相交合之状。

4. 引申义：①因“缘分”而男女婚配（婚姻）。②由婚姻关系而结成的亲戚关系（联姻、姻亲）。

5. 其他：①参见本节“开头语”综述。②参见妃、妻、妾等。

42. 取（娶）qǔ

1. 字源：甲骨文写作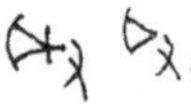；金文写作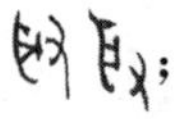；小篆写作。楷书写作取。注：甲骨文、金文无“娶”字，皆以“取”代“娶”字。

2. 背景资料：在婚姻类文字中，“取”（娶）“妻”构形中皆含有“又”或“彐”，表示“手”。由于学术界对该“手”的含意理解不同，所得出的“本义”也不同。为此笔者特制作了《“手”（又、爫、彐）的同象而异义例表》附后，请参考。

3. 本义：①“取”的本义是：以手助耳，使人听得更远，更细微的声音，即“听取”。

②“娶”的本义是：“听取”天命而“迎娶”女子为妻。

4. 引申义：“取”字由以手助耳，含意为“听取”。①由“听取”引申为纳取、迎取。②由“听取”引申为泛指“获取”（捕取、夺取、骗取、搬取……）。

5. 其他：①请细阅下例《“手”（又、爫、彐）的同象而异义例表》（附表九）。②请参见本节“开头语”的综述。

附表九　《“手”（又、爫、彐）的同象而异义例表》

反向含意（恶意的暴力之手）	符号：又、爫、彐	正向含意（善意的相助之手）
	又→（）	①甲骨文中：“”（又）字常作有、侑、祐之义。祐，指上天（神灵）用“无形的手”保护，相助。②表示劳动、操作之义。
用“手”（又）抓捕、控制女子，会意为“女罪人”。	←奴（）	
像用手抓住别人的耳朵，引申为割去耳朵。但是手中无刀，故新造了“刵”èr，“聝”guó 二字，表示“断耳也”。	←取→ 	像以手侧靠耳边，助耳朵能听得更远、更细微的声音之状，含意为“听取”。引申为泛指“获取”，再由“获取”不分手段，引申为夺取、割取、骗取……由“听取”又引申为“纳取”，“娶”从取、从女。按照上述观点，“取”的本义为“以手助耳”，听取。
“娶”字从“取”，用手抓着女人的耳朵，表示“抢取”，“抢婚制”。	←娶→	引申为“迎取”。女子结婚叫“嫁”，是从娘家走出之义。男子叫“娶”，含有听取天命而迎取女子之义。

续表

反向含意（恶意的暴力之手）	符号： 又、爫、彐	正向含意（善意的相助之手）
像一只大手（）抓着一个女人的头部跪地之状。表示女人被制服，引申为“安坐”“服帖”，再引申为“安稳”“妥贴”。	←妥 tuǒ→ 金文：	像女子的头顶上有一只大手（），呵护之状。引申为“安坐”，再引申为“安稳”“牢靠”“妥当”“妥贴”。
像四只手同时争夺一个大盘子之状，会意为“争夺”，引申为“强壮”，再引申为“强盛”，又引申为“兴盛”。	←興（兴）→ 金文写作	像四只手共抬一个大盘子。会意为“同心协力”。引申为“兴起”，再引申为“兴盛”。
①甲骨文中，像一只手抓着女人的腰部，按下跪地之状。②金文、小篆中，像一只手抓着女人的长发，并将女人按跪在地之状。会意为“抢夺来的女俘作性奴”。	←妻→ 甲骨文：  金文： 小篆：	①甲骨文“妻”字，像一只手在长发女人的腰部拥抱、抚摸之状。此景与《伏羲、女娲婚媾图》中，二人一手举规或矩，另一手相拥抱之状相吻合。②金文、小篆的“妻”字，手（彐）放在女人头部表示以手抱头，亲昵之状，会意为“亲密无间的女人”。若将“手（又）”会意为“无形之手”（祐），即天意、姻缘，那么“妻”的文化内涵应是“有姻缘的女子”。

注明：上述例表中的“手”，都是属“赤手空拳”之手。写作“又爫彐”，没有附加指事或指物的符号，“以手执物”的符号有：攴、攵、聿、寸等。所以在组合字中，对其“空着的手”如何会其意让人很难猜

想，可以理解为正向的、善意的“相助之手”，上天（神灵）保佑的“无形之手”（祐、又），也可理解为反向的、恶意的“暴力之手”；还可理解为操持事物之手。不同职业的，不同世界观、价值观和宗教观的人，对同一种文字符号有着截然不同的理解，这就叫“同象而异解”，或“同象而异义”。为了尽量减少“误判”，其方法应该有三条：第一，紧紧围绕中国传统文化的“内核”。失去“向心力”的物体，必然会因“失控”而偏离运行轨道，甚至飞向“九霄云外”而自灭。第二，根据文字构形的其他部件（符号）作“全方位”地分析，不要顾此失彼。第三，对确属“构形不明”的文字不能妄下结论，或以“假借”了事，应留给后世人从“考古新发现”中去寻找答案。

43. 妻 qī

1. 字源：甲骨文写作；金文写作；小篆写作；楷书写作妻。

2. 背景资料：请见本节“开头语”综述和附表（九）《“手”（又⺤彐）的同象而异义例表》。另《说文・女部》：“妻、妇，与夫齐者也。从女、Ψ、从又。又，持事，妻职也。”徐中舒《甲骨文字典》：“上古有掳掠妇女以为配偶之俗，是为掠夺婚姻。甲骨文妻字即此掠夺婚姻之反映。”左民安《细说汉字》：“妻”为捉女为妻之形体，与上古抢婚风俗有关。笔者认为：“妻”字中的“手”不是暴力之手，而是上天祐助的“姻合之手”。又，即祐。“妻”字构形，体现了中国传统文化的“婚姻观”。

3. 本义：有姻缘的女子。

4. 引申义：①男子的配偶（名词）。②以女嫁人（动词）。

5. 其他：①参见妾字例；《辞源・女部》“妻”条。

② 关于有些少数民族“抢婚习俗”的问题。笔者认为：不能把它理解为“抢婚制度”。因为古代任何一个民族都把“尊天意”放在第一位。婚姻大事不是“儿戏”，也关系到子孙后代的血缘纯正。“抢婚”只是一种取乐、戏闹的形式，如同汉族人的“闹洞房”“戏女婿”之类。

真正的“抢婚”“霸占”会偶尔发生，那是文明历史中的小股“逆流”，不能作为“主流”，更不是一种“文化”。

44. 妾 qiè

1. 字源：甲骨文写作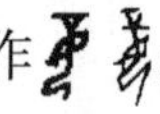；金文写作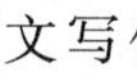；小篆写作；楷书写作妾。

2. 背景资料：许慎《说文·䇂部》“妾，有辠女子，给事之得接于君者。从䇂、从女。” “䇂，辠也。” “辠”，今作“罪”字。䇂（音：qiān），李孝定《甲骨文字集释》：“䇂、辛二字形近义同，其始当为一字。”许慎认为：妾，有罪的女人，是能够被君主接触，并为君主供职的女人。在学术界，不少人把甲骨文的辛、䇂（辛省）解释为刀具或刑刀。“妾”字构形是女人头上一把刑刀，会意为“女奴隶”。但是，也有学者认为“妾”字，从女、从䇂，应把“䇂”理解为女人的“头饰”。因为在商代，妃、妻、妾都是“配偶”之义，没有地位上的贵贱之分。如果把“妻”解释为“抢来的女人”，把“妾”解释为“女奴隶”或“有罪女子”，则与商代的婚姻和政治体制相矛盾。李孝定《甲骨文字集释》：“盖妻字从女，上象发加笄形。妾则从女，上加头饰。其意相同。初无地位上之差别。许君之训盖后起之义，不足以语殷制也。”把“妻”字上的手（彐）变成了发“笄”，把“妾”字头上的“刑刀”变成了“头饰”，经这样一“变通”，好像矛盾就解决了（或回避了）。实际上，矛盾仍然存在。因为这体现不出中华民族传统文化的“内核”和婚姻观（天意、姻缘、男女阴阳之道）。

笔者将在第四章第四节专题探讨“辛”字的本义。“辛”的本义不是刀具、刑刀，而是上古人观测天象的“天表柱”抽象化的文字符号。“辛”字的本义“天表柱”，引申为“天地相通”“天地阴阳之气相通”“天意”等。“妾”字从女、从䇂（辛），本义是“阴阳相通的女子”，引申为：男阳女阴相交合的配偶。又因为“天表柱”可引申为“天意”，而“姻缘”就是“天意”的表现。

3. 本义：顺天意，阴阳相通的女子，或有阴阳缘分的女子。

4. 引申义：男阳女阴随缘分相交合的配偶。

5. 其他：①参见本节“开头语”综述。②参见第四章第四节天表柱“辛”。③参见妻、姻、妃等字例。

45. 妃 fēi

1. 字源：甲骨文写作；金文写作；小篆写作；楷书写作妃。

2. 背景资料：“妃”字构形是从女、从已 jǐ。很多学者认为：“已 jǐ 与巳 sì”相通，巳是胎儿之形，“已”是胎儿已经形成将要分娩出来。而甲骨文、金文中的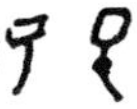（已）也象胎儿之形，含有“自己”“本身”的意思。古文“已”写作“”（三横两竖），小篆写作“”，有点像阴阳交午、盘旋之状，即“”符号（太极图负阴抱阳符号）。笔者认为：“胎儿”是阴阳之气“化生”的结果，而“”是阴阳盘旋的符号。二者虽有区别，但都是在表达“阴阳化生”的原理，引申为男女交配，配偶之义。《说文·女部》：“妃，匹也。从女，已声。”《段注》：“以女儷（丽）已也。”又说：“人之配偶亦曰匹。妃本上下统称，后人以为贵称耳。”在汉字中，“妃”通“嬰”，“婓”（见《辞源·女部》）。“嬰”是吸纳博大精气化生胎儿之状。“婓”，从非，表音兼表义（见第四章第三节“非”字）。

3. 本义：化生胎儿的女子，或负阴抱阳的女子。

4. 引申义：①泛指配偶。②后来专指地位尊贵的配偶（王妃、贵妃）。

5. 其他：参见姻、妻、妾、爽、嬰、婓等字例。

46. 爽 shuǎng

1. 字源：甲骨文写作；金文写作；小篆写作；楷

书写作爽。

2. 背景资料：本章第六节专门介绍了“直线式”交午符号及相关文字。例如學（学）、爾（尔）、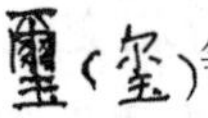等字例。“爽”字也属于这类文字。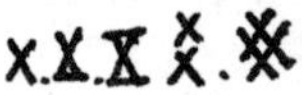都是阴阳交午的符号。所以，在商代甲骨文卜辞中，“爽”字仅作“配偶”义。×与的区别是如同木、林、森的区别，××、是表示“众多”“多次”的阴阳交午过程（即阴阳化生万物的过程）。

“妾”字从“辛”，以天表柱符号来表示天地阴阳交合和“天意”。而“妃”字从“已”，是以“胎儿”或阴阳盘旋符号“”表示阴阳化生和“天意”。而“爽”字从“”，则是直接以阴阳交午符号来表示“化生”和“天意”。三个字的构形原理都体现了上古“婚姻观”（包括阴阳观、姻缘观）。所略有不同的是，“爽”字不从“女”，而是从“大”（人）。在周代“爽”字作为“配偶”之义已经消失，一般作为“明”，开朗，畅快，伤败等义，所以不少人把“爽”字的××、符号理解为“窗户格子”。实际上，窗户格子起到阻挡部分阳光进入房内的作用，俗话说“打开窗户说亮话”。那么“爽”字的“明”“畅”之意从何而来呢？笔者认为“、××、”是天地阴阳交午符号。《易 · 泰》：“天地交，泰。”天地阴阳二气相交通，没有了壅塞，万物生长顺畅，阴沉的晦气被驱散。所以，“爽”引申为明朗、开朗、畅通（畅快、舒畅）等义，例如精爽、灵爽、秋高气爽、神清气爽等。

3. 本义：顺天意，腹内阴阳化生的人（女人）。

4. 引申义：

① 顺天意，阴阳化生的女人，引申为“配偶”。

② 由天地阴阳交通，通则顺，引申为顺通、通畅，再引申为畅快、舒畅。

③ 由天地阴阳交通，引申为天气明朗，再引申为开朗。

④ 由天气明朗，伤败的阴晦之气被驱散，反向引申为“失去”“伤败”。

5. 其他：①参见本章第六节中“直线式阴阳交午符号及相关文字。”②参见學（学）、爾（尔）、娲、妾、妃等字例。

47. 婦（妇）fù

1. 字源：甲骨文写作；金文写作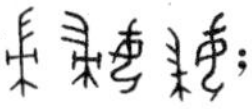；小篆写作；繁体楷书写作婦；简化字写作妇。

2. 背景资料：本节“开头语”中已经讲到“婦”（妇）字在商代并不是指“配偶”。“诸婦”们有的是带兵征伐的女将军；有的是祭祀主持；有的在农业、边防守卫等方面担任职责。她们地位很高，有实权，与商王的关系十分亲密。有的死后还被祭祀，于是有人猜测她们或是商王的姊妹，或是其配偶，或是才貌双全能文能武的女子。为了寻找出正确的答案，有必要从“婦”字的构形中深入探讨。

不少人认为甲骨文“”（帚）的构形像古代的一种扫帚，有点像现代的长柄棕毛刷子。有人认为“婦”是在家打扫卫生，服持家事的女子，引申为“妻子”；但是这种解释与商代“诸婦”的地位和实权沾不上边儿，无法让人信服。在甲骨文中与“帚”字构形类似的文字（符号）有（羽）表示羽毛，有“”“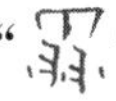”（雪字的下半部）表示飞舞的雪花。因为雪花与羽毛相似，所以人们常用“鹅毛大雪”一词。羽毛与雪花属于“同象而异物、异义”，而“”（帚）与“”（羽）十分近似。于是我们大胆地推测：甲骨文、金文中的、不是表示扫帚，而是凤鸟的翅羽或翅膀。我们若是再从“图画艺术”的角度去观察，大毛刷、扫帚与鸟翅三者有“形相近”之处，其远景图像极易被“误判”。

由此可见，“婦”字的本义应是：像凤鸟翅羽般的女子。“婦”与“凤”读音相近（声母相同）。由“凤鸟的翅羽”引申为美丽、光华、光彩，再引申为才华、才貌双全，再引申为“文武双全”。这些含意与商代“诸婦”们的实际情况相一致。后世人又将“才貌双全的女子”引申为爱妻（配偶），或有才华的已婚女子，再引申为泛指已婚女子(妇女)。

3. 本义：像凤鸟翅羽般的女子。

4. 引申义：

① 美丽，光彩夺目的女子。

② 才貌双全或文武双全的女子。

③ 美丽而有才华的妻子（配偶）。

④ 泛指已婚女子（妇女）。

5. 其他：

① 参见本节“开头语”综述。

② 因为“婦”字本义不是配偶，故其文字构形中不含“阴阳哲理”的符号。

第三章　圭与卦台山

本章将通过解读“圭”字的构形原理和卦台山的地形地貌，揭示传说中的“人文始祖”伏羲氏为什么要首创“八卦”及如何创造出“八卦阴阳哲理”，其思想又成为后世中国传统文化“内核”的重要组成部分。

然后，通过对含“圭”旁文字的部分字例（圭、卦、桂、佳、娃、邽、奎、鞋、诖、跬、蛙、畦）的解读，进一步认识到中国传统文化与汉字文化的高度统一性。

第一节　“圭”为何是“卦”的古字

因为“圭”字构形，是“土”上边又增加了一个“土”，好像是表示土堆的意思。于是，有人便认为，那可能是上古观测日影的土圭，后来改用八尺标杆了。实际上，土圭并不是指用土筑垒而成的土堆。因为观测日影的标志物必须相当固定，而土堆根本经不起风吹雨打的冲刷，一年之中，不知会有多少次狂风暴雨，那土堆的体形（高度、宽度、角度）随时都会发生变化，怎么能够准确地测出日影长短的变化规律呢？再说，观测日影的“土圭”也好，八尺日竿也好，那只是上古观测天象系统工程中的一个极其微小的项目。因为测日影的长短，虽有利于指导农时，但是并不能知道日、月、星辰在白天黑夜运行的经度、纬度、轨迹和日象变化、月象变化、云象变化、星象变化等，不能预测到旱涝、虫、疫、灾祸、吉凶之兆。只有通过天文中心的九柱（一说八柱）四维、八索、量天尺（规矩）、相风仪等成套设施，司天官（巫史）们，才能从中领悟天地之道天意，才能制定出律历来。由于现代人对上古的天文知识了解太少，以今论古，往往会造成误读、误辨、误判。总之一句话，千万不要把“圭”字理解为“土上加土”的土堆。

在一般的字典、词典工具书中，“圭”字大多被理解为玉制的信物（圭符、瑞符、瑞玉），它是古代天子、诸侯们举行朝会、祭祀大典时所用的重要礼器。“圭符”既然是玉制的极为重要的礼器，为什么却要以“土堆”来作为其原型呢？“土堆”能沟通天地鬼神吗？能体现“君权神授”吗？所以，很多学习汉字的人，感到“圭”字的构形与该字的实际用意十分矛盾，甚至越猜想越糊涂。那么，“圭”字构形到底是什么？翻阅很多字典文献，都没有正面的回答，唯独《辞源·土部》作了如下解释：“圭，卦的古字，象形字。古人卜筮，必画地识爻，其下之一象地，其上之十，一纵一横，象画之形。土上又作土，象画内卦又画外卦。因经典多借圭为珪，本义遂为所夺。见清俞樾《儿笘录》四。”这一段解释，重点指出了圭字中的土，不是土堆之土，而是“十”（爻）与“一”（地）的组合之象。长期以来，由于人们把“八卦”和“三易”当成封建迷信的东西，而不是当成世界上最早的哲学文献（朴素的唯物论、辩证法、方法论），所以，对“圭”是卦的古字的说法不感兴趣，不予理睬。还有一个原因是，把“十”解释为“爻”，为“卦象”的符号，的确有点使人难以理解。阳爻为“⚊”，阴爻为“⚋”，阴阳组合为“⚍”或“⚎”，怎么变成了“十”呢？所以，要想使人接受这一观点，还需要引入大量的深层次的解说。例如：“八卦”为什么命名叫“卦”？卦台山每天阴阳变化出现的四象、八景（看得见的实景），与八卦阴阳哲学理论（看不见摸不着的自然规律、宇宙观、辩证法）二者之间有什么逻辑上的内在联系？为什么“八卦”哲理会依附于“占卜”吉凶而传承于世呢？“文字符号”与“哲理符号”的关系等，笔者将在以下两节探讨。

第二节 时代的呼唤，“八卦”的出现

当人类历史进入新石器时代，人们的形象思维和抽象思维能力也大大增强，人们开始去思考一些“深层次”的问题了。例如：人和万物是从哪里来？为什么会有生生死死？为什么会有吉凶之事发生？寒与暑、旱与涝是何原因？特别是那山崩地裂的地震、震耳欲聋的雷电，惊天动地的狂风暴雨袭来，让人们十分恐惧。他们迫切祈盼能够知道这种“天大的奥秘”，以便避开凶险灾难，获得吉祥美好。先民们的这种思考，现代人称之为“哲学思考”。也就是说，远古时代的先民们，期盼着“圣人”（特别聪明、有大智慧的人）出现，来解答他们心目中最重要、最迫切的问题，来为他们指出一条避免凶祸、迎来吉祥的光明大道。而伏羲氏（庖牺氏）就是一位勇于探索的圣人。对于人们提出的问题，虽然他问人人不知，问地地不答，问天天不应；但是他善于从有形之物（像）的背后寻找无形的手（力量、规律）。于是，他便年复一年地“仰观天文、俯察地理”，发现日出日落，白天来了黑夜去了，白天去了黑夜又来了；日出了月亮落了，月亮出了日便落了；寒来而暑往，暑来则寒往；大风雨过后是晴天，晴天过后又是风雨；人类有生有死，死者去了，生者来了；凶灾过后吉祥来了，吉祥过后凶灾来了。如此天上地下，人间万物。这些看起来杂乱无章、千变万化的景象，实际上都是有规律可循的，这种规律就像千千万万无形的手，无形的力。虽然人们看不见、摸不着它，但是它每时每刻都在发挥着作用，无处不有，无时不在。远古人把这种无形的力量称为“神”（天神、地神，后世又演变为鬼神），或称作“天意”“天命”，或称作“道”（天道、地道、人道）等。值得一提的是：在当初，伏羲氏对他敏锐的抽象思维所领悟到的道理，却不知道去如何表达。因为这些道理太深奥了，并且看不见摸不着，很难向广大的民众说清楚。在这种情况下，有一座形似巨拳而且顶部平坦的高山（后世命名“卦台山”）引起了他的高度注意。由于该

山的特殊地理位置和特殊的山体形态，每天日出、日中、日落时，呈现出阴与阳两类（仪）和此消彼长的“四象”“八景”画面。他的“灵感”油然而生：决定用此阴与阳两类（仪）、“四象”和“八景”，这些为人们所看得见的“像”，来阐述那种看不见、摸不着，但又无处不有、无时不在地支配着大自然万事万物的力量（规律），并把它称作“象”（即从“形象”中见到“抽象”）；由此首创出八卦阴阳哲学理论。所以《易·系辞下传》曰：“古者庖牺氏之王天下也，仰则观象于天，俯则观法于地，观鸟兽之文与地之宜，近取诸身，远取诸物。于是始作八卦，以通神明之德，以类万物之情。”“八卦”把具体的物象符号转化为抽象的哲理符号，以此阐述“气生万物”的宇宙观、世界观和阴阳变易互相转化的辩证法、方法论。伏羲氏自豪地认为，这是伟大的“天道大发现”。他为人们正确认识世界拨开了迷雾，见到了光明，故人们尊他为太昊、太皞或太皓，为人文始祖。

那么，卦台山到底是一座什么样的山，会出现两类（仪）、四象和八景的呢？请见下节专述。

第三节　卦台山与“八卦”

(一) 卦台山的四象、八景

卦台山位于甘肃省天水市秦州区西北方向，是凤凰山山脉向渭水河畔延伸的一部分。该山的末端地形特征为一个圆形的高地，类似于一个突出的山丘，其三面环绕渭水，形似陡峭的崖壁。山的南侧地形较为平缓，向下倾斜形成凹地。卦台山的海拔高度为 1336 米，比渭水河岸高出 136 米。西邻峡谷，东邻宽广的“三阳川”平地。其北是龙马山。北、南两山，如围如拱。请见附图四：《卦台山地貌简图》。“三阳”指朝阳、午阳、夕阳。“三阳”时刻，卦台山的阴阳变化显象是：

①“朝阳启明”时，其台一分为二，西阴而东阳。②“太阳中天”时，下阴而上阳，原来的西、东阴阳两部分被一分为二，形成不同阴阳

停留时间的四块，叫作“四象”：即东北角先阳后阴，是为“少阴”；东南角重阳，是为“大阳”（太阳）；西南角先阴后阳，是为少阳；西北角重阴，是为大阴（太阴）。这与《易·系辞》所言“两仪生四象”完全吻合。③“夕阳返照”时，原西、东阴阳面互变，余晖将尽，四象消失，白天结束。请见附图五：“卦台山四象成因简图”。太阳总是由东而升，旺在正南，夕阳西下。就卦台山不同方位“阴”和“阳”停留的时间而论：阳在东北和西北最短，正南最长；阴在西南和东南最短，正北最长。于是形成阳极于正南，阴极于正北。南北为阳阴两极。阳生于正北，左上行极盛于正南，又右下行消退于正北；阴生于正南，右下行极盛于正北，又左上行消退于正南。二者均按顺时针方向运行，与后世见到的先天八卦图和阴阳鱼太极图的阴阳变化规律相吻合。

所谓“八景”，是指卦台山“先四正而得四隅”的景象。前面讲的“四象”，是指卦台山四隅之象。

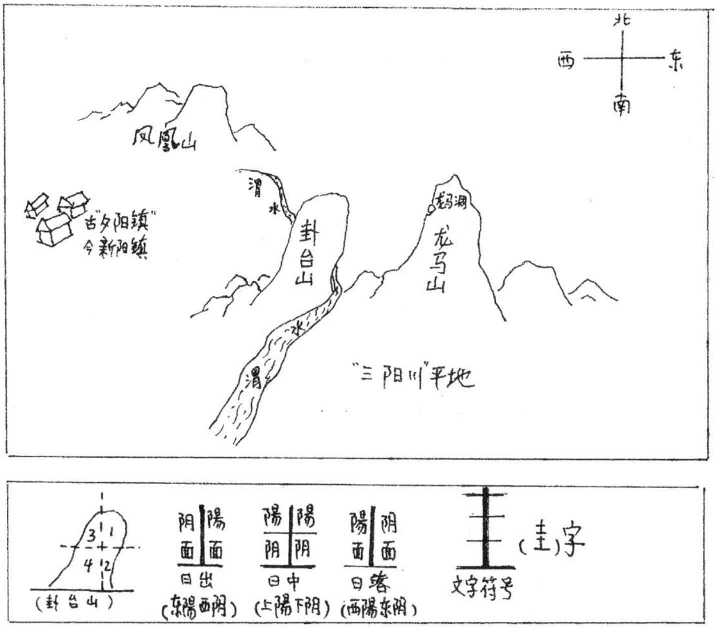

附图四　卦台山地貌简图

附图简介：相传伏羲氏在卦台山仰观天文、俯察地理，始画八卦、创阴阳哲理。卦台山是凤凰山脉伸向渭水河畔的一支梁。其状圆凸高起，如一巨拳。三面环渭如壁，南侧缓斜凹下，海拔 1336 米，相对高度 136 米。西邻峡谷，东邻宽广的三阳川平地（三阳：指早、中、晚皆阳光可照）。龙马山在卦台山之北，相对高度 280 米，与卦台山隔河相望。山上有龙马洞，相传当年伏羲氏在此处吃住，观测对面卦台山上阴阳变化。每天日出、日中、日落，卦台山阴阳变化出现“四象”，再加上“四正”（正东、正西、正南、正北）的景象，共计八种景象，故称“八景”或“八图”。需要特别注意的是：“四隅”所呈现的是看得见的平面图像。而“四正”所呈现的是四维或三维的天空立体图像，实际上是气象（不容易看见的像）。由于太阳在东南、西南时，将二少、二太分成八块，并且总是下阴上阳。所以，要对原先的“四象”分别按下阴上阳（或天阳地阴）的原理，加画相对应的阴阳符号（即“八景图”）。请见附图五《卦台山四象八景成因简图》。

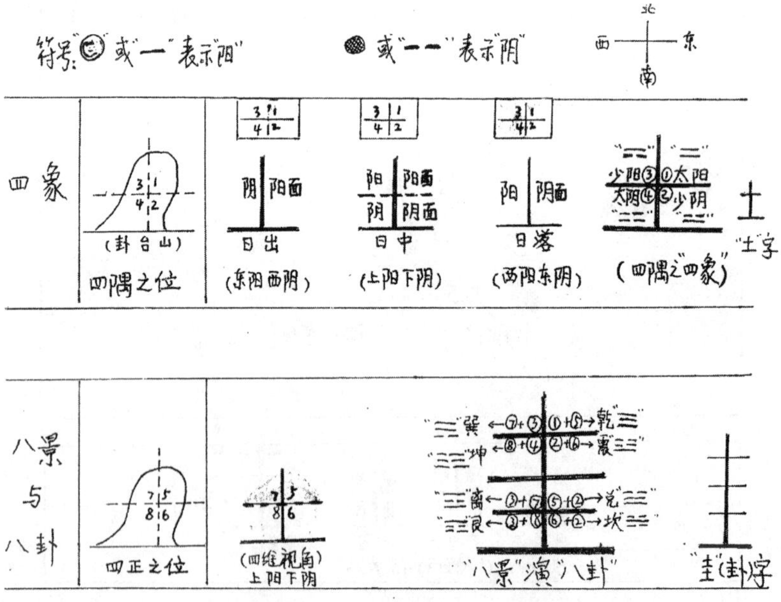

附图五　卦台山四象八景成因简图

名词解释：“太极生两仪，两仪生四象，四象生八卦。”

① 太极：指太空中博大无边的混沌之气（元气）。

② 两仪：指阳气和阴气。此处指日光照射的山坡处（阳面），和不被日光照射的山坡处（阴面），所以“阳”“阴”二字皆从“阝”（阜，山坡）。

③ 四象：A. 先阳后阴，叫少阴。此处指山坡先有日照，后无日照之象（像）。B. 先阴后阳，叫少阳。此处指山坡先无日照，后有日照之象（像）。C. 重阳，叫大阳（太阳）。此指早上、中午、下午都被日照之象（像）。D. 重阴，叫大阴（太阴）。此指早上、中午、下午都无日照之象（像）。

④ 八景：用四维的视角，山上“天阳”之气，山下“地阴”之气，呈天地交通之气象，使原来的“四象”变成了“八景”。

⑤ 八卦：把“八景”抽象化成八种“哲学符号”的画图，并把八幅画图悬挂在那里，代表不同类型的事或物，让人们去领悟其中的哲理。“圭”，就像镶嵌着八幅图画的“支架子”之形（象形字），含悬挂之意，是“卦”的古字（卦，挂设也）。

另外：中国的象形文字，渊源于远古时代由“形象”到“抽象”的思维方式。而“八卦”符号，是最早的文字符号。

(二) 伏羲氏的四象生八卦

上述卦台山的四象、八景，与伏羲氏“两仪（阴阳）生四象，四象生八卦”的内在联系，是黄国卿先生最早发表的观点，其《对天水卦台山伏羲画卦传说的新思考》刊登在山东大学、中国周易学会共同主办的《周易研究》1999 年第二期。笔者从中受到很大的启发。

伏羲氏将卦台山上被日光照射的部分称作“阳面”，不被照射的部分称作“阴面”，上升到哲学层面，泛称阴与阳，由图像转化为哲学符号“○”（阳），“●”（阴）；或者“—”（阳），“--”（阴）。他又将看得见的物体“四像”，转化为看不见的哲理性“四象”（抽象）。最后由平面的二维方式转变成立体的，三维、四维的思维方式（多视角），将四象演变成八象，形成了一种完整的哲学理论体系。这“八象”好似八张图片，整齐而有序地悬挂在那里，让人们去细心观察、分析、领悟它，故命名为“挂（卦）”“八挂（八卦）”，故“卦，挂也”。台湾学者南怀瑾《易经系传别讲》：“对《易经》，不要看得太神秘，太去迷信它。但也不要轻视它，看得太容易、太单纯了。我小孩时，头枕一本《易经》就认为不怕鬼了。孔子说‘圣人设卦’，‘设’是假设之辞；‘卦’是逻辑符号，是假设的、抽象的，古人解释‘卦者，挂也’。‘卦’，是挂在天体上我们看得见的一种自然现象，等于我们墙壁上挂着的画一样。”南先生对“卦”字的这种解释，为我们解读“圭”“卦”“挂”的本义提供了新的思路。

（三）“八卦”的哲学思想

《易·系辞上传》：“《易》有太极，是生两仪，两仪生四象，四象生八卦。”“太极”是指宽大无边的混沌的元气。“两仪”指阴阳二气，也泛指事物的两种属性。“四象”指太阳、太阴、少阴、少阳。“八卦”指由阴阳二气不同的组合方式所代表的八种事或物（乾、兑、离、震、巽、坎、艮、坤）。八卦所表述的哲学思想是：①气生万物的宇宙观、世界观，它是朴素的唯物论。②阴阳变易和阴阳互相转化的辩证法、方法论。后世的占筮者，无论怎样把它披上神秘的外衣造成迷信，但基本哲理是显而易见的。伏羲氏认为：天地皆气（物质），阴阳二气运动则谓风，风的功能是化育万物，故伏羲氏自命风姓。

有人认为“八卦”是一部“无字天书”，是在占筮的基础上建立起来的。实则相反，占筮必须依附于“八卦”博大精深的哲学思想，才能存在，才能给各种各样的“象”“征兆”作出猜想性解释，来预测吉凶。虽然所解之“象”不一定正确，但是，由于所应用的哲学原理是正确的，是灵活的、辩证的，给人以无限的想象空间，所以才具有了“魅力”。

第四节　圭符与君权天授

伏羲氏以卦台山的而演绎成八卦符号，揭示了天道、地道、人道的哲学思想，其思想逐渐演变成中国传统文化的“内核”，即气生万物、天人感应、天人合一的思想观念。由于八卦阴阳哲理的产生，人们开始把卦台山作为天地阴阳沟通的神山、天山。大约在炎帝时代后期，黄帝时代早期，就有一些部族以卦台山为原型，陶制或玉制各种礼器或信符。传说黄帝战胜蚩尤之后，建立了新的部落联盟。在釜山召开部落联盟会议时，部落联盟将各部族原有的自制的信物收缴了起来，重新制作了一种以卦台山（天山）为原型的玉制礼器，命名为“圭符”，作为“君权天授”“君权神授”的信物。圭符的造型和尺寸大小，按等级和用途而异，史学界称之为“黄帝釜山合符”。《史记·五帝本纪》：“黄帝东至于海，登丸山及岱宗。西至于空桐，登鸡头。南至于江，登熊湘。北逐荤粥，合符釜山，而邑于涿鹿之阿。”这里所讲的“合符”，就是整合统合，颁赐具有天意、权利象征的信物——“圭符”。当时圭符是什么样子今天无法知道，但是从考古发现和《周礼》等文献记载，我们可以有一个较明晰的认识。《周礼·春官·大宗伯》：“王执镇圭，公执恒圭，侯执信圭，伯执躬圭。”又曰“王晋大圭，执镇圭”。据王大有考证：符，是玉制的圭版，有三种形状。第一种是上弧下平的长条形□。上弧，象征天穹、天帝、天意；下平，象征地平、地方。名曰“镇圭”，为天子所专用，代表“君权天授”。司天官、大巫师们也执弧首形圭符，只是其尺寸较小，徽纹不同而已。第二种是上部尖锐如峰，下平长条形□。上锐，象征大山纪历，为司四岳诸后的专用圭符。一说上尖，象征着釜山，作为黄帝釜山会盟的象征。此符长九寸者，称作“恒圭”，为三公所执；长七寸者，称“信圭”，为诸侯所执。第三种是上部为平顶的长条形□。象征着地平、地方。长七寸者，称“躬圭”，为伯爵者所执。后世还有谷璧、蒲璧、四圭、祼圭之别，为爵位较低者所执。另外，天子的佩玉叫“大圭”，作丁字形，长三尺，插在衣带间，用途似后世的“笏”，又叫作“珽”（参见《辞源·大部》“大圭”条）。

需要特别注意的是：“圭符”的弧首形“▯、⊂⊐”很容易被后人误为大斧、钺，尖首圭“▯、◁⊐”易被后人误为兵器“戈”，代表天穹的符号“︵”很容易被后人误为斧刃、月牙斧刃，代表四岳大山的“∧”符号很容易被后人误为戈的刀尖、刀刺。这样一来，传统文化中的天人感应、天人合一和君权神授的文化内涵，全部被刀、斧、戈、钺等杀人的凶器所代替了，有意或无意地使“阶级斗争、君民对立”“政权就是镇压之权”的思想达到了极点。实际上，政权、行政、就是正权、行正。古人说：“政，正也。”这才是传统文化的真正核心、内核。

请见：

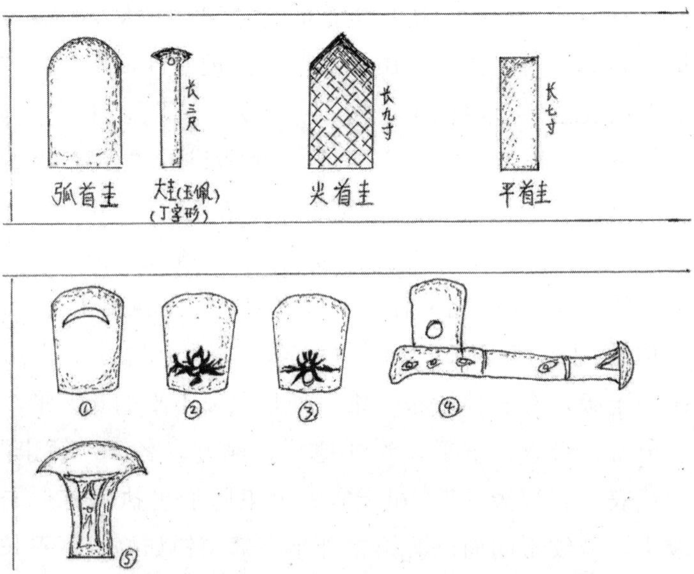

附图六　圭符与考古中的礼器图例

说明：

图①良渚文化，含山祭坛遗址：玉符中有一弯月，符首为弧形，为“弧首圭符”。

图②、图③良渚文化“陶符”，为“弧首型陶制圭符”。刻纹中的圆圈，象征“太阳”。

图④良渚文化，似斧钺形。是由“弧首圭符”和长柄（矩）组合而成。“圭符”中有一圆孔，象征“太阳”。长柄中的小孔象征“星辰”，尾端“半圆”象征“规”。

图⑤扇形圭符。上部弧形，象征“天穹”；下部是卦台山原型的艺术化。

以上五例图，有人认为是斧、钺、礼器。我们认为都是“圭符”的艺术造型，都含有“天穹”的符号，并且分别有日、月、星、规、矩等符号。规与矩，又称量天尺。

以上附图，详见王大有《三皇五帝时代》，中国时代经济出版社2005年版第139页。

第五节 含“圭”旁文字例解

在汉字中，含“圭”旁的文字也不少，除少数仅为表声之外，大多数为表意兼表声，只是由于我们对“圭”字的文化内涵缺乏了解，便简单地误为仅是表音符号。据初步统计，含圭的组合字大约有30多个，按读音为：①gui圭、珪、邽、桂、眭、闺；②kui奎、刲、跬；③gua卦、挂、诖、褂、罣；④wa娃、洼、蛙、哇；⑤ya厓、涯、崖、睚。另外有：佳、鞋、奊（xie）、畦（qi）。现将上述部分字例作解读。

48. 圭

1. 字源：金文写作；小篆写作；楷书写作圭。

2. 背景资料：“圭”字的构形，长期以来被误认为是“土”上加“土”的土堆。所以，工具书上一般把它列入“土部”。但是当解释其义时，一般作为圭符之“珪”来解读。实际上，圭是“卦”的古字。对此，本章第一、三、四节用大量的篇幅作了探讨，并且附图进行直观地展示，最后得出的结论是：

①“圭”作为“卦”的古字，其构形是以卦台山四象、八景的坐标线为框架，悬挂（掛）着八张图片在那里之象。而这八张图片的框架，呈“圭”字形（没有框边的架子）。所以，“卦，挂也”。人们占筮时分析“卦象”，就好似观察分析悬挂在眼前的“八幅图像”（抽象之“象”）的情景。所以，古人命名曰“卦”。其中的“卜”字：“｜”表示上下相通、天地相通；“、”（一点或斜横）为指事符号，就像“寸”字（）中的“一点”专指手腕位置一样。

②“圭”作“圭符”之义，即后世的“珪”字。其构形应理解为卦台山原型的抽象符号，作为天山、神山、天意的象征。“符”字本义就是符号、代表。符之圭，与“卦”的读音，二者的声母、韵母皆不同。因为“卦”字含义有悬挂之义，而“圭”（珪）字含有“规”（规矩）之义。“天规”即为天理、天意；“人规”即为等级、权利和义务的规范、法规或一般性规定的标准，所以又引申为容量、重量、长度的最基本法定标准。A. 容量方面：规定六十四黍为一圭，四圭为一撮。B. 重量方面：汉代为十粟重一圭，十圭重一铢，二十四铢重一两，十六两一斤。C. 长度方面：一步为一圭（跬），相当于现代的“半步”。

3. 本义：①当“圭”作为“卦”的古字时，本义是八种图景的有序悬挂，即八种抽象哲理符号的“悬挂”。

② 当作“圭符”之“圭”时，其本义是玉制的圭符（即“珪”的初文）。

4. 引申义：①由圭符引申为规范、法规，再引申为一般标准，例如重量、容量和长度单位的最基本的计量标准。专门用作测日影的尺，叫“圭尺”。

② 由“圭符”引申为尊贵。

5. 其他：①请全面阅读本章的第一、第二、第三、第四节内容。

② 参见卦、罣、邽、佳、娃、奎、封等字例。

③ 参见《辞源·土部》“圭”条。

49. 卦

1. 字源：小篆写作卦；楷书写作卦。

2. 背景资料：《说文·卜部》："卦，筮也。从卜，圭声。"这里所说的"筮"，是指占卦的方法，即用蓍草占卦。认为"圭"只是起表声的作用，而"卜"字则解释为"灼剥龟也，像灸龟之形。一曰像龟兆之从横也"。那么"卦"字既然从"卜"（灼龟兆），为什么却解释为"筮"（用蓍草占卦）呢？显然前后矛盾。前面讲道，"圭"就是"卦"的古字，可能是伏羲氏时代的"圭"（gui）。到黄帝时代以"圭符"作信物礼器后，才新造了"卦"字。所以在"卦"字中，"圭"是主体，是四象八景图片的悬挂框架的构形，最初时"圭"的读音是 gua（挂），而不是 gui（归）。"卜"字的广义是泛指所有的、各种方法的占卜活动。其中"丨"是上下交通、天地交通、人神交通的符号，"、"是指事、问事的符号，而不是独指龟裂纹。"圭"是象征自然现象和人事变化的一套符号，是宣扬气生万物、阴阳变易哲学思想的哲理性符号（抽象符号），而"卜"是占卜吉凶祸福的符号。所以说，占卜活动必须依附于"八卦"和"三易"的哲理，才能说事，才能生存，才能传承数千年。否则，占卜就失去了"说事"的支柱。

3. 本义：见"圭"字的本义。

4. 引申义（略）。

5. 其他：

① 参见圭、佳、娃、邽等字例。

② 参见《辞源·土部》"圭"条。

50. 邽

1. 字源：（略）。

2. 背景资料："邽"字是古地名、古氏族名和古姓。它既是一种历史的符号，又是研究历史文化的活化石。在天水市卦台山一带，有一个十分古老的民族，史称"邽戎"。"邽"大概与卦台山和玉圭、圭符有关联。《辞海·阝部》："邽，古县名，在今甘肃天水市，本为邽戎地。公元前688年秦武公取其地，置邽县。后改‘上邽县’。北魏因避道武帝珪讳，改名‘上封县’。隋大业初复名上邽。处渭水上游，为交通和军事重镇。晋代以后常为秦州治所。”另《辞海·天部》：“天水，县名，秦置邽县，后改上邽县，宋为成纪县，明入秦州，1913年改天水县，1949年设天水市。”

3. 本义：“圭”表示卦台山，“阝”（右耳刀）表示居邑。“邽”的本意应是：卦台山立圭符的地方或卦台山下的居邑。

4. 引申义：（略）。

5. 其他：参见圭、卦二字例。

51. 佳

1. 字源：小篆写作；楷书写作佳。

2. 背景资料：《说文·人部》：“佳，善也。从人，圭声。”《广雅·释诂二》：“佳，好也。”佳，是美好的意思。但是，美从何来？好从何来？其关键就在于“圭”（卦台山、天山、神山），不能把“圭”仅理解为表声，而应为表意兼表声。因卦台山为沟通天地之神山。若能于卦台山洞察天地之理，必将顺应自然，享受和谐与繁荣。

3. 本义：美好。

4. 引申义：

① 佳话：美好，美善的言语。

② 佳人：美好的人，引申为美女，又引申为有才干的人。

5. 其他：参见圭、卦、娃、美等字例。

52. 娃

1. 字源：小篆写作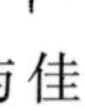；楷书写作娃。

2. 背景资料：娃与佳字皆从圭，只是从“人”与从“女”之别。两字的构形原理与会意方法相同。请参见“佳”字。

3. 本义：美女。

4. 引申义：后世由“美女”而引申特指活泼可爱的“少女”，再由少女引申为小孩、娃娃。

5. 其他：

① 参见《辞源·女部》“娃”条，《古汉语常用字字典》“娃”条。

② 参见佳、美字例。

53. 奎

1. 字源：金文写作；小篆写作；楷书写作奎。

2. 背景资料：“奎”字在工具书中一般有两种含义：①胯，两髀之间，又可引申为张开两足。②星宿名：奎宿为二十八宿之一，是白虎七宿的首宿，共由十六颗星环绕组合而成，亦称“天豕”星、“封豕”星。传说“奎星”在天界主司文章，所以尊称为“文昌星”“文曲星”。中国古代，文采出众的名人往往被认为是奎星（文昌星）下凡，例如李白、苏轼等人。人们把皇帝或神仙的文章、手笔尊称为“奎章”。“奎”字的构形很简单，从“大”（指人），从“圭”。为何会意为人的胯股？为何与文章、文昌、天豕拉上了关系？如果我们单单从《说文·大部》：“奎，两髀之间。从大，圭声。”即“大”表意，“圭”表声来解释，会让人感到不可思议。但是，如果我们把“大”（人）与伏羲氏、“圭”与圭卦台和圭符拉上关系，上述的两个问题便可迎刃而解。据王大有《三皇五帝时代》，中国时代经济出版社 2005 年版第 148、149 页介绍：古代星宿的命名，一般以某部族的主观测星或该部族所对应的天域方位来命名。“奎星”应是伏羲氏风姓的一支防风氏（封豨氏）的主观测星。我们认为：“大”是巨人、伟人的意思。“圭”指卦台山，是观测天象的意思。而风姓封豨氏是以“猪首龙”为图腾像的氏族。所以，将自己的主观测星命名为奎星，又称天豕、封豕星。“奎”字构形像一个人跨骑在“圭”上。“大”（伟人、巨人）象征人文始祖风姓伏羲氏。由人文始祖引申为文明之神、文才之神，故“奎星”演变成了“文昌星”“文曲星”。又由巨人张开双腿、跨骑在卦台山上之形，引申为“胯”“两髀之间”等义。

3. 本义：巨人跨骑在卦台山上，观测天象之状。

4. 引申义：

① 由“巨人”象征人文始祖伏羲氏，引申为文明，文才之神；“奎

星”引申为文昌之星。

② 由巨人张开双腿跨骑在卦台山上之状，引申为胯、两髀之间、张开两足等义。

5. 其他：

① 参见《辞源·大部》奎、奎宿、奎章等辞条，《辞海·大部》奎、奎宿、奎章等辞条。

② 参见王大有《三皇五帝时代》，中国时代经济出版社 2005 年版第 148、149 页，伏羲氏、防风氏、封豨氏，奎星等内容。

③ 参见第二章四节《上古三大姓》中，伏羲氏风姓。

④ 参见圭、卦二字例。

54. 闺

1. 字源：小篆写作；繁体楷书写作閨；简化字：闺。

2. 背景资料：《说文·门部》：“闺，特立之户，有似圭。从门，圭声。”意思是说，独立的小门，上圆下方，像玉圭（上圆下方的圭符）。对于“圭”表声之说，王筠《句读》：“此‘圭’乃比像之词，且意与声互相备。”即认为“圭”，既表意兼表声。在古文献中，“闺”多指宫中的上圆下方的小门，引申为“内室”。枚乘《七发》：“今贵夫人之子，必宫居而闺处。”此处特指女子的卧室，故后世有闺房、闺秀、闺女、闺阁等词语。因为“圭符”是帝王的信物，所以，“圭”“闺”含有尊贵、高贵之义。

3. 本义：形似上圆下方“圭符”的房内小门。

4. 引申义：

① 内室。

② 特指女子的卧室。

5. 其他：

① 参见本章第四节：《圭符与君权天授》和附图六《圭符与考古礼器图例》。

② 参见《辞海·门部》“闺”条，《说文·门部》“闺”条。

第四章　以“天表柱”作原型的文字（羊、丰、辛）及符号

在学术界，极少有人把“羊”“丰”“辛”三字的本义与仰观天文、俯察地理的“天表柱”联系起来。在解字时，把“羊”旁的字全部当成“动物羊”理解；把含“丰”旁的字当成旺盛的草木理解；把“辛”作为刀具或刑刀理解。在本书第一章第二节《刀字歌》中，笔者尖锐地指出：中国传统文化内核是“道”，而绝不是“刀”。上下五千年来，虽然有时出现“黑暗”，但是炎黄子孙们一直追求的是光明，是真、善、美，是以“天人合一”为指导思想的人与自然和谐（人与天地之道），人与人的和谐（礼仪之邦、仁义）；而绝不是“镇压之权”“君民对立”“炎黄子孙恨炎黄（帝王）”。这说明把“辛”理解为刑刀，是陷入了一个“误区”，使很多含“辛”、“䇂”旁的组合文字失去了真正的“字魂”。本章力求对羊、丰、辛及相关组合文字的文化内涵作深入探讨。

第一节　天表“羊角柱”及相关字例

在汉字中，含“羊”旁的组合文字数量不少。有的是指“动物羊”，而有的则是指上古最原始的天表“羊角柱”。但是，长期以来，人们一直把组合字中的“羊”全部当成了“动物羊”（或表意、或表声）。几乎没有几个人去考虑那沟通天地的“羊角柱”。《庄子·逍遥游》中提到

“抟扶摇羊角而上者九万里”，扶摇着“羊角”能够飞到九万里的太空上去吗？哪有那么大的“动物羊”呀？有人说，那是指“羊角风”。但是一股小小的羊角风（旋风），只能吹起几根树枝、杂草，飞舞之后，再落下来，不可能把大鹏吹到离地面万丈高。实际上，这里的“羊角”，应是指天表“羊角柱”。因为天表是观测天象的，又称“通天柱”“天梯”。你若顺着“天梯”爬，当然可以引申为“扶摇羊角”直上九霄了！而“动物羊”却没有那么大的“神力”。

我们在第二章第四节《上古三大姓》中，讲到了人文始祖伏羲的“羲”字从“羊”（羲，气也）……又讲到了炎帝自命姜姓。长期以来，很多人认为：炎帝为牧羊部落，故为“姜”姓（“姜”字从羊、从女）。可是，考古界却否定了这一观点，指出：“公元前一万年直到距今4500年前左右……这一时期饲养的家畜，不见有马，也缺乏养羊的例证。到了公元前2300年至夏代纪年的‘齐家文化’时，养马和养羊才发展起来。”（赵毅等主编《中国古代史》高等教育出版社2002年版第116页）。我们知道，传说中的伏羲时代，距今八九千年，炎帝时代距今六千年左右，当时根本没有出现“养羊”，更加谈不上“牧羊族”了。这样一来，“羲”（義、儀）、“姜”（羌、美、善、祥）中的“羊”，就难以自圆其说了。所以，目前文字学界对于考古界的说法，采取了保持沉默或回避的态度。

考古界为我们提供了一组极其重要的文物：在陕西省西安市半坡遗址（公元前4500年—前4000年）中，发现了四件陶器片上分别绘有“羊角柱”的图案。王大有等学者认为，它正是炎帝时代观测天象的天表柱，因为其上部构形是两个弧形状的物体，象征天穹，似羊角盘，故称天表为“羊角柱”。

请见下列附图七：《西安半坡遗址陶纹“羊角柱”（天表）图例》。

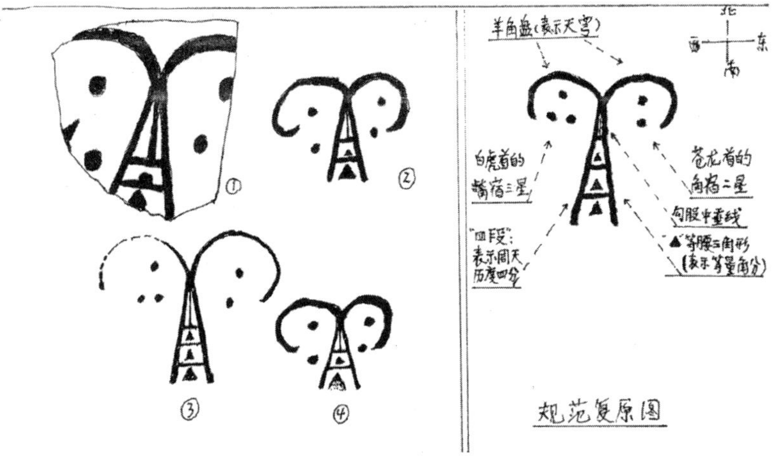

附图七

资料来源：详见王大有《三皇五帝时代》，中国时代经济出版社 2005 年版第 184、185 页。

（一）“羊角柱”的构形原理

对于“羊角柱”的构形原理，学者们有着不同的猜想。但是有三点是可以肯定的：第一，“羊角柱”的用途是作观测天象的。因为两个左右对称的羊角盘，明显地表示“天穹”“天盖”。而天穹之下分布着几个有规律性的“黑圆点”，很容易使人联想到天上的星辰。至于它是指什么名称的星辰，有待研究。第二，“羊角柱”的躯干呈形，分三或四横段。有人说，∧ 表示“大山纪历”（炎帝时代的“律历”名称。“大山”为祁连山）；四横段，表示“四时八节”。也有人认为：像似天梯。总之，“羊角柱”是由两根长柱构架而成。第三，“羊角柱”中，分布着比较规则的几个▲，另外还有一垂直的线段。这些标志物（或称做符号）到底表示什么意思？有多种猜测。但是有一点可以肯定，它们与测量计算有关系。

(二)“羊”及相关字例

汉字中含有羊旁（或作部首）的文字数量不少，初步统计，有80多个。有的是指动物羊，有的若按动物羊去理解，义理不通。特别是人们经常打交道的“羌、姜、美、善、祥、恙、佯、详、羲、曦、義、儀、差、羨、羙”这些字例的“羊”，过去都是被误解为动物羊。实际上，若按照天表“羊角柱”去理解，去会意，才能真正体现出中华民族传统文化的“内核”，体现出原本的“字魂”。

55. 羌

1. 字源：甲骨文写作；金文写作；古文写作；小篆写作；楷书写作羌。

2. 背景资料：《说文·羊部》：“羌，西戎牧羊人也。从人，从羊，羊亦声。”很显然，这里指的是商、周、秦汉时期的羌族人，过着游牧生活（狩猎，养羊、养牛等）。但是，在伏羲氏、炎帝时代还没有开始养羊。所以说，“羌”字的本义并不是后世的牧羊人，而是头上顶着天表“羊角柱”或在“羊角柱”下观测天象之状。由此会意为：沟通天地，领悟天意的人（圣明之人）。羌字的构形，可能是该部族的族徽（图腾）。羌、姜、美三字（分别含人、女、大，都是表示“人”）应是同源、同理、同意的关系，只是在文字的使用上分工不同而已。

①“羌”主要用作族徽和部族的名称（羌人）。②“姜”主要作为该部族的姓（炎帝姜姓）。③“美”主要用作该部族的功德和理想。美、善、義（义）三字同意，都含有美好，正当、适宜之意。

而美丽、美味、善良、善意、义气、正义等都是后世对美、善、义三字赋予的引申义。当人们谈到炎帝时，很少有人去追问：炎帝为什么会成为神农，会发明医药？答案是因为在“羊角柱”下长期观测天文而领悟天道、天时、农时而成神农；又认为万物皆有阴阳之性，当阴阳互通，互补则可治病，故尝百草之性而发现医药。这就是羌、姜、美、善、義（义）的基本文化内涵。

3. 本义：在天表“羊角柱”下观测天象，领悟和遵循天地之道的人。

4. 引申义：不含引申义。仅作部族的名称（专用字）。

5. 其他：

① 请认真参阅本节的全部内容，把动物羊与“羊角柱”区分开来。

② 参见第二章第四节《上古三大姓》中“姜”字。

③ 参见祥、美、善、羲、恙、義（义）等字例。

56. 祥 xiáng

1. 字源：金文写作（不从示）；小篆写作；楷书写作祥。

2. 背景资料：“祥”字的金文不从“示”，写作“羊”。小篆才增加了“示”旁。在古文献中，特别是春秋战国时期及其以前的文献中，“羊”（祥）并不是单表吉利、吉祥。而是既表示吉兆，又表示凶兆。例如：古钟鼎文中，吉兆写作“吉羊”，凶兆写作“不羊”。“羊”，后来写作“祥”字，仍然依照先前的用法，表示吉凶征兆。例如：《左传·僖公十六年》：“是何祥也？吉凶焉在？”此处的“祥”字是属于中性词，表示吉或凶的征兆。《易·系辞》：“吉事有祥。”（吉利的事是有预兆、征兆的）。大约到了汉代，“祥”字才专门用来表示吉兆。所以，东汉许慎《说文·示部》：“祥，福也。从示，羊声。一云善。”这里值得思考的是：动物羊具有显示吉兆或凶兆的功能和神力吗？没有任何的文献依据，连作为依据的这方面的神话传说也没有。但是，天表“羊角柱”却具有显示吉凶征兆的功能。因为它是专门用作观测天象的。《说文·示部》：“示，天垂象，见吉凶，所以示人也。从二；二，古文上字。三垂，日、月、星也。关乎天文以察时变，示神事也。，古文示。”“示”字的古文写作，像天上悬挂着三条飘动的彩带，象征着“三垂”，即日、月、星在运行中的征兆，预示着吉凶、祸福。我们的祖先，正是通过“羊角柱”观察“天垂象”，来预测“吉凶”。这就是“祥”字的文化内涵。

3. 本义：表示吉或凶的征兆。

4. 引申义：

① 后世引申为专指“吉兆”。由“吉兆”引申为“吉利”。

② 丧祭名。古代父母丧一周年行祭礼叫“小祥”；二周年行祭礼叫“大祥”。

③ 通“详”，含有“慎重”之意。

5. 其他：

① 参考羌、姜、美、恙等字例。

② 参见《辞源》“吉羊”条，《辞海》“祥”辞条。

③ 参见容庚《金文编·示部》“羊”（祥）辞条。

57. 恙 yàng

1. 字源：小篆写作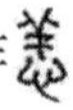；楷书写作恙。

2. 背景资料：有人说，羊的性格温顺，所以羊言为善（譱）。若照此说法，“恙”字从羊，从心，羊心反而变坏了，招来“忧愁”和“灾祸”？①《说文·心部》：恙，忧也。从心，羊声。②《史记·平津侯主父列传》：“君不幸罹霜露之病，何恙不已。”司马贞素隐：“恙，忧也。”即“担忧”的意思。③《吕氏春秋·异用》：“孔子荷杖而问之，曰：‘子之公不有恙乎？’”此处的“恙”指疾病或伤害。④周瑞宣《汉字形义手册》第64页：“恙，担忧。引申指疾病。”⑤也有学者们提问：上古造字时，“恙”字为什么会被赋予“忧”“忧愁”“担忧”“疾病”“伤害”等文化含意呢？笔者认为，这个字中的“羊”，不仅表声，而且表意。巫史们在“羊角柱”下昼观太阳，夜观月亮、星辰的每时每刻的“天象”，他们的工作状态是十分严谨的，担心因疏忽而出现“差错”。金文“差”字从“羊”（“羊角柱”）；从“工”（矩的本字，量天尺）；从“𠂇”、（手）。我们从恙字的构形分析，它是研究上古人观测天象时心理状态的“活化石”。“恙”字的含意由担心工作出差错引申为担忧，再引申为忧愁，再引申为疾病。

3. 本义：以兢兢业业的心态，在天表“羊角柱”下日夜观测，记录天象。

4. 引申义：

① 由兢兢业业、战战兢兢的心理状态引申为“担心”之意。

② 由担心引申为担忧、忧愁。

③ 由忧愁之事引申为疾病、伤害等。

5. 其他：

① 参见羌、祥等字例。

② 参见《辞海·羊部》“恙”条。

58. 庠 xiáng

1. 字源：小篆写作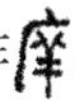；楷书写作庠。

2. 背景资料：庠、序、学、校都是在中国古代的学校名称。《孟子·滕文公上》：“设为庠、序、学、校以教之。庠者养也，校者教也，序者射也。夏曰校，殷曰序，周曰庠，学则三代共之，皆所以明人伦也。”《礼记·王制》：“有虞氏养国老于上庠，养庶老于下庠。”由此可见，“庠”作为学校名称，至迟在帝舜时期已经有了。我们今天研究文字时，一定要从庠、序、学、校这四个字的构形中找出造字原理来。上古人办学校的目的是什么？孟子回答得很清楚：“皆所以明人伦也。”而不是教贵族们去学习织渔网（有人认为“學”中的“爻”是渔网）。明人伦，必须首先明天理。所以古人造字时，必须造出几个能表示出“天道”“天理”的含意性文字符号，来作为学校本义。前面第二章解读了“學”和“序”二字的构形原理，其共同点是用阴阳交午的符号×∞8表示天地阴阳之道，即天理、地理、人理（含人伦）等。而庠字是用天表“羊角柱”符号表示天地阴阳相通，并且引申为天理、地理、人理（含人伦）等。“庠”字从“广”（yǎn），指高大的房屋。所以，“庠”的本意应该是：在高大的房屋内，学习研究天地阴阳哲理的地方。但是，

《说文·广部》：“庠，礼官养老处也。夏曰校，殷曰庠，周曰序。从广(yǎn)，羊声。”礼官主掌祭天、祭地、祭祖先，是最讲究天地之道、阴阳之道的人。把他们集中在一起“养老”，实际上起到了“老专家学术研究院”的作用，不能把此处的“养老”简单地理解为“吃好、睡好、住好”。而“庠”字中的羊，不仅表声，更是表意（“羊角柱”）。

3. 本义：在高大的房屋内学习和研究天地阴阳哲理；彰明天理、人理和人伦的地方。

4. 引申义：后世把“庠、序”引申泛指各类学校。

5. 其他：

① 参见第二章序、學（学）字例。

② 参见本章本节羌、祥、恙三字例。

③ 参见《辞海·广部》“庠”条。

④ 参见第四章第四节附图十一：《“辟雍”布局简图》。

59. 羑 yǒu

1. 字源：小篆写作羑；楷书写作羑。

2. 背景资料：

①《说文·羊部》：“羑，进善也。从羊，久声。文王拘羑里在汤阴。”

② 徐锴《说文解字系传》：“羑，言诱善也。”

③《玉篇·羊部》：“羑，导也，进也，善也。今作诱。”

④ 王筠《说文解字句读》：“进谓奖进之，道谓导引之，文异而义同。”

⑤ 徐锴《说文解字系传》又说：“《博物志》曰：殷名狱曰羑里。”(羑里在今河南汤阴县北)。关于“羑”字从“羊”的问题，段玉裁《说文解字注》：“羊善也，故从羊。”2015 年《汉字文化》第三期上发表了首都师范大学教授、北京国际汉字研究会名誉会长刘庆俄《释羊》一文，痛斥了“每逢羊年”报刊上很多讨论“羊”的文章，随意地对羊进

行发挥的问题，把羊的形态动作赋予“仁、义、礼、善、祥”等政治、道德属性的含义，认为这是一种“难于成立”的“可笑”的作法。大家知道，传统文化中的“四灵”是指：龙、凤、麒麟和龟，绝对没有“羊”。笔者认为，汉字中的美、善、祥、恙，包括“羑”字，其中的“羊”都是指天表“羊角柱”，而绝不是指“动物羊”。“羑”字从“夂”（篆文“”），像人的腿后面有支撑的东西，以防止人倒下去，可以引申为“人有不正当行为，被别人帮扶，防止摔倒”。“羑”字从“羊”，指“羊角柱”，引申为天地之道，天理、人理（人伦、法规）。综上所述，“羑”字的本义应是：用天理、人理去诱导有不正当行为的人，使其改正错误以防止犯罪。引申为：对犯罪的人进行教育和管制，再引申为“监狱”。

3. 本义：用天理、人伦去诱导有不正当行为的人，使其改正错误，防止犯罪。

4. 引申义：

① 对犯罪的人进行教育和管制。

② 监狱（管制罪犯的地方）。

5. 其他：

① 参见羌、恙、详字例。

② 参见《辞海·羊部》“羑”条。

③ 参见《辞源》“四灵”条。

60. 美 měi

1. 字源：甲骨文写作；金文写作；小篆写作；楷书写作美。

2. 背景资料：《说文·羊部》：“美，甘也。从羊，从大。羊在六畜主给膳也。美与善同意。”段玉裁《说文解字注》：“羊大则肥美。”王筠《句读》：“羊为膳主。”一般人认为“美与善同意”不是指内容、含义相同，而是指构形中都同时含有“羊”。把“美”字解释为美味、美食、肥美之意。实际上这里只是讲到了“美”的引申义。其本义如何？请参见羌、善、義三字的解读。

为了寻找出古人造字时“思想支配行动”的规律，笔者对汉字中凡含有“美好”之意的文字进行了专门的统计，发现美、善、佳、娃、休、婞、孅等字的构形中，都含有天表柱及天地阴阳相通的符号。美、善含有“羊角柱”。佳、娃（美女）含有“卦台山”。“休”字（天休、休命、美好意）含有“天表建木”，不是普通的树木。就像“東”字从日、从木，指日出旸谷“榑桑”（扶木、神木）。婞（美女），“辛”指天表辛（后世演变为华表）。孅（美），“山”是天文中心“九柱”与“地平线”的远视正面图形的符号（见附表二：《同物而异像、异字例表B》）。这些字反映出上古人“天人合一”的思想，认为只有天地相通、阴阳相通，才会带来美好、吉祥。否则，“逆天者亡”。

3. 本义：在“羊角柱”下观测天象，循“天道”而为的人。

4. 引申义：

① 因为“循天道者昌”，引申为吉祥、美好之意。

② 由“美好”引申为“美丽”（壮美、秀美、肥美、丰美）。

③ 由“美好”引申为“美味”（美膳、美食）。

5. 其他：

① 请参见羌、恙、善、義（义）、羑等字例。

② 参见《辞海·羊部》“美”条。

61. 善 shàn

1. 字源：金文写作 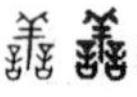；篆文写作；小篆写作；古楷写作；今楷书写作善。

2. 背景资料：《说文·言言部》：“譱，吉也。从言言，从羊。此与義（义）美同意。”意思是说：善，吉祥的言辞。由言言，羊会意。关于“善与義（义）、美同意”，一般解释为三字都从“羊”，构形之意相同。以上是把“羊”理解为“动物羊”。而“羊”在中国传统文化中，根本不属于“四灵”（龙、凤、麒麟、龟）的范畴，更不能附会出仁、义、礼、祥等政治和道德含义。前面介绍“美”字时已经讲到，此略述。

3. 本义：“善”字中的“羊”为“羊角柱”的文字符号，表示“天地相通”，引申为“天意”“天理”。“言”，指“天的旨意”“天的命令”，故会意为“顺天旨而为者善”。

4. 引申义：

① 由“顺天旨而为者善”，引申为吉祥、美好。

② 由“美好”引申为善事、好事，再引申为善良，善意，擅长。

5. 其他：

① 请参见 羌、祥、羑、美、義（义）等字例。

② 参见《辞海・羊部》“善”字。

62. 義（义）yì

1. 字源：甲骨文写作；金文写作；小篆写作；楷书写作義；简化字写作义。

2. 背景资料：因“義”（义）也作“仪”的古字，所以《说文》中，作“仪”（威仪）之意。但是本文重点解读作为正义、仁义之“义”（義）的字例。《说文・我部》：“義，已之威儀也。从我、羊。臣铉等曰：此与善同意，故从羊。”由此可见，古人认为美、義（义）、善三字“同意”。而现代学术界不少人认为：不是指美、善、義的文化内涵相同而“同义”，仅是文字构形原理有些相同，都含有“羊”。“同意”不等于“同义”。笔者认为，如果把“羊”当作“动物羊”理解，“美”为善，“善”为吉，“義”为威仪。三者虽都含“羊”，“同意”也好，“同义”也好，都讲不通。因为含“羊”旁的字很多，例如：羌、姜、恙、羑、差都含“羊”，岂能“同意”？但是，如果我们把“羊”作为天表“羊角柱”理解，美、善、義三字的确“同意”又“同义”。前面解读“羌”“祥”“羑”三字时，已经作了论述，不重述。再来分析一下“義”

字的构形。“義”从羊、从我。“羊”是指“羊角柱”，表示天地阴阳相通，“通”则顺，“顺”则万物适宜。“我”从勿（五色之气、精气），从“戈”（规与矩的合文，量天尺）。此处“戈”引申为规矩、天理（天规）、正义、正当、正确。量天尺“戈”与兵器“戈”，是属于“同象而异物、异义”，二者千万不能混淆。所以，“義”字的本义是：合宜、正当、正义，指思想、行为符合一定的标准和规律。这在古文献中早有解释，例如《礼记·中庸》：“义者宜也。”韩愈《原道》：“行而宜之之谓义。”《孟子·告子上》：“舍生取义者也。”美、善、義三字都含有“美好、正当、适宜”的意思，都以“天人合一”的思想指导“造字”。美从何来？善从何来？義从何来？“顺天道者昌，逆天道者亡”，这就是答案。上古人牢牢地把握住这一“造字原理”。

3. 本义：合宜、正当、正义。

4. 引申义：

① 利人者为义（毫不利己、专门利人者谓义）。

② 办事不取报酬（义务、义演）。

③ 情谊，恩谊（有情有义、忘恩负义）。

④ 名义的，假借的（义父、义母、义齿、义肢）。

5. 其他：

① 参见详、羑、美、善等字例。

② 参见《辞海·义部》“义”条。

③ 参见我、羲字例。参见第一章第五节附图三《戊、戈构形组合图》。

63. 羲 xī

1. 字源：金文写作；小篆写作；楷书写作羲。

2. 背景资料：“羲”字构形由“羊”“戈”“勿”“兮”四个部件组合而成，即四个文字符号组合；也可以看作由義（义）、兮两部分组成。笔者认为，“羲”是人文始祖伏羲氏的族徽铭文，既反映出他的宇宙观、价值观，又表示出他的“功德”。其中：①“羊”为“羊角柱”，表示他仰观天文、俯察地理。②“戈”是规和矩的组合符号。第一章第五节附图二《伏羲女娲像》中：上有日，下有月，男执矩，女执规。“戈”即是量天尺，又表示首创人间婚姻、伦理、历法等“规矩”，千万不要误解为兵器“戈”。③“勿”指五色云气、精气。因为“精气为物”，引申泛指“气生万物”的阴阳哲理（“八卦”哲理）。伏羲氏认为这是他的“天道大发现”，是对人类最大的贡献（功德）。④“兮”为气之扬舒也。当阴阳二气处于运动状态（舒扬）时，谓之“风”。风的本质是“气”（物质），风的功能是“化”（化生、化死、转化、教化），一般指万物的“化生”。所以伏羲氏自命“风”姓，而女娲被人们尊为“化生人类的女神”，后世演变为“西王母娘娘”。综上所述，“羲”的本义应是：在天表“羊角柱”下观察和测量天文，感悟出“气生万物”的阴阳哲理，是为“天道大发现”者。《说文·兮部》：“羲，气也。从兮，義声。”实际上“義”既表声，又表意。“羲”的核心内容是“气”（气生万物的哲理）。据《史记·历书》等文献记载，传说黄帝命羲和占日，常仪（儀）占月。《尚书·尧典》载：帝尧命羲仲、羲叔、和仲、和叔分别掌管东、西、南、北的天象观测，判断季节，制定历法。有学者认为，“羲和”是伏羲氏的裔族，历世掌管观测天象。“羲”是其族徽铭文，后演变成文字，成为“司天官”的代名词。而仪（儀）、俄（娥）、羲三字古音相近，文化内涵相通。在第一章第二节《刀字歌》中，已指出“天官羲和手持刀、天官常仪（儀）手持刀”。指的是羲、仪（儀）二字，含“戈”（量天尺），不能误解为兵器平头戟（刀）。否则我们无法解答占日者为何叫“羲和”；占月者为何叫“常仪（儀）”。因为“少昊之前，以其德为号”。一个大人物的名号，是以其“功德”而命名的。羲和、常仪（儀）是在“羊角柱”（羊）下，手拿着量天尺（戈）进行工作。

3. 本义：在天表“羊角柱”下观察和测量天文，感悟出“气生万物”的阴阳哲理，是为“天道大发现者”。

4. 引申义：泛指“气”。例如“曦”，日出时的五彩之气（光气）。

5. 其他：

① 参见第二章第四节《上古三大姓》中的“风”姓。

② 参见勿、物、我、义（義）字例。

③ 参见第一章第五节附图二：《伏羲女娲像》。

64. 岳（⿱羊山）yuè

1. 字源：甲骨文写作；古文写作；小篆写作；繁体楷书写作嶽；简化字写作岳。

2. 背景资料：甲骨文“”被很多学者隶定为“⿱羊山”，从羊、从山，即山岳之“岳”，为商王祭祀对象“岳神”。古文的“岳”字上部也像一个“大羊角”之形。小篆和繁体楷书讹变为“嶽”。“⿱羊山”的构形应解释为“立有天表‘羊角柱’的大山”。因为“羊角柱”可以表示“天地阴阳交通”“天地相通”，所以能与天帝沟通的大山，才能被尊为“岳”。《说文·山》：“岳（嶽），东岱、南霍、西华、北恒、中泰室。王者巡狩所至。从山，獄声。”这里讲的是“五岳”。关于历代帝王们登“五岳”，特别是到东岳“泰山”封禅的故事特别多，此不详述。特别强调的是，如果我们把“⿱羊山”（岳）字的“羊”理解为动物羊，那么“岳”字的文化内涵就无法体现出来，就会失去“字魂”。

3. 本义：立有天表“羊角柱”的大山。

4. 引申义：

① 与天帝沟通的大山，尊为“岳”。

② 最尊贵的山神（岳神）。

5. 其他：参羌、姜、羲等字例。

第二节　天表柱符号“丰”及相关字例

（一）“丰”与“陈丰氏”的传说

“丰”是一个符号性文字，又是一个“会意”性文字。是专门表示太阳在早、中、晚不同时间段所运行高度和角度的符号。在古代的神话传说中，称之为“太阳树”或者“鸟秩树”（鸟：指日中乌、日神鸟）。“丰”字的甲骨文写作、其下部的圆点“●”或者“”表示太阳。（很多人误解为“土堆”）；上部“”表示太阳运行的不同高度及方位角度，很像一棵大树伸展出四枝。所以，不少人误认为“草木丰盛之状”。关于“丰”字在古文献中的出现，可以追溯到帝喾时代。《史记·五帝本纪》：“帝喾娶陈锋氏女，生放勋。”“帝尧者，放勋。”《帝王世纪》：“帝喾有四妃……次妃陈锋氏，曰庆都，生放勋”。文献注释：陈锋氏，部族名，又作陈丰氏。王大有先生认为：陈丰氏为炎帝裔族，又称夆氏、酆氏、逢氏、锋氏。“陈”是指陈仓，为炎帝族的发祥地，即今陕西宝鸡市。“陳”（陈），是东方的太阳照在山坡上之貌，引申为宣扬、展示、陈列等意。（東：日在木中，建木、表木。）“丰氏”，是在天表柱下观测太阳运行规律，推算出季节，时令的世袭天文官（巫史）。因世居陈仓，故名陈丰氏（陈锋氏）。《山海经·海内西经》：“流黄酆氏之国，中方三百里，有涂四方，中有山，在后稷葬西。”可见“酆氏之国”是个大国，道路四通八达，大约位于今陕西、甘南一带。又《山海经·中山经》：“瑰山又东四十里……又东二十里曰和山。吉神泰逢司之……出入有光。泰逢神动天地之气也。”可见“泰逢”演变成为和山一带的吉神，能“动天地之气。”这些神话传说都直接或间接地反映了陈丰氏及支裔的情况。关于“丰”字的本义及文化内涵，我们还可以从《周易·丰卦》中得到进一步了解。“丰”字的卦象是“下离上震”符号。“离”是代表火、太阳、光明；“震”是代表雷动、震动、运动、转动。“象曰：丰，大也。明以动，故丰。王假之，尚大也。勿忧宜日中，宜照天下也。日中则昃，月盈则食，天地盈虚，与时消息，而况于人乎？况于鬼神乎？”意思是说“丰”是盛大、宏大和光明移动的意思（天表柱立于天地之间，象征高、大；太阳在天空中运行，象征光明在移动着）。当帝王处在鼎盛、兴旺的时期，一切都崇尚盛大，不必忧虑，像日在中天，普照天下。可是，日到正中，不久就会西斜；月盈满，不久就会欠缺；天地盈亏，随着时间消长，更何况是人？更何况是鬼神呢？上述的内容很显然是利用日出、日中、日落时光明变化的规律和原理，并赋予哲理，来告诉人们，做事情要“审时度势”，不能违背自然规律。否则会受到“规律”（无形的手，无形的鬼神）的惩罚。

下面我们再来一个“反向思维”。上古人为什么会把日出、日中、日落时光明移动变化的情景命卦名“丰”呢？如果我们把、（丰）理解为“土堆上种了一棵树”或者“草木繁茂之状”，那么《丰卦》的命名就出了大问题。因为“土堆”不能表示“光明”“太阳”。“边界的树”不能表示“天柱”“高大”“盛大”。“繁茂的草木”更不能表示“日中则昃，月盈则食”。

（二）“丰”字的构形原理

为了便于更加直观地分析“丰”字的构形原理，特制作附图八如下：

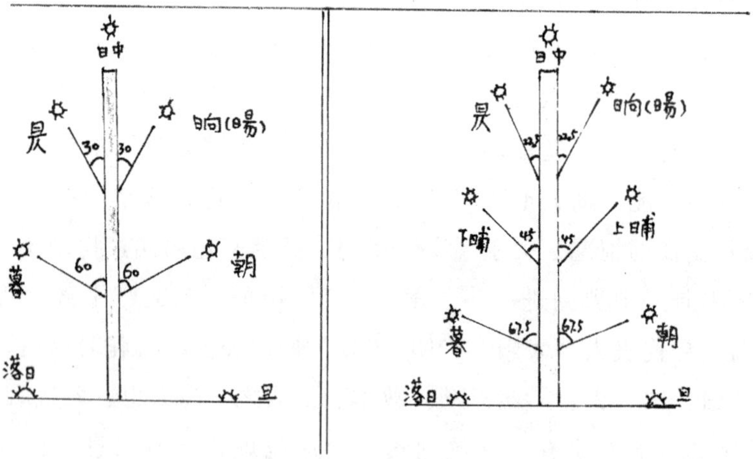

（七时段法）“”符号 （九时段法）“”符号

附图八 “丰”字符号示意简图

附图注明：① 以上时段名称，取自商代用语。“上晡”“下晡”又称上餔、下餔或大食、小食，因为古人一般是“一日两餐”。“晌”，又作旸，甲骨文又作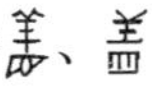。

② 例图中的“七时段法”。《诗·小雅·大东》：“终日七襄”。郑玄注：“襄：驾也。从旦至暮七辰，辰一移，因谓之七襄。”即白天分七个时间段（七辰），参《辞源》“七襄”条。

在金文中“丰”字有时写作，有时写作，可能是该字的繁与简写法。也可能因为上古时期各邦国之间，对时间分段存在差异。但是，无论是“七时段法”，还是“九时段法”，都不影响“丰”字的文化内涵。附图中的“时段”名称，取自商代卜辞中的时间概念用语。其中的“上晡”“下晡”也作“大食”“小食”，因为古人一般是“一日两餐”。“晌”也作“旸”“昳”（）。“丰”字三横，把“表竿”分成四段，俗话称为“四杆子高的表柱”。《南齐书·天文志·上》：“日出高三竿”。唐刘禹锡《竹枝词》：“日出三竿春雾消。”即太阳升到“三竿子”高时（晌，十点钟左右），春天的大雾才逐渐消去。

(三)“丰”及相关字例

在汉语中，含有“丰”旁的组合字较多，据初步统计，大约90多个。例如：邦（封）、帮……；夆、逢、锋、峰、烽；酆、艳、滟…；表、素、责、憲（宪）、櫶……；㓞（qià）契、挈、恝（jiá）锲……；敖、熬、獒、傲、遨、赘、聱、慠、鳌……这些文字中的“丰”，少数仅是起到“表声”作用，而大多数都具有“表意”，或者表意兼表声的作用。下面将解读部分字例。

65. 丰 fēng

1. 字源：甲骨写作；金文写作；小篆写作；楷书写作丰。

2. 资料背景：请详阅本节：（一）“丰与陈丰氏的传说”。（二）“丰字的构形原理”。附图八《“丰”字符号示意简图》及注。

3. 本义：太阳在天表柱上不同“高度”和“时段”的标志性文字符号。

4. 引申义：

① 由于“天表柱”标志着通天达地，天地交通，故引申为高、高大、盛大、亨通。

② 由于太阳运行，引申为光明。因万物生长靠太阳，故引申为繁茂、丰收、丰美、丰盛等义。

5. 其他：

① 参见邦、封、夆、逢、非、表等字例。

② 丰，也作后世“封”的古字。一说是“封”的借音字。

66. 邦 bāng

1. 字源：甲骨文写作；金文写作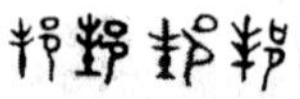；古文写作；小篆写作；楷书写作邦。

2. 背景资料：对于“邦”字的本义，有三种不同的说法。①《说文·邑部》：“邦，国也。从邑，丰声。”认为族居之“邑”（城寨）就叫邦。“丰”只起“表声”作用，不表意。②《六书故·工事二》：“邦，国也。别而言之，则城郭之内曰国，四境之内曰邦。”在周代，“国”一般指城郭。城内的人叫“国人”，城外居住的人叫“野人”。此处的“邦”指城乡一体的区域。③认为是指古代诸侯的封国。《释名·释州》：“邦国，封地也。”以上三种说法都有一定道理，有的接近“本义”，有的只是“引申义”。笔者在前面反复讲到汉字研究中的“三大误区”，把大量的表示天表、天气、天道、天理、量天尺等的文字符号，误解为木棍、树木、草木、线绳、兵器、刀具等日常生活用品，战争武器。似乎忘记了传统文化的“内核”（气生万物、天人感应、天人合一的宇宙观、人生观、天道观等）。只注重“观鸟兽之迹”，却忘记了“仰观天文”“天垂象，知吉凶”。在“邦”字中，“丰”是会意的核心符号。在上古时期，凡大的部族，都设立有观测天象的“表柱”，有专职的“巫史”（巫师）负责“领悟天道”，以“天垂象”来预测吉凶。而“丰”，作为“天表柱”的代称，也是部族祭祀中心的“神柱”。所以，“丰”就是代表天意，保佑本部族的“神柱”。而受到“天柱”（神柱）保佑的地方、区域就称谓“邦”。甲骨文“邦”从丰，从田（田：指东、西、南、北“十”；和边界“口”），金文“邦”从丰，从邑（邑：指族居地）。该字的甲骨文、金文的构形原理是相同的。所以说“邦”字的本义是：受“天柱”保佑的区域，又引申为受“天神”保佑而赐予的区域，又引申指邦国、国家，再引申指帝王的封国。传说黄帝“协和万邦”，这里的“邦”大多不属于“封国”，而是独立的“邦国”，只是愿意参加到以黄帝为首领的“部落联盟”或成为“友好相处”的“友邦”。

3. 本义：受“天柱”保佑的区域和居邑。

4. 引申义：

① 受“天神”保佑而赐予的区域（由“天柱”引申为天神、天帝）。

② 邦国，国家。

③ 帝王对诸侯的封国。

5. 其他：

① 参见第一章第三节：《汉字研究中的“三大误区”》。

② 参见丰、封字例。

67. 封 fēng

1. 字源：甲骨文写作（丰）；金文写作（丰）；籀文写作；小篆写作；楷体写作封。

2. 背景资料：“封”字的甲骨文、金文、籀文、小篆、楷等写法，看起来很复杂。由于长期以来，人们把甲骨文、金文的“丰”字构形误解为“土堆上长了一棵树”，所以楷书“封”字，干脆变成了从“双土”（土堆）圭，从“寸”，表示人在植树、培土。《说文》等字典把它列入

“土”部文字。但是汉语中有一个十分重要的名词，即泰山“封禅”。“封”是祭天，祭天帝之义；“禅”是祭地，祭地神之义。当年黄帝登泰（岱）山“封禅”时，如果“仓颉造字”，以“人在植树，培土堆”为构形，造出“封”字，来表示祭天帝，那么一定会被黄帝打“三百大板”，免去“史官”职务。因为这个字一点也体现不出对“天帝”“天神”的敬畏。然而，如果我们把“封”字的“丰”作为太阳在天表柱上运行时段、高度的符号，引申为沟通天地的“天柱”，把“手”（寸）理解为向天帝“奉献”祭词和祭品，那么这个“封”（）的造字构形原理，正好符合“祭天帝”的文化内涵。后世楷书的“封”字，如果把“圭”理解为古“卦”字，或上圆下方的“圭符”，也可以体现“祭天帝”的文化内涵（请参见圭、卦二字例）。“封”字含有“君权天授”“奉天承运”的意思，引申为帝王对臣子们的恩赐（天赐）。例如封爵、封地、封国。又引申为疆界、范围。又引申为大、高大。关于封闭、封查、封土、封门等词语中的“封”，本来含有“奉天命而为”的意思（而闭、而查、而土、而门……）。后世人逐渐遗忘了，或省去了这种文化内涵。使今人对“封”字的应用感到迷惑不解。

3. 本义：祭天帝。

4. 引申义：

① 天帝的保佑和恩赐。

② 帝王对臣僚的恩赐（封爵、封国、封地……）。

③ 由“封国”引申为范围、疆界。

④ 大、高大。

⑤ 奉天命而为之（封查、封闭、封土、封门……）

5. 其他：

① 参见丰、邦、圭、卦等字例。

② 参见“封禅”故事。

68. 夆

1. 字源：甲骨文写作；金文写作；小篆写作；楷书写作夆。

2. 背景资料：①“夆”字的甲骨文、金文、小篆、楷书构形一致，没有明显变化，从倒形的脚掌，即代表“脚”的意思，楷书作“夂”。“夂”作偏旁，用在文字的下部时读 chuí；用在文字上部时，读 zhǐ。都是代表“脚”。从丰（）（四小点：可能指太阳的位置，表意符号）。②对“夆”字的含意，一般解释为：相遇、相逢、迎接、抵牾、遭逢等。《说文·夂部》：“夆，牾也。从夂，丰声。”又“牾，逆也。”《辞海·夂部》：“夆，抵牾，遭逢。”按《说文》的说法，“夆”是一个“形声”字。实际上是一个“会意”字。因为“夂”（脚、止）只能表示“行走”。一只脚不能表示相遇，必须有其他“符号”来协助、暗示才行。而“丰”就是一个重要的表意兼表声的符号。这里需要我们有“仰观天文”的基本认识去理解“丰”字的文化含意。上古人以“阴阳变化”的哲理看待太阳的运行轨迹。自黎明到正午时刻，太阳处在上升阶段，即“天阳之气”由弱变强，由强旺变极盛阶段。“正午”时刻点，是“阴阳势态”发生转变的“交会点”，太阳开始转变为逐步下降（“昃”，日西斜），“地阴之气”开始由“极弱”向“渐强”方向转变。而“夆”字上部的“夂”（太阳行走的“脚步”），恰好处在太阳树“丰”的正顶端，阴阳二气相遇、相交，势态发生逆转的位置，这就是“夆”构形的基本原理。所以说“夆”字的本义应是：太阳的脚步行走在太阳树“丰”的正顶端。会意为：天阳之气与地阴之气相遇，交会，各自的势态开始逆转。由“相遇”引申为褒义的遇见，碰到，迎接，交接，相逢。又引申为贬义的遭遇，抵牾，遭逢等。因为夆与逢的构形原理和含意相同，后世一般“以逢代夆”，而“夆”仅作为偏旁字使用。

3. 本义：太阳的脚步行走到太阳树（丰）的正顶端，天阳之气与地阴之气相遇，各自的势态开始发生逆转。

4. 引申义：

① 由“相遇”引申为相逢，相交，迎接。

② 由“相遇”引申为相遭遇，相抵牾，相遭逢。

③ 夆与逢同义。后世“以逢代夆”。

5. 其他：

① 参见“丰”字例。

② 参见周瑞宣《汉字形义手册》第 27 页“夆”。

69. 逢 féng

1. 字源：甲骨文写作；金文写作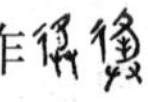；石鼓文写作；小篆写作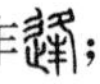；楷书写作逢。

2. 背景资料：以上“逢”的甲骨文隶定作“”，金文隶定作“”（从彳、夆、廾）小篆隶定作“”；楷书写作“逢”，经历了“彳”→“辵”→“辶”的演变过程。但是，其文字构形的基本原理没有变。“彳”表示“道路”，此处表示太阳运行“路线”。“辵”是按照路线行走、运行。“辶”是“辵”的简化写法。所以，夆与、逢三者为同义字。现代汉语以“逢”代，代“夆”。详见“夆”的字例解释。

3. 本义：同“夆”字。

4. 引申义：

① 同“夆”字。

② 由“迎接”引申为“迎合”（迎逢）。

③ 大。《书·洪范》：“子孙其逢吉。”马融曰：“逢，大也。”因为“丰”是“太阳树”“天柱”的符号，所以引申为大、高大等义。例如峰字既表示“山尖”，又含有“高而大的山”之义。

5. 其他：

① 参见“夆”字例。

② 参见《辞海·辶部》“逢”条，夂部“夆”条。

③ 前面“字源”项中的石鼓文之“逢”字，引自左安民《细说汉字》“逢”条。

④“逢”作姓时读音 páng（庞）。

70. 峰

1. 字源：小篆写作；楷书写作峰。

2. 背景资料：《说文·山部》“峯，山耑也。从山，夆声。”即“山尖顶”的意思。但是，为什么能表示“山尖”呢？主要还是因为符号“夆”，它不仅表声，更是表意。因为“夆”字的本义是太阳运行到由上升转变为下降的阶段，运行轨迹呈山尖“∧”状。［“”：箭头“↑”表示太阳升起阶段，箭头“↓”表示下降。］“∧”表示转折的轨迹，即“尖端状”。“峰”字中的“山”表示高山、石山；“夆”表示“∧”形的尖端状。所以，二者会意“山尖顶”。而“锋”字的构形原理也是一样，“金”表示金属器物（刀具、兵器等），“夆”表示“∧”，指尖端处、尖锐处。所以，“锋”字会意为器物（兵器）的尖端部分，引申为锐利、锋利部分，又引申为作战或行军的先头部队（先锋）。

3. 本义：山尖顶。

4. 引申义：由“山尖顶”引申为最高处，例如“登峰造极”。

5. 其他：参见夆字例。

71. 锋

1. 字源：（略）

2. 背景资料：见“峰”字的背景资料。

3. 本义：金属器物的尖端部分。

4. 引申义：

① 特指兵器的尖端部分（剑锋、矛锋、刀锋）。引申为泛指尖锐、犀利的部分（针锋、笔锋）。

② 部队行军或打仗的先头部队（先锋、前锋）。

③ 形容语言锐利（词锋、语锋、谈锋）。

④ 古代一种农具，似犁头，尖而锐。

⑤ 指锐气（例：锋芒毕露；锋芒挫缩；以耀锋芒）。

5. 其他：

① 参见夆、峰字例。

② 参见《辞海·金部》“锋”条。

72. 表 biǎo

1. 字源：古陶文写作；睡虎地竹简：；古文写作（从衣，麃）；小篆写作；楷书写作表。

2. 背景资料：“表”，是一个很难解读的字例。《说文》中本来没有“表”字，只有“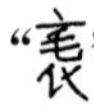”（biǎo）字。“，上衣也。从衣，从毛。古者衣裘，以毛为表”。意思说指上衣，古人穿兽皮，用毛作为外衣的表面；所以“”有了表面，外表之意。可是，这里的“”与我们平时讲的天表、华表、表柱、人民代表之“表”，不能视为同一字，不能画“等号”，只能画“相似符号”，或者作为“音同而形近”的假借字互相通用。古陶文“”（从丰，从衣），古简文“”（从丰，从衣）二者应该是指天表、华表之“表”。本文此处重点解读“天表柱”之“表”的构形原理和文化内涵。

“表”字从“丰”，从“衣”。“丰”的本义前面我们已经讲了，不再重复。此处是表示“天柱”“建木”。为什么要加“衣”呢？此处的“衣”字，我们不能简单理解为“衣服”，它是“依”的省写，是黄帝所赐“依”姓之“依”（省写为“衣”姓），是依托、依附之义。在古文献中，常常“以衣代依”。关于“依”姓的文化含意，服虔云：“自少皞以上，天子之号以其德，百官之号以其征。自颛顼以来，天子之号以其地，百官之号以其事。”见《礼记·月令疏》引。实际上，上古帝王（圣人）的姓、氏、名、号，都从不同侧面反映了他们的世界观、价值观或功德。前面已经介绍了“上古三大姓”，还介绍了大禹“姒”姓，这些“姓”都具有深刻的文化内涵。传说黄帝之子二十五人，赐十二姓，即姬、酉、祁、已、任、僖、佶、(姞)、衣（依）……又传说黄帝之臣伯余发明衣和裳；胡曹作冕，作衣。为什么黄帝没有赐伯余、胡曹他们“衣”(依）姓呢？显然“衣”姓之“衣”并非衣服之“衣”。王大有先生认为：衣姓，古“依”字……裴氏、襄氏、袁氏皆衣姓的支裔。(见王大有《三皇五帝时代》，中国时代经济出版社 2005 年版第 264 页)。“衣”（依）姓因“功德”而赐，其功德就是善于在各类祭祀用礼器上“契刻”各种神像、图案、徽纹之类。使抽象的神物、人物、动物能“依”托，或“依”附在具体的器物上，它是一种高度艺术化“才能”的体现，故赐为“衣”（依）姓。由此可知“表”字从丰（天柱），从衣（图案依附）。“表”的本义应是：雕刻有神物图案的“天柱”，故“天柱”又称“天表”或“天表柱”。北京天安门前面的“华表”，就是以上古“天表”为原型，经高度艺术化演变而来。石柱上雕刻着一条乘云水而腾绕的“巨龙”，是中华民族的象征。石柱上有一“横版”，经艺术化而为“云朵”状的“云版”，与柱身呈“十”字形，表示天地阴阳“交午”；石柱顶端有一个圆盘，盘上蹲一神兽，名“望天犼”；底部为方台，象征“天圆地方”；这就是“华表”的文化内涵。介绍“华表”的名称和构形原理，有助于我们深入了解“表”与“表”的本质区别，后世“假借”为互通字，以“表”代“表”。

3. 本义：契刻有象征意义神物图案的天柱，或具有契刻神物图案依附的天柱（没有神物图案依附的只能叫“天柱”，不能叫“天表”）。

4. 引申义：

① 表示：表，指“天表”；“示，指天垂象，见吉凶，所以示人也”。“表示”即从天表下观测到天象所显示的吉凶征兆，引申为泛指显示、显象、示意。

② 表现：指“天表”所显示的景象、天象，引申泛指“表象”“现象”。

③ 表彰：指“天表”上呈现光芒四射之状。彰，光芒四射之状，引申为张扬、宣扬、颂扬等义。(参见字例章、彰)。

④ 表明：“明”指日月之光。表明：显示光明，引申为人的思想、行为的公开显示。

⑤ 标帜或标记。

⑥ 标准、表率、师表等义。《淮南子·本经训》“抱表怀绳”（表：标准；绳：准绳）。

⑦ 圭表：测日影的仪器。圭：标尺。表：直立的标杆。

⑧ 表尺：瞄准装置的一部分，上有刻线和数字，标明距离或角度。

另外：关于表面、外表、表里等义。“表”作“”的借音字（假借字）。

5. 其他：①参见丰、邦、韧、契等字例。

② 参见《辞海·主部》“表”条。

③ 古陶文“表”字构形，引自左民安《细说汉字·衣部》“表”条。

73. 㓞 qiǎ

1. 字源：金文写作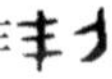；小篆写作；楷书写作㓞。

2. 背景资料：《说文·㓞部》：“㓞，巧㓞也。从刀，丰声。”即巧妙刻画的意思。徐灏《段注笺》：“巧㓞，言其刻画之功也。”“丰”读作“芥”。《说文·丰部》：“丰，草蔡也。象草生之散乱也。”即，像杂草生长散乱的样子。“㓞”读 qiǎ；“丰”读 jiè，看来“丰”不能作“㓞”的表声符号。再说仅仅是“一把刀”，也不能推断是“刻画”之义。实际上“㓞”字中的“丰”，不是“丰”，而是“丰收”之丰，即天表“丰”。前面对“表”字的解读，已经讲了雕刻神物图案的事。在上古时代，人们把对天帝和祖先神的敬奉，当成最大的事。所以，对天柱、神柱、神器的雕刻、绘图艺术，必定代表当时最高艺术水平。以“天柱”作为“巧㓞”的对象，是顺理成章的事。所以“㓞”字的造字原理是：用“刻刀”在天柱“丰”上巧妙运作，会意为“精巧地刻画图案”。引申为泛指“刻画”“刻写”“雕刻”。“㓞”字的造字原理与“則”字的构形原理相同。“則”的金文是从“鼎”（后讹变为“貝”），从刀。本义是将国家法令雕刻在铜鼎上，公布于众的意思，引申为法则、规则。㓞与则都是“会意”字，不是“形声”字。

3. 本义：用“刻刀”在天柱“丰”上精巧地刻画图案。

4. 引申义：泛指雕刻、刻画、刻写。

5. 其他：参见表、栔、契等字例。

74. 栔 qì

1. 字源：小篆写作；楷书写作栔。

2. 背景资料：《说文・㓞部》：“栔，刻也。从㓞，从木。”《段注》：“刻之，用于木多，故从木。”王筠《句读》：“经典皆用契，而不用栔，亦借锲，挈为之。”“㓞”qiǎ 的本义是用“刻刀”在天柱“丰”上刻画图案。引申为泛指雕刻、刻画、刻写；当在“木”上刻画时，写作“栔”；当在金属器物上刻画时，写作“锲”；而“栔”字从木，从㓞，本义是“大约”，即邦国之间的契约、书卷。后世经典中，一般用“契”字代替栔、锲、挈字。

3. 本义：在木上刻画、雕刻。

4. 引申义：（无）。

5. 其他：参见㓞、契等字例。

75. 契 qì/qiè/xiè

1. 字源：小篆写作；楷书写作契。

2. 背景资料：“契”字有三种读音：qì、qiè、xiè。当用作“契刻”时读作 qì。当用作“契阔”（劳苦、勤苦、久别的情愫）时读作 qiè。当作人名时（商族始祖、帝喾之子契、偰）时读作 xiè。《说文・大部》：“契（qì），大约也。从大，从㓞。《易》曰：‘后代圣人易之以书契’”（详解见“栔”字例）。

3. 本义：①契（qì）：邦国之间的券证、文约。

② 契（qiè）：表示劳苦、勤苦。

③ 契（xiè）：也作“偰”，人名。

4. 引申义：契（qì）

① 泛指刻写、书契。

② 合同；证券（例：契约，契据）。

③ 意气相合；投合（例：默契、相契）。

④ 通栔、锲、挈。

5. 其他：参见轫、栔等字例。

76. 憲（宪）xiàn

1. 字源：金文写作；居延竹简作；小篆写作；楷书写作憲；简化字作宪。

2. 背景资料：《说文·心部》：“憲，敏也。从心，从目，害省声。”《段注》：“心目并用，敏之意也。”认为“憲”的本义是敏捷。由心、由目会意。上部“宔”是“害”字的省形，又为“表声”作用。可是在古文献中，“宪”字大多作法令、大法、效法、显示、公布等义（见《辞海·宀部》“宪”条），不见有作“敏捷”使用的。“宪”字的金文、竹简文、小篆的构形基本上“大同小异”。如何从其构形中“会意”出法令、大法之意来呢？关键是对符号“∩”和“丯、丰”的理解。笔者认为：符号∩、⌒是表示“天穹”符号；丯、丰是表示天表“丰”。由天穹、天表符号引申为天道、天理。“天理”包括规矩、法理。中国最早的法官叫“理官”。传说帝舜命皋陶为“大理”（理官之长）负责制定和执行法律。而人间的法律必须遵循“天理”，否则“天理不容”。周瑞宣《汉字形义手册》第241页：“宪，法令、宪法的意思。目、心表意。表示公布法令人人皆可见（目），人人牢记在心里（心）。”“先”表声，又因为“天表柱”含有高、大等义，而“憲”字从“丰”（天表）。所以“憲（宪）”字含有“大法”的意思。“宪法”一词是指国家“最大的法”。

3. 本义：将“天理”显示于众，深入人心。

4. 引申义：

① 由“天表”引申为“天理”，再由“天理”引申为人间的法理、法令、大法。

② 由将“天理”显示于众，引申为公布、显示。

③ 由显示于众、深入人心引申为效法、守法。

5. 其他：

① 参见“丰”字例。

② 参见《辞海·宀部》“宪”条。

第三节　“是”“非”二字，本源于一体——“丰”

在汉字研究中，我们“无意”中发现，“是”与“非”都源于太阳树“丰”的构形图中。“是”字从正、从日，为“是”的本字，表示太阳运行到天空正中央的位置，由正中引申为正、正当、正确、正确的等义。“非”字，是太阳树“丰”，巫史们把符号“丰”划分为阴与阳两半，即为“非”字的构形。“非”的本义，指太阳运行在偏东或偏西位置，引申为“偏”“不正”（不正为偏），再由“不正”引申为不正当、不正确、不正确的、不（否）等义。

由此可见：“是”与“非”二字的来源，是上古的“巫史”们在“仰观天文”时所创造的一组“天文概念”文字，用以记录“天象”。后世人引申为“社会属性”的概念文字了。

(一)“非”字的构形原理

为了便于更加直观地了解“非”字的构形原理，我们特制了《“非”字符号示意简图》(附图九)。请认真观察和分析图 A、图 B、图 C 三者之间的内在联系，演变过程及文化内涵。

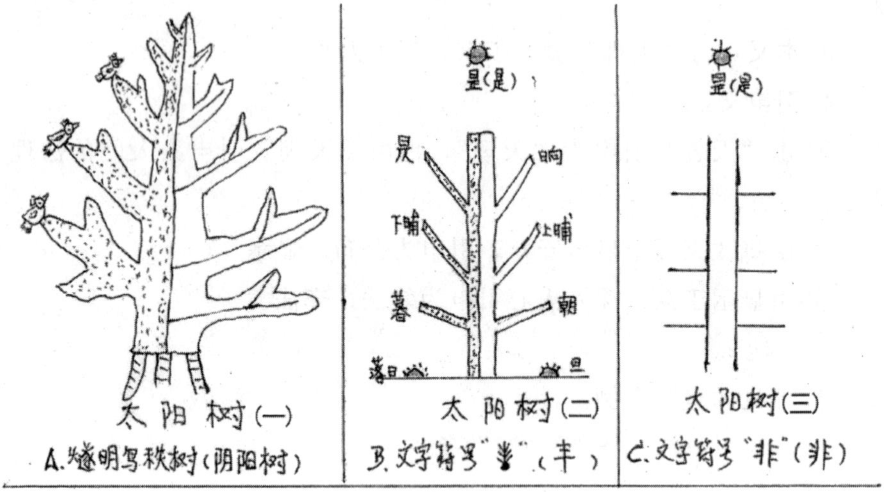

附图九　“非”字符号示意简图

附图注明：①图 A 的资料来源：中华人种美洲支殷地安人，斯毕拉·蒙特“贝雕图”。见王大有《三皇五帝时代》上册，中国时代经济出版社 2005 年版第 32 页。

② 上古人在“仰观天文”时，“阴阳观念”十分浓厚，称日为“太阳”，月为“太阴”。上午阳气逐渐上升，而后达到极点，称之为“阳半天”；下午阴气逐渐上升，称之为“阴半天”。故称“太阳树”为“阴阳树”或“鸟秩树”，树中的“鸟”背部有一个“〇”，表示太阳“日”，此鸟又叫日精鸟、太阳鸟、日中踆乌、三足乌等。

③ 将太阳树“丰”分成阴、阳两半，则演变成文字符号“非”。

④ 当太阳处在正午（日中）时，称作“昰”（从日，从正），也就是后世的“是”字。当太阳处在上午偏东、下午偏西位置时，称作“非”。即“日正为是（昰），日偏为非”。

(二)“非”及相关字例

在汉字中，含有“非”旁的组合文字大约有 60 多个，大部分是用其引申义或再引申义，有的“表声”，也有不少被“误解”。下面仅就部分字例作解读：

77.昰（是）shì

1.字源：金文写作；籀文写作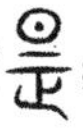；小篆写作；楷书写作是。

2.背景资料：“昰”（是）字从日，从正。其文字构形一目了然，其会意为“日在天空正中央”。在一天内，“日正”“日中”皆指“正中午”，即中午12时前后一段时间。在一年之内，太阳的运行轨道最接近“天中央”的季节，是“夏至”前后一段时间。所以，《辞海·日部》“昰：①‘是’的异体字。②‘夏’的古文”。“昰”，本来是一个天文类的方位词，专指太阳当空的“位置”，引申为一天的“中午”、一年的“夏天”时间，季节名词。古汉语中“是日”一词，指当天、当日。此处的“是”字，为“正当午”，引申为“当天”“这一天”“当日”。

本节的“开头语”和附图九：《“非”字符号示意简图》中，已经对“昰”与“非”的对应关系作了解读，请参阅。

《说文·是部》：“是，直也，从日，正。”认为“是”为正直的意思。《段注》：“以日为正则曰是。从日，正会意。天下之物莫正于日。”这是取“昰”的引申义，由“日在天空正中央”引申为“正直”。

3.本义：日运行在天空正中央位置。

4.引申义：

① 由“日正为是，日偏为非”的天文概念，引申为正、正当、正确、正直等社会属性概念，即后世的“是非观念”。

② 此（是日：当天、当日）。

③ 订正（是正：校正，审查谬误）。

④ 表示肯定。

⑤ 凡是。

⑥ 于是。

⑦ 语气助词（惟你是问）。

⑧ 以为正确（各行其是）。

5. 其他：

① 参见本节“开头语”和附图九《“非”字符号示意简图》。

② 参见“非”字例。

78. 非 fēi

1. 字源：甲骨文写作；金文写作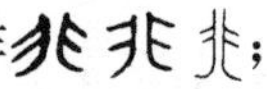；小篆写作；楷书写作非。

2. 背景资料：“非”字的甲骨文、金文、小篆构形，会使人们产生很多猜想：其一，像两个人背靠背地坐着。其二，像“征兆”的“兆”字。其三，像鸟的双翅相背而生。其四，像太阳树（阴阳树）“丰”字划分成阴、阳两半。金文“”的笔划与“非”有相似之处。小篆的写法“”与阴阳树的符号“非”更相似。《说文·非部》：“非，违也。从飞下翅，取其相背。”意思说，“非”字像鸟的两个翅膀，取其两翅相背之义，为“违背”的意思。这种解释似乎有些道理，但“是”与“非”的对应关系难以成立。在汉字中，凡具有“对应关系”的文字，二者都必定有一个“标志物”作为共同基础，例如：“上”与“下”相对应，古文写作“二”（上）与“二”（下），中间的一长横“一”，代表地平线或者某标志物，一短横指示方位。再例如“阴与阳（陽）”二字为对应关系，都以山坡“阝”作为标志物。而“昰”（是）的标志物为“日”，“非”字的标志物应该也是“日”。虽然“非”字中不见有“日”，但其中的三横画表示太阳的运行高度（刻度），可以视为“日”。如果把“非”作为“鸟翅”，则“鸟”与“日”不能形成相对应的关系。所以说，“日正为昰，日偏为非”的天文概念是符合上古人“造字原理”的。再例如“生”与“死”二字相对应，其标志物是代表大地的一长横。“生”字是草木从“地上”冒出来“”，为生长之貌。“死”字，是把躺着的人及骨头埋在“地下”之状。另外，大与小、凸与凹、吉与凶、贵与贱、朝与暮、进与退等相互对应的词组，在其古文字构形中，都可以找到共同的“标志物”符号。

再说，“非”旁的组合文字多达60余。大多为表意兼表声。例如“排”字，表示“并列”而不是“违背”（双翅膀相违，力量相反）；“霏”字，表示细而长的雨；鸟翅不可能“细而长”，只能“扇动”；“靡”指细而长的麻类植物，很容易被风吹而呈倾倒之状；而“鸟翅”不能引申为“细而长”“倾倒”（所向披靡，势如破竹）。以上仅举几例，说明若把“非”字理解为鸟翅，会意为“违背”，那么在其相关组合字中，其意义是站不住脚的。

3. 本义：太阳运行在天表柱“丯”偏东或偏西的位置（日正为“昰”（是），日偏为“非”）。

4. 引申义：

① 由偏东或偏西位置引申为偏、不正。

② 由“不正”引申为不正当、不正确，与“是”相对应（是非分明，是非观念）。

③ 不是；不是的（非亲非故）。

④ 不（非同小可、非去不可）。

⑤ 不对；错误。

⑥ 责怪，反对。《淮南子·汜论训》：“孔子之所立也，而墨子非之。”

⑦ 同“诽”。“诽，谤也”，议论是非，指责过失。《淮南子》“舜立诽谤之木”。“诽谤”今指造谣、污蔑、恶意中伤。

⑧“非”为“阴阳树”的符号，表示阴半天与阳半天的组合。引申为阴与阳的相配和、并和、交合。例如“婓”即“妃”字，本义为阴阳相合的女子，即妻子（参见“妃”字例）。

⑨“非”，为阴阳树（天表）“丰”的一分两半，并列的两半边天表柱，引申为“并列”或“细而长（高）”。例如“排”字，表示用手把两件或多件物体并列在一起（竹排、木排、排队）。“非”字为什么含“细而长”之义？因为天表“丰”本来象征着高、高大。但所分阴阳两

半的影子，则呈“细而长”之状。又如霏 fēi 字，表示细而长的雨（或小雨长久地下着）。靡字，表示细而长的麻类植物。“菲”，表示纤细柔美的香草。“韭”（韮），叶子细长而扁平的多年生植物，如韭菜，韭葱等。上例中的“非”在组合文字中有的“表意”，有的“表意”兼“表声”。

⑩ 由于太阳在“阴阳树”上日复一日、周而复始地绕行运动着，因此引申为往返不断。

⑪ 由“不正确”引申为错误、过失。

5. 其他：参见丰、是、妃等字例。

79. 排 pái

1. 字源：甲骨文写作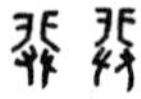；金文写作；小篆写作；楷书写作排。

2. 背景资料：《说文·手部》：“排，挤也。从手，非声。”排挤、排斥的意思，应是“排”字的引申义，而不是本义。“排”应为会意字，从双手，从非。“非”为阴、阳两半的表木。用双手将二者并列在一起，谓之“排”。所以，“排”的本义应是“排列”，如排队、排座位，引申为编排而成之物，例如竹排、木排，再引申为编排文艺节目（排演、彩排）。由“排列”又引申为排挤，又由“排挤”引申为排泄、排解、消除。

3. 本义：用双手把阴、阳两半的物体排列在一起。

4. 引申义：

① 由“排列”泛指排队、排座位、前排、后排等。

② 由“排列”引申为编排之物（竹排、木排）。

③ 由“编排”引申为编排文艺节目之类（排演、排戏、彩排）。

④ 由“排列”引申为排挤、排斥、推挤。

⑤ 由“排挤”引申为排泄、排解、消除。

⑥ 军队编制中的一个单位（营、连、排）

5. 其他：参见“非”字例。

80. 徘 pái

1. 字源：（略）。

2. 背景资料：参见“非”字的引申义第十项。

3. 本义：来回不断地行走（徘徊）。

4. 引申义：（略）。

5. 其他：参“非”字例。

081. 诽 fěi

1. 字源：（略）。

2. 背景资料：请参见“非”字例中的引申义第七项。

3. 本义：议论是非，指责过失。

4. 引申义：以“本义”的反向进行引申，把“议论是非”演变为“造谣，污蔑”。把“指责过失”演变为“恶意中伤”。

5. 其他：

① 参见“非”字例。

② 参见《辞海·言部》“诽”条。

82. 靠 kào

1. 字源：小篆写作靠；楷书写作靠。

2. 背景资料：《说文·非部》：“靠，相违也。从非，告声。”因为《说文》把“非”字理解为飞鸟的两翅，取其相背、相违之意。所以，“靠”字从“非”只能顺其义而解之。但是，在古文献中却不见有“靠”字作“相违背”之意的用法。一般作相依、接近、依赖等义。前面讲到“非”字是太阳树“丰”的阴、阳两半的符号。在传统文化中，阴与阳是同一事物的两个方面，缺一不可，互相依存，互为转化。所以说“靠”字应为“依靠”的意思。

3. 本义：相依的意思。

4. 引申义：

① 由“相依”引申为紧挨着、接近。

② 由“相依”引申为依赖（可靠的人）。

5. 其他：参见“非”字例。

83. 婓 fēi

1. 字源：（略）。

2. 背景资料：请参见“非”字例中的引申义第八项。

3. 本义：阴阳相合，相匹配的女子。通“妃”字。

4. 引申义：

① 由“阴阳相合”引申为阴阳交通，阴阳盘旋之状。

② 由“阴阳交通”引申为“来来往往”。

5. 其他：

① 参见《辞海·女部》“婓”条、“妃”条。

② 参见第二章“妃”字例。

第四节 天表柱符号“辛”及相关字例

（一）丰与辛的区别

“辛”，也同“丰”字一样，都属于符号性文字，都是表示“天表柱”。但二者却具有较大的区别。符号“丰”本义是表示太阳在天空中运行的不同时段，对应在天表柱上所显示的不同高度和角度，并抽象成文字符号。对于这个符号，人们形象地称之为“太阳树”（或阴阳树）。“丰”又引申作为天表柱的代称。而“辛”字是根据天表柱自身的“结构造型”而抽象化的文字符号，它本身就体现天表柱的造形，不存在“代称”。

前面讲到“羊角柱”是中国最早、最原始的天表柱造型。起码在伏羲时代和炎帝时代，观测天象使用“羊角柱”。因为伏羲氏的“羲”字，炎帝姜姓的“姜”字都含有“羊”的符号。而“辛”则是后世的天表柱的造形，最早可追溯到黄帝时代，传说黄帝令大挠做甲子（天干、地支），“天干”中的“辛”就是借天表柱作为天干的“记日”代号。后来，颛顼帝自命“高阳氏”，帝喾自命“高辛氏”。①“高阳”，指高高升起的太阳，表示自己的“功德”为人类带来了光明，美好；而“颛”字，也含有善、美好的意思，其帝号“颛顼”与氏族名称“高阳”之间的文化内涵相通、相辅。②“高辛”，指高高耸立的天表柱“辛”，它表明自己的“功德”是善于“天地交通”，循天道、地道、人道而为之。《易·泰卦》曰：“天地交，泰。”循天地之道者，则国泰民安。而帝号“嚳（喾）”字，从“爻”，从“告”。“爻”是天地阴阳交午，或天地阴阳之道的符号；“告”，是将天地阴阳之道“布告”天下而行之。其帝号“嚳”与氏族名称“高辛”的文化内涵相通，相辅。当前在学术界有不少人把“辛”字的构形理解为刀具、刑刀。那么“高辛氏”就成了高举刑刀的“刀斧手”、祸国殃民的“暴徒”了。这与帝喾高辛氏的“功德”相矛盾，也与历史事实相矛盾（参见“嚳”字例）。第一章第二节《刀字歌》中，列出了大量“字例”，用以证明把“辛”误解为“刑刀”的错误后果。

（二）“辛”的构形原理

一定会有人提问：你怎么知道“辛”是天表柱构形的文字符号呢？有何证据？的确，直接的证据很难找。但是，间接的证据却比较有力，主要有两点：

① 高辛氏之子阏伯被帝尧命为火正，立天表柱，主观测大火星（今心宿二，又叫商星）。阏伯把自己立天表的地方，命名叫“商”，即今河南商丘市，市区南有遗迹“阏伯台”。“商”字的甲骨文、金文、小篆皆从“辛”，写作、等。“”（辛）正是天表柱构形的符号；“”像器物的底座，即天表柱的基座；“口”表示高台（天文台，方台）。从“商”字的构形中，我们可以明显地看出“辛”是对天表柱构形抽象化图景的描写。关于阏伯居商，主司大火星的文献记载，请见《左传·昭

公元年》《左传·文公十八年》等。因地名“商”才有了后来的商族、商王朝的命名。商字就是一个“历史的活化石”。

② 北京天安门前的“华表”，是以上古“天表柱”为原型，经艺术化演变而成的重要历史“物证”。华表柱上中部的构形原理，完全符合“𢆉”（辛）字的构形原理。请见附图十。

附图十　华表构形与“辛”字符号示意图

附图注明：“华表”，又称“交午柱”“和表”。“表柱”通体为浮雕巨龙，在云水间盘旋升空状。龙，象征中华民族。表柱上有一横板，艺术化为云朵状。与柱身交叉呈“十”字形，象征天地阴阳交午。顶部为圆形平盘，称作“天盘”，与底部“方台”相对应，象征“天圆地方”。顶端蹲一神兽，瞭望天中心，名叫“望天犼”，象征“天地相通”。

据王大有《三皇五帝时代》介绍：①上古的“天表柱”顶端有一个

“↑”的标志物，叫作“皋”，直指“天心”。而后世的“华表”顶端被艺术化，演变为神兽“望天犼”。②上古天表柱的“横板”（又称交午板）指向正东，正西方（也有指向南、北的），而后世“华表”将其横板艺术化为云朵状的“云板”了。

传说“帝舜立诽谤之木”。其实就是依照天表柱“辛”的样式，让人们在其表柱的横板上书写文字，指出帝王或大臣们的过错，提出建议，以更好地遵循“天地之道”，造福万民。所以，后世又将“诽谤木”称为“华表木”。人们在“天柱”的横板上写字，意味着自己是在面对“上天”“天神”发言，必须以忠实、敬畏的态度对待，不要因“妄言乱语”而遭“天惩”（请参见《辞海·言部》“谤木”条）。另外我们还可以从“言”字的构形中得到启示：“言”的古字写作“或”从辛，从口。如果把“辛”理解为天表，“口”理解为人之口。那么“言”的本义就是：面对着天表（神柱）说话。因为对天发誓或向天报告，必须“对天直言”，不能欺骗上天、天神，否则会遭天罚。所以“言”字的本义可概括为“对天神直言”，简称“直言”。《说文·言部》：“直言曰言，论难曰语。”反过来，如果我们把“言”字中的“辛”理解为“刑刀”，逼供诱供，能算是“直言”吗？

以上介绍了具有“活化石”意义的“商”字；“华表”的构形原理与“辛”的构形原理的对照，对应关系；又介绍了“诽谤木”为什么又称“华表木”的原因；“言”字的构形及本义等。这有助于我们“多视角”地去了解上古“天表柱”的基本形貌，从而揭示“辛”字构形的真正文化内涵。

（三）“辛”及相关字例

84. 辛

1. 字源：甲骨文写作；金文写作；小篆写作；楷书写作辛。作偏旁时，甲骨文简写作。

2. 背景资料：关于“辛”字构形及本义问题，长期以来存在多种观点：一是许慎《说文解字·辛部》按照古代五行说进行解释，曰“辛，秋时万物成而熟；金刚；味辛；辛痛即泣出。从一，从辛。辛、辠（罪）也。辛承庚，像人股。凡辛之属皆从辛。”认为“辛”字构形像人股（人的大腿）。二是高亨《文字形义学概论》：“古代五行说，庚辛为西方，为秋、为金、为辛味。许氏以为辛是代表秋时，此时万物已经成熟矣；辛又代表金，金则刚，坚者也；辛，又代表辛味，尝辛味而痛，则泣出也。人有罪则受金属刑具之伤害，亦心痛而泣出，故辛字从一，从辛。此谬说也。”高亨根据“辛”字的甲骨文、金文构形，认为“”（辛）是古代一种刑具。两边有刃，尖端有锋锐可以刺，有柄。割人之鼻耳，刺人之面额皆可用之。高亨认为，许慎对“辛”字的构形像人的大腿，以辛代表西方、秋天、金刚引申为金属刑具的解释是“谬说也”。但是，高亨自己的说法也存在问题，问题就出在对“辛”字构形的解释上。三是郭沫若《甲骨文字研究》认为“辛、当系古之剞劂”，即雕刻用的刀或凿子之类。而高亨认为是一种刑刀。刑刀也好，剞劂也罢，反正不是人的大腿。不然的话，辠（罪）、辜、辭（辞）等字皆从辛，难以解释得通。但是，老的问题还没真正解决，一大堆新的矛盾就找上门来了。因为“言”字、“音”字都从辛，汉语中无数个以言、音作偏旁或部首的文字，难以自圆其说。正如本文《刀字歌》中所例举的那样，中华民族传统文化的内核不是“道”，而变成了“刀”。这是汉字文化研究中最大的谬误之一。

笔者曾多次提到：在汉字研究中，人们很容易陷入误区。其根本原因就是：只“注重”观鸟兽之文，而“轻视”俯察地理，更“忽视”仰观天文。很少去研究哪些文字是农夫、猎户所造，哪些文字是巫史们所造；他们的思想（世界观、价值观、方法论）决定着造字的行动，并且渗透到每一笔、每一画之中。

关于“辛”字的构形和本义，前面“（一）丰与辛的区别”“（二）

辛的构形原理”，附图十《华表构形与辛字符号，对应示意图》作了大量阐述。结论是：“辛”字的构形是天表柱的象形符号。本义是天表柱，引申为天神、神柱、天意、天理、天地阴阳相通、天地阴阳交午、天地交泰（国泰民安）等，由天理又引申为人间的法理、法令、规章制度等。

3. 本义：古代天表柱形貌，为象形字。

4. 引申义：

① 由于“天表”是仰观天文的基础设施。所以，可以引申为神柱、天神、天帝、天意、天理等，例如“言”字从辛、从口。辛，表示神柱、天神。人向天神说话，必须真心、真言，故“言”字的本义是“直言”。

② 由“天理”引申为人间的法理、道理、法令。例如“辠”字从辛、从自，辛，表示法律，自身违反了法律叫“辠”，《玉篇》：“辠，犯公法也，今做罪。”

③ 由“天表”引申为天地阴阳交午。而“阴阳交午”是阴阳二气由量变转为质变，无形变有形的“剧烈激荡过程”，产生“冲和之气”（和气）而化生万物。所以，由阴阳交午的激荡过程，又引申为剧烈的、强烈的、激荡的等义，然后又特指剧烈的味道（辛、辣），强烈的痛苦（辛苦、辛勤劳动）等。所以，华表柱（辛）又称作“交午柱”“和表”。需要特别指出的是：古代五行说，用天干庚辛代表西方、秋天、金刚等，这完全是一种附会之说。正如高亨所讲：“此谬说也。”

④ 由强烈的痛苦引申为悲痛。

5. 其他：

① 参见《辞源》“交午”条、“和表”条。

② 参见风、午等字例（了解阴阳交午、化生万物的原理）。

③ 参见章、商、辟、龍（龙）、凤等字例。

④ 参见第二章第一节：“老师为我讲《震卦》”。

⑤ 参见“嚳”（喾）字例。详细了解帝喾高辛氏的世界观和功德。

85. 章 zhāng

1. 字源：金文写作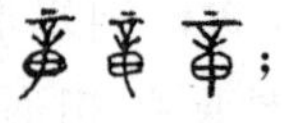；信阳楚简写作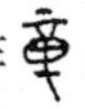；侯马盟书写作；小篆写作；楷书写作章。

2. 背景资料：在报刊上，时常会见到一些关于“立，早为章”，还是“音十为章”的争鸣性文章。大多数学者认为“音十为章”是正确的。《说文·音部》：“乐竟为一章。从音，从十。十，数之终也。”张凯先生《是音十而非立早》一文（发表在《汉字文化》2005 年第一期），曾严肃地批评有人将“章”字拆为立、早，是不科学的解牛术，是悖论。但是，他所考证“章”字构形，从音，从十，仅依据的是小篆和楷书文体，而对金文、楚简文，侯马盟书文中“章”字的构形却视而不见，避而不谈。容庚《金文编》中，“章”字有 17 个例字，其构形全部为“日在辛中”（或），如同“東”字（日在木中）的构形原理。楚简文，侯马盟书文中的“章”字构形也是“日在辛中”。长期以来，人们一直误认为辛是刑刀，是罪犯的象征，所以不敢去正视这个“辛”字。学术界人人都知道言、音同源，都从辛。音字上部的“立”就是“辛”的省写。其实，“章”字的构形很简单，那就是“日在辛中”。“辛”是天表柱。“章”的本义，是太阳升到天表柱（辛）中间位置，万丈光芒普照大地之貌。所以说，章是“彰”的本字，有彰明、彰扬等义。一章：是指从日出到日落，太阳在运行中的一段，后世引申为一段音乐，一段文字（文章、章节），又引申为文采、标志（徽章）、印章、奏章等等。

3. 本义：太阳升到天表柱（辛）的中间位置，普照大地之貌（即：“彰”的本字）。

4. 引申义：

① 太阳每天升起、降落，完成了一段光芒四射的彰明过程。由此引申为彰显、彰扬、彰明。

② 一段音乐。

③ 一段文字。

④ 文彩。

⑤ 标志、标记、印章。

⑥ 臣下的奏章、本章。

⑦ 条理。

5. 其他：

① 参见辛、言、音、彰等字例。

② 参见《辞海·辛部》章条。

③ 参见李翰文、伊强等《说文解字》（文白对照本）第 219 页“章”条。

85. 彰

1. 字源：古陶文写作；小篆写作；楷书写作彰。

2. 背景资料：“彰”是一个后起文字，在甲骨文、金文中没有，章是彰的本字。从上面字源中的古陶纹、碑文来看，“彰”字中的“章”，仍然是“日在辛中”（），并非从音，从十。这与章字的构形完全相同。彰字从章，从彡（读音 shān）。在汉字中，同形而异物异义的情况比较多，“彡”，有时表示毛发、花纹、笔画；有时表示彩饰（光彩）；有时表示光芒（例如彤字）；有时表示音波（如彭字）。彰字中的“彡”是表示光芒。章（日在辛中），本来就是阳光普照大地之貌，是彰的本字。但是，由于后世人一般把“章”字用在表示乐章、文章、章节、规章、姓氏等方面，于是便新造了一个“彰”字，使文字表意的范围分工更加具体。

3. 本义：“章”字的本义。

4. 引申义：

① 明显、显著（欲盖弥彰、相得益彰）。《书·伊训》：“嘉言孔彰。”

② 表明、显扬（表彰）。

5. 其他：

① 参见章、表字例。

② 参见《辞海·彡部》“彰”条。

86. 商 shāng

1. 字源：甲骨文写作；金文写作；籀文写作；古文写作；小篆写作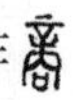；楷书写作商。

2. 背景资料：我们从“商”字的字源信息中可以看出如下三个特点：①无论是其甲骨文、金文构形，还是籀文、古文、小篆构形，都含有一个“”（辛）的符号。它是天表柱的象形符号。只是楷书演变成“”，是“辛”的省形。②“”表示器物的底座。此处指天表柱的底座。“口”不是人口之口。而是象征高台，此处指天文台。③商字的籀文、古文构形中，都是在天表柱“辛”的两旁，增加了“”或“”的符号。很多学者认为，这是表示星辰的符号。前面介绍过，帝喾高辛氏之子阏伯，主司观测大火星（后世称商星、心宿二），他把自己观测天象的地方命名为“商”。而所造“商”字的构形，完全取象于他的天文台的图景。详细情况请见本章本节（二）。

3. 本义：在高台上立天表“辛”，观测星辰（天象）。

4. 引申义：

① 作地名。意思是在高台上立天表柱，观测天象的地方。古文献中称商、大邑商、商丘、商邑等。即今河南商丘市西南，并有古遗址“阏伯台”。

② 作部族名。传说帝喾之子偰（契 xie）封于“商”。因地名而得部族名，即后世的商族。契为商族的始祖。一说阏伯就是契，为同一人而异名号。因为阏伯与契都是帝喾高辛氏之子，都居在商地，都善于观测大火星（商星），“祀大火”。

③ 朝代名。由于商族的发展壮大，到“汤”时，便推翻了夏王朝，建立了商朝。以部族名为朝代名。

④ 贸易、物品交换的代名词。商族人有很多发明创造，善于农耕，也善于同周边部族进行贸易，并且最早发明了货币（以贝壳为币）。所以，四周的氏族、部族便很自然地把“商人”（商族人）作为贸易者的代名词。在中国汉语文化中逐步有了商人、商业、商店、商品、商品经济等名词概念。

⑤ 商量。古代计时漏壶中，箭状刻度尺上的度数叫“商”。用以计量水漏的刻度，推算出时间。古人有“日入三商为昏”的说法。“一商”，大约为十五分钟，也叫一刻、一刻度，可能为商族人所发明，故名“商”。

5. 其他：

① 参见“辛”字例。

② 参见左民安《细说汉字》“商”条。

87. 言 yán

1. 字源：甲骨文写作；金文写作；小篆写作；楷书写作言。

2. 背景资料：“言”字，在现代人看来，是一个十分平常的文字，其含义就是指说话。其实，这种看法是错误的，起码是片面的。在上古时期，“言”是一个带有神圣感情色彩的字。一般的平常说话称作“曰”，包括正确的、错误的、真实的、欺骗的话语内容。“曰”是个中性词。而“言”字从辛（天柱），从口。表示人张着口向着“天柱”（象征天神、上天）报告情况；或发出誓言，以祈求天神的保佑。所以，“言”变成了一种祭名，甲骨文卜辞中，常常有“言祭”，就是向天神或祖先神报告、发誓，以求保佑。由于向着天神说话，必须以忠诚敬畏的态度讲实话、真话。所以，“言”引申为直言（不隐瞒、不欺骗）。《说文·言部》：“直言曰言，论难曰语。”人们对“直言”的理解有两种观点：①直言即真言。②直言即直述，不借喻。笔者认为，第一种观点是正确的，符合卜辞中“言祭”的要求。《孟子·公孙丑下》：“有言责者，不得其言则去。”此处的“言则”，指臣下有着向君主进谏的责任。进谏时，完全可以用比喻的方式来说明事理，仍为直言。另外，古代帝王设“言官”，就是指“谏官”（参见《辞海·言部》“言责”条、“言官”条）。

关于“言”字的构形，在甲骨文中大多写作“”，偶尔写作“”。于是，有人便认为“”是在“”（舌）上增加了“一”（一横），作指事符号，表示人的语言是发自舌头部位。这种解释看似有理。但是无法解释“”的构形原理，难道“”（舌）上长出两根刺，痛得尖叫称作“言”吗？金文中的言字，全部写作“”或“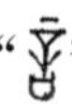”，没有写作“”的。于是人们对“”“”的构形采取了回避态度。笔者认为，甲骨文、金文中的“”，是辛字的标准写法，也可写作“”。简写作。“言”字偶尔简写作“”，仍然是从辛、从口的构形原理，不能理解为从“舌”。

长期以来，由于人们对“辛”字本义的误解，认为“辛”是刑刀，是犯罪或罪犯的意思。所以，虽然能够很明显地看出“言”（）字从辛（、），但是也故意想办法解释为其它的文字符号，或者采取回避的态度。现在，应该“正本清源”了。

“言”字的本义应是面对天表柱（象征上天、天神）报告，发誓，倾诉。

“言”字的第一引申义应是直言，说出忠诚的、发自内心的话语。这是“言”与“曰”的本质区别。“曰”相当于后世的“说”，是“中性”词。在现代汉语中，含“言”旁的组合字很多，“言”一般仅是表示与说话有关联的意思，应具体字例具体对待。

3. 本义：面对天表柱（天神、上天）报告，发誓，倾诉。

4. 引申义：

① 直言。忠诚的、发自内心的话语（即真言）。

② 言论。《论语·公冶长》：“听其言而观其行。”

③ 话。例如：有言在先。

④ 讲，说，发言。例如：言之有理，知无不言。

⑤ 一字为一言：例如：五言诗，万言书。

⑥ 大箫。《尔雅·释乐》：“大箫谓之言。”“音乐”是人与神沟通的重要方式，大箫也可作为语言的代名词。左民安《细说汉字》言条，把甲骨文“”（言）的构形理解为大箫的竹管，吹嘴之状。此说实属猜想。

5. 其他：

① 参见“辛”字例。

② 参见《辞海·言部》“言”条。

88. 语

1. 字源：金文写作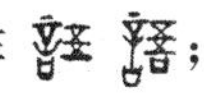；小篆写作；楷书写作語；简化字：语

2. 背景资料：“语”字的构形，金文、小篆、楷书都基本一致，从言、从吾。《说文·言部》：“语，论也。从言，吾声。”又说：“直言曰言，论难曰语。”此处的“论”是什么意思呢？有人认为指“论说”，有人认为指“辩论”“议论”，都有一定道理。但问题是“语”字为什么要从“吾”？金文中，把“吾”写作“”“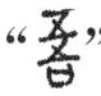”，而“”是天地阴阳交午的重要符号，“二”表示天与地；“X”表示阴阳交午，并演化为后来的“五”字。“吾”中的“口”是指天文台，天台、也叫灵台，引申为“天意”。所以“吾”的本义是循天意，阴阳交午而化生之物。“悟”字从心从吾，是领悟天地之道、阴阳之道的意思，或领悟天意的意思，也泛指领悟出某种不明的事理、物理等。而“语”字从言、从吾，其本义是指把自己领悟到的东西用言表达出来。此字中的“吾”表意兼表声。以上吾、悟、语三字的构形原理，都体现了气生万物的宇宙观和天地阴阳之道（参见字例吾、予、我）。

上古最早的知识分子“巫史”们，在仰观天文、俯察地理的过程中，不仅需要每日每夜地观察，测算和记录天象，年复一年地整理成典册（故称少典氏）。更困难的是，需要从堆积如山的典册中进行分析判断，“领悟”出日、月、星辰的运行规律，制定历法，指导农时，还要进行“天垂象见吉凶”的判断分析。例如：当太阳每年运行中，云气、光气会出现几次异常情况？天气对当年的旱涝虫疫有何影响？天气（日月星）的变化，会对人类产生哪些影响？例如“哈雷彗星”每 76 年出现一次，而每次出现后，人类就会遇到大的天灾或人祸，于是他们领悟出：彗星是灾星的观点。巫史们的有些领悟被实践证明是正确的，后人称之为“科学发现”；而有些领悟，被实践证明是误判，是错误的，后人称之为迷信。还有些领悟属于未解之谜，需要人类继续探索的，后人称之为“神秘文化”，而把悟在脑海里的东西讲出来，叫作“语”。

虽然“语”的本义是把悟到的东西讲出来，但不是随便地讲，而是需要严谨地、周密地、有理有据地“论”。所以，“语，论也”。“语”属行为特性。“论”是行为方法。

“論”（论）字从言，从侖。在金文中写作“”，不从言，为“侖”字重见。与册（）字，典（）字的构形有很多相似之处。其中的“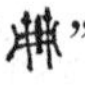”表示典册，“A”表示交合、三合。“侖”的本义就是，在众多的典册中找出论点、论证、论据来。应该注意的是，金文“侖”字的下半部有两个明显的符号“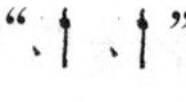”，这两个黑点含有“结点、重点、交午点”等义，是指事符号。在小篆中，“论”字从言，从侖。

3. 本义：把领悟到的东西讲出来，叫作“语”。

4. 引申义：

① 言语。

② 谈论。例如：《论语》《国语》。

③ 说话。

④ 成语、谚语或古书中的话。

⑤ 示意的动作或信号。

⑥ 告诉。

5. 其他：

① 参见吾、悟、我字例。

② 参见论、说、辨、辩字例。

89. 論（论）

1. 字源：金文写作侖；小篆写作論；楷书写作論；简化字：论

2. 背景资料：在“语”字的背景资料中一并介绍，此略。

3. 本义：在众多的典册中，找出事物之间的内在联系，并用“言”表达。

4. 引申义：

① 讨论、研究。《韩非子·五蠹》：“论世之事，因为之备。”

② 由研究讨论，引申为议论、评论。例如：学说、主张等。

③ 由讨论又引申为辩论。

④ 定罪、判罪。

⑤ 通“伦”。条理，顺序，《荀子·性恶》：“论而法。”（有条理而合乎法度的意思。）

⑥ 文体的一种，属议论文。例如社论、政论。

5. 其他：参见言、语、辨、辩等字例。

90. 説（说）

1. 字源：小篆写作說；楷书写作説；简化字：说。

2. 背景资料：现代人心目中的“说”字，与上古人心目中的“说”字有很大的区别。其原因就是“兑”字的“同形而异义”。在各类字典中一般解释有三种含义：

① 解说、陈述、说话。

② 劝说、说服。

③ 喜悦、高兴，读作 yuè。令人们不解的是：“说话”与“喜悦”

好像贴不着边儿？把说话与喜悦结合在一个字中，主要来源于古人对“兑”的理解：A. 在商代甲骨文卜辞中，“兑”字写作“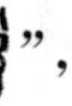”，像一个人张开大嘴叫喊，从口中冲出两股气之状，是大声说话的意思。引申为召唤，集合军队的口令。所以，卜辞中的“兑”，仅作急速、赶快之义，含有“锐”的意思。实际上，“兑”的本义是说话。例如《易·兑卦》又称为“口舌”卦。因为卦象是外柔内刚，表示中庸，可以亨通，阴阳二气畅通，带来和悦，吉祥。所以，“兑”才具有了和悦、喜悦、高兴之义。B. 从八卦的角度去理解，“兑”表示沼泽。而泽中之水可以滋润万物，令万物和悦。C. 也有人把“兑”字的构形理解为“笑”。“兑”像一个人张着大口发出笑声之貌。这种解释也为“兑”即“悦”的观点提供了新的依据（以上 B、C，请参见倪泰一主编的《周易》文白全译本，西南师范大学出版社 1993 年版第 376 页）。

在甲骨文、金文中，没有“说”“悦”二字。在《说文》中，没有“悦”字，只有“说”字。《说文·言部》：“说，说释也。从言、兑，一曰谈说。”意思是：说表示喜悦，由言、兑会意。另一义是谈说的意思。我们由此可知，上古“兑”字所含的说话、喜悦二义，到了春秋时期，已被新造的“说”字所取代。汉代以后，又造了一个“悦”字。这样一来，原来的“兑”字只作兑卦的专用字，后世又引申为通行、凹穴、兑换等义。原来的“说”字只限作说话之义，与曰、云等字义相近，泛指说话。

3. 本义：谈说（属中性词）。

4. 引申义：

① 泛指说话（与曰、云二字含义相近）。

② 解说、陈述。

③ 言论、主张、学说。

④ 文体的一种，例如小说。

⑤ 劝说、说服。

⑥ 喜悦、高兴。

5. 其他：参见言、台等字例。

91. 辟

1. 字源：甲骨文写作；金文写作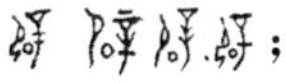；小篆写作；楷书写作辟。

2. 背景资料：关于“辟”字的含义，一般都解释为：①君主、帝王。②法度、法律。为了便于对“辟”字构形的理解，笔者打算先谈点大道理、大文化。

在中国的传统文化中，天人合一、天人感应的思想一直处于主导地位。“顺天者昌、逆天者亡”，在《黄帝四经》中讲得非常明确。由此，便产生了“君权天授”或“君权神授”的政权观。这种观念早在黄帝时期就已经产生，他首创“圭符”，作为由君王代表天意而赐授的信物（请参见“圭”字例）。他并且在荆山铸铜鼎会盟诸侯，以显神鼎之尊，天意所赐。他又到泰山封禅，表示沟通天地，领悟天意，奉天行事。夏代、商代的帝王称自己是天帝的贵宾，是天帝派到人间的代表。到了西周初年，周王便自称为天帝之子，简称“天子”。而与此相“配套”的是，如何在创造帝、王、君、后、辟、聖等文字时，在其构形中体现君权天授的思想。否则，负责造字的巫史们就难以交差，就会被打板子。所以，我们后世人在研究汉字时，一般的文字可以忽略一点。但是，对于帝、王、君、后、辟、聖这六个字，不能误判。必须在这六个字的每一个字的构形中，寻找出代表天意或通天意，领悟天意的文字符号来，绝对不能陷入误区。可是，当今之世，有些专门负责解字的“专家”，却按照政权，就是镇压之权的观念去否定上古祖先们君权神授、奉天承运的思想观念，把“王”字硬是解读为杀人的大斧，把高辛氏解读为高举刑刀或高大的罪犯。西周天子以“辟”字表示君王，而现代人解释：“辟字的构形，是手持刑刀，对着跪在地上的犯人用刑罚之状，会意为执法，而王命就是法，故君王称‘辟’。”（见骈宇骞《中华字源》，万卷出版公司2007年版第31页“辟”条）。

下面解读“辟”字的构形原理。

“辟”字的甲骨文、金文、小篆、楷书都是从辛、从口，从尸（或卩），其构形原理都是一样的。其中“辛”是观测天象的天表柱，表示天地相通，通天意的意思；“尸”或“卩”是跪坐着的一个人，表示“天子”本人；“口”是象征天文台，也叫灵台。传说古代天子有“三台”：一是灵台，以观天文；二是时台，以观四时施化；三是囿台，以观鸟兽鱼鳖（参《辞源》：“三台”条）。以上辛、口、尸会意为“在天台上，能与天意相通的人”，即天子。值得注意的是，那个人为何跪坐状或半卧状，而不是站立状？这里面具有更深的一层含义。大家知道，“尸”是古代祭祀祖先时，找一子孙装扮作祖先神灵，在祭台上代享、代言的人。辟字中的“尸”，既能表示天帝之子，又表示先祖神的代理人，比站立状的人更富有文化内涵。

周天子把自己朝会、大典仪式和学习天地阴阳之道、治国之术的地方，命名为“辟雍”，即“天子雍和”之意，后世成为天子学校，太学的代名词（请见附图十一《辟雍布局简图》）。辟雍又称“明堂”，因天子之德，如日月之明，又称“高堂”（高大的殿堂）。人们把辟雍四周的围墙称之为“壁”，后世泛指墙壁。天子祭天用的圆形玉器称“璧”（以璧礼天，以琮礼地）。辟、壁、璧三字的文化内涵紧密相连，不能割裂开来。关于“闢”（简化为辟）、僻、避、霹、劈等组合字中的“辟”，仅起表声作用，不能以“辟”进行会意。

3. 本义：在天台上，与天意相通的人（即天子）。《尔雅·释诂》：“辟，君也。”

4. 引申义：

① 由“天子”引申为天子之位、王位。例：复辟（恢复失去的王位）。

② 因为天子通天意、行天道、行天理。由“天理”引申为人间的法理、法令。实际上，天表“辛”也表示天意、天理，由天理引申为人

间的法理、法令。中国最早的法官叫作“理官”。舜命皋陶为“大理”，为主掌立法、执法的长官。《说文・辟部》：“辟，法也。”

③ 由天子之德如日月之明，引申为明、彰明。《礼记・祭统》：“对扬以辟之。”

5. 其他：

① 参见辛、章、龍（龙）等字例。

② 参见附图十一《辟雍布局简图》，并见庠、序二字例。

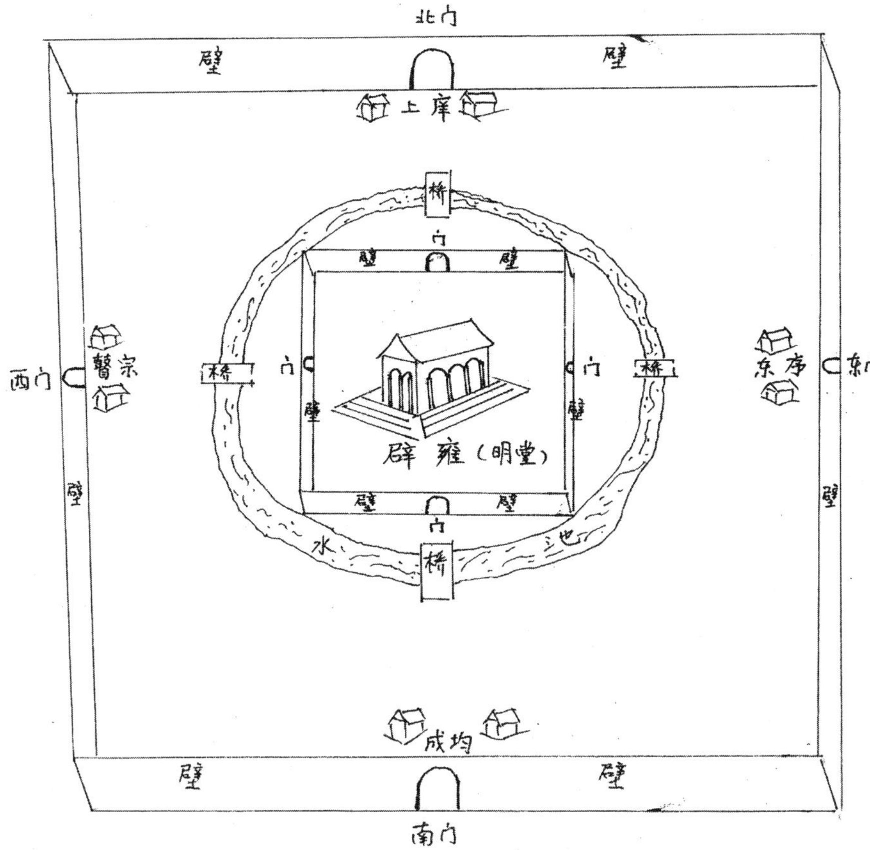

附图十一 辟雍布局简图

附图注明：辟雍是周天子朝会、祭祀、庆典、选士、宣明政教的地方。“辟，明也；雍，和也；以明和为名。”又叫明堂。也是周天子的太学。校址圆形，围以水池，其形如玉璧。在辟雍之外，另设四学；水北为上庠，水东为东序，水西为瞽宗，水南为成均，皆为帝王世子及贵族子弟设立的大学。

92. 壁

1. 字源：(略)。

2. 背景资料：在解“辟”字例时，已经一并解读，此略。

3. 本义：天子辟雍四周的围墙。

4. 引申义：

① 房屋的墙。《汉书·司马相如传》：“家徒四壁立。”

② 由墙引申为陡峭的山崖。

③ 围墙。

5. 其他：参见附图十一《辟雍布局简图》。

93. 璧

1. 字源（略）。

2. 背景资料：璧，在古代是一种重要的礼器。主要用于祭天。用美玉制成，平而圆，中心有孔。圆形象征着天（天圆而地方）。“孔”是通的意思，象征天地阴阳相通，通天意。琮，是方形的实心的玉器，象征着大地。所以，天子以璧祭天，以琮祭地。后世将璧和琮演变为一般信物或装饰品。淡化了璧、琮的文化内涵，而增加了其艺术价值。请参见“辟”的背景资料介绍。

3. 本义：祭天的礼器。平而圆，中心有孔的玉器。

4. 引申义：

① 珍贵。

② 美丽。

5. 其他：参见辟、辛等字例。

94. 辠

1. 字源：小篆写作；楷书写作辠。

2. 背景资料：《说文·辛部》：“辠，犯法也。从辛、从自，言辠人蹙鼻苦辛之忧。秦以辠似皇字，改为罪。”意思是说，辠指触犯法律。由辛、自会意，罪人皱着鼻子，有痛苦辛酸之貌。徐灏《段注笺》：“辠、罪古字通。见于经传者不可枚举，亦非秦人始改用之。”许慎在《说文》中虽然没有把“辛”视为刑刀。但是认为“辛”是犯罪、犯法的意思，不然的话，他无法解释“辠”字为什么从“辛”。于是，误认为辛是犯法、犯罪的文字符号。实际上，“辛”是天表柱，引申为通天意，天理。在天谓天理，在地谓法理。“天理不容”，就是指犯罪。所以，天表“辛”代表着法理、法令。“辠”字从自、从辛，会意为将法理置于鼻下，目不可见，无视法律而犯法。而犯罪有轻重之别，大者为作恶，小者为过失、过错。现代人误认为犯罪就是作恶，触犯刑法，这是片面的理解。与古人心目中的“罪”字的含义不同。

3. 本义：将法规置于鼻下，目不可见，无视法律而犯法、犯错。

4. 引申义：

① 作恶或犯法行为。如：罪大恶极，吊民伐罪。

② 错误、过失。

③ 惩处、受刑。例如：戴罪立功，畏罪而逃。

④ 谴责，归罪。例如：汉武帝《罪已诏》。罪已，谴责自己。

⑤ 苦难，痛苦。例如：太苦了，活受罪。

5. 其他：参辛，辞等字例。

95. 辭（辞）

1. 字源：金文写作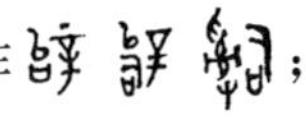；籀文写作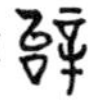；小篆写作；繁体楷书写作辭；简化字：辞。

2. 背景资料：“辞”字的构形，古今变化较大。但是其构词的基本原理是一致的，那就是都含有一个与天地沟通的符号“辛”或“司”。“辛”是天表柱。“司”字从口（天文台），从彐（手），表示在天文台操作，观测天象的事务，也是含有天地沟通的意思。“辞”字的金文和籀文中，有写作“辝”的，此处的台，是说话的意思。把人间的事情报告给上天，再把天意传达到人间，使天与地、天与人的信息相通，这大概就是“辝”字的本义。“辭”字从辛，从𤔔，对𤔔的构形，很多人认为是上下两只手“爫”“又”，在整理一团线丝“8”之状，实际上“8”是阴阳交午的符号，与线丝“8”为同象而异物异义（参见第一章第五节《同象而异物异义例表》）。“𤔔”字从受，从“8”，表示阴阳相通，天授而地受，会意为顺通、治理。而“辛”字也含有天地交通之义（包括信息相通）。所以说，辝、辤、𤔲、辭四个字的构形原理是一致的，都是表示天与地、天与人之间的信息交通。而“辝”字的构形最为合理。因为“台”是表示说话、言词。信息交流需要说话。所以，现代简化字写作“辞”，“舌”也是表示说话、言词。

3. 本义：天、地、人之间的信息交通。

4. 引申义：

① 泛指言词。

② 上下之间，你我之间的申诉、辩解。

③ 特指诉讼，因为“辞”中的“辛”可表示天理。所以辞引申为向上天诉说公理、公道。

④ 文词。例如：修辞。

⑤ 推辞、辞谢。

⑥ 告别。

⑦ 通“词”。如辞典。秦汉前，一般用“辞”，不用“词”。汉代以后，逐渐“以词代辞”。

5. 其他：参见辛、台、皋、辩等字例。

96. 辧

1. 字源：金文写作；小篆写作；楷书写作辧。

2. 背景资料：辧字从二辛、从扌。而扌是个指事符号，那个“扌”中的一点如同“寸”字中的一点，专指手腕部位一样，此处特指天表柱“辛”的某部位出现的迹象（征兆），也可能是“卜”（占卜之卜）的演变符号。巫史们仰观天文时，在天表柱下对日、月、星辰的运行和云气、光气的变化征兆（即天垂象），必须认真、精细地进行观察，分析和识别，以预测人间的吉、凶、祸、福，旱涝灾害。巫史们把这种观察、分析、识别的行为过程称作“辨”。所以，“辨”字的本义是分辨、辨别。由于对天象的“辨别”是一种周密、细致的考察工作，甚至需要大量的天文记录资料和长期的经验积累。所以，在“辨别”和“预测”的过程中，往往需要集体的智慧，组织多名巫史进行讨论，各抒己见，这种方法称作“辩”。也就是说，正确的“辨别”，大多需要辩论、讨论。所以，在古文献中，辨与辩二字常为互通关系。当辨别和预测工作完成了，意味着办理完毕，付出了大量劳动，称之为“辦”（从力），简化字“办”。所以，辧又通辦（办）。

“辧”字为什么含有两个“辛”呢？这大概与双木为林、双言为“誩”、双隹为“雔”的造字原理一样，含有“众多”“多次”“多个”“重要”“强调”等意思。天象的某一次征兆与人间的某一次吉凶，二者无法形成天人感应的辨别。只有天象的“很多次”相同征兆，与人间的“很多次”相同的吉凶（旱涝、丰收等）出现相对应、吻合时，巫史们才能从“天象”中辨别吉凶，所以叫“辧”。这大概就是“辧”字为何从“辡”的原因。“辛”表示天垂象，“辡”表示多次天垂象或天象的多次变化。长期以来，由于忽视仰观天象的文字符号，把天表“辛”误解为刑刀、犯罪。所以《说文·辡部》中，把辡（辩）解释为两个罪人互相打官司。若按此推理，“辨别者，罪犯”；“辩论者，也是罪犯”；天下辦（办）事者，全都是罪犯？显得荒谬可笑。

3. 本义：对天表柱“辛”出现的天象征兆进行分析、辨别。

4. 引申义：

① 泛指对事物的分析、分辨、辨别。

② 通“辩”，辩论。

③ 通“辦”（办），办理、做成。

5. 其他：参见辛、语、论、辟、辠等字例。

97. 辩

1. 字源：《帛书老子甲》（一九一）写作；小篆写作；楷书写作辯；简化字：辩。

2. 背景资料：请见“辨”字的背景资料。“辨”“辩”“辦（办）”三字构形原理相同，文化内涵相通。

3. 本义：对天表“辛”出现的天象征兆进行分析、辨别和讨论的行为。

4. 引申义：

① 由辩论引申为申辩。

② 由辩论，引申为巧辩的话语；又引申为言词动听，又引申为有口才。

③ 通“辨”。辨别。仲长统《昌言・理乱》：“目能辩色，耳能辩声。”

④ 通“变”，变化。《庄子・逍遥游》：“夫乘天地之正，而御六气之辩，以游无穷者。”（“正”：指正气。“六气”：指阴阳、风雨、晦明。）

⑤ 通辦（办）。为治理、办理的意思。《说文・辩部》：“辩，治也。”即治理的意思。《淮南子・泰族训》：“辩治百官，领理万事。”

5. 其他：参见辛、辟、辨字例。

98. 辦（办）

1. 字源：小篆写作；楷书写作辦；简化字：办。

2. 背景资料：《说文・力部》：“辦，致力也。从力，辡声。”实际上，“辩”不仅表声，也表意。前面对“辨”字解读时，已经讲到巫史们对天垂象、知吉凶的辨别和辩论是一种付出大量脑力和体力劳动的过程。这种“致力”的行为叫作“辦”。后世泛指办理、治理和完成某种任务。其构形原理，请参见辨、辩二字例。

3. 本义：在对天象征兆吉凶的辨别、辩论中，尽力尽智的行为过程。

4. 引申义：

① 致力（尽力尽智）。

② 办理、治理。

③ 由治理引申为处罚、惩办。

④ 由办理引申为做成、具备等义。

5. 其他：参见辨、辩字例。

99. 龍（龙）

1. 字源：甲骨文写作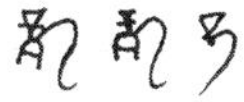；金文写作；小篆：；楷书写作龍；简化字：龙。

2. 背景资料：

中国人自称是“龙的传人”，可见龙在人们心目中的位置何等重要。关于“龙”的起源，大约源于人文始祖伏羲氏以龙名官。学术界一般认为，是以鳄鱼为主体的众多部族不同崇拜物的组合体，蛇、鱼、猪、鹿、犬、鸟等复合而成的图腾。传说龙能上天，能入地，为神灵之物。又传说黄帝乘龙而升天。关于龙的形态、龙的神力等方面的传说较多，文献资料也较多，在此不详述，而重点是解读“龙”字的造字原理。中国人称龙、凤、麟、龟为四灵。除“龟”为真实存在的动物之外，龙、凤、麟都是神话传说之物。上古巫史（仓颉）造字时，“龙”字、“凤”字中一定会含有神灵之类符号。可喜的是我们发现甲骨文、金文的“龙”字，都含有通天意的符号“辛”（天表辛，象征天地交通，通天意、通天道等）。可是，这个重要的符号，在过去被很多人误解为龙头上的角或龙头上的装饰物。这是由于我们忽视天文符号而造成的“大误解”。长期以来，人们把“辛”解释为刑刀、犯罪。而“龙”字、“凤”字也含有“辛”，总不能把龙、凤也当作犯罪分子吧？所以第一章第二节《刀字歌》中，特别指出“龙”字头上一把刀，“凤”字头上一把刀的误区。如果我们把“辛”解释为龙角或装饰物，那么龙的神灵之气就消失了，也就失去了“字魂”。值得注意的是：小篆“龍”字左边的，是由“辛”（辛省形）和“月”（龙头张着大嘴状的演变），不能理解为肉。右边的“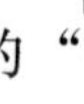”是龙身飞腾状。楷书“龍”字演变为从立、月、。

3. 本义：众多部族联盟、联姻的图腾物（族徽），体现“和而不同”，包容团结，大一统的民族精神。

4. 引申义：

① 由图腾物引申为神灵之物。

② 中华民族的象征。详见附文《解字感语》。

5. 其他：

① 参见第二章《伏羲风姓》。参见辛、辟、凤字例。

② 参见附图十：天安门前华表柱上的“巨龙”。

③ 关于“龙”的形象：闻一多《伏羲考》《龙凤》中认为：“龙，是以蛇身为主体，接受了兽类的四脚，马的毛，鬣的尾，鹿的脚，狗的爪，鱼的鳞和须。”总之，龙是一个根本不存在的各种动物的混合体。另有传说：龙为虎头，蛇身，鹰爪，鹿脚。另外，考古发现了距今五六千年前玉制的有猪首龙、马面龙等，还有众多其他“龙”的图案。

100. 鳳（凤）

1. 字源：甲骨文写作；古文写作；小篆写作；楷书写作鳳；简化字：凤。

注明：以上甲骨文隶定：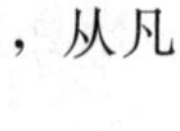（，是辛的简写符号）；古文隶作：；小篆写作鳳，从鸟，从凡。

2. 背景资料：“凤”字在早期甲骨文中隶作，从辛（），从隹。后来增加了“（凡）”的符号，既表声又表意。在甲骨文卜辞中，凤与风为同一字。其原因不仅是音相同，而且是意相通。因为“凤”是伏羲氏少皞（昊）时期，东夷族部落联盟的图腾物，而少昊的祖先伏羲氏为风姓。所以，神鸟“凤”虽出自东方君子之国。但仍然不远万里，向着西北方向，“过昆仑，经砥柱，弱水，暮宿风穴”。风穴，就是指早期伏羲氏风姓的发祥地。今甘肃天水市卦台山附近有凤凰山，大概就是“风穴”吧！

关于凤鸟的形状和神力，在《说文·鸟部》“鳳”条中有一段较详细的描写，其他文献中也有大量记载。此处不作详细介绍。但值得一提的是，凤鸟为“龙文虎背”问题。传说“龙”是伏羲氏早期的图腾像，“虎”是女娲氏母族的早期图腾像。可以看出，凤鸟的构形中继承了祖先图腾的部分因子。

关于凤字的构形原理：甲骨文凤字，隶作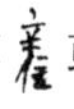或。“辛”是天表柱符号，是神鸟与天地相通的意符。“隹”即鸟。“凡”的本义是盘，此作天盘、天穹等义。辛、隹（鸟）、凡三者会意为“与天地相通的神灵之鸟”。

3. 本义：众多部族联盟联姻的图腾（图徽）。

4. 引申义：

① 由“图徽”，引申为天地相通的神灵之鸟。

② 有才华、才德的人。

③ 美丽、美貌。

④ 龙与凤相对应，表示王与妃，男与女。

5. 其他：

① 参见第二章第四节《上古三大姓》中关于“风”姓以及对凤鸟的构形（形象）的介绍。

② 参见辛、辟、龙等字例。

第五章　量天尺符号“戊”“戈”及相关文字

“仰观天文，俯察地理，观鸟兽之文”和“近取诸身，远取诸物”，这是上古人造字的基本方法，也是学术界公认的造字基本原理。这些方法原理说起来容易，可是到了解释某些具体字例时却很难。因为在象形文字中“同象而异物”或“同物而异象”的情况时有发生，人们很难判断哪些是“天文符号”，哪些是“地理符号”，“哪些是鸟兽之文的符号”。关于“近取诸身”：是指农夫之身？猎户之身？还是巫史之身……关于“远取诸物”：是指农夫手中的农具、谷物？还是猎户手中的箭簇、猎物？士兵手中的刀枪、人头？还是巫史手中的量天尺、身边的天文台、天表柱、记录天象的笔？加上长期以来，人们在解字时，习惯于“重视”鸟兽之文的符号，生产、生活用品类符号，刀枪类符号，“轻视”俯察地理的符号，“忽视”仰观天文的符号。这样一个“忽视”造成的后果却十分严重。使汉字构形中很多表示天象、天意、天气、天道、天理、天文台、天表柱、量天尺等含义的信息符号，被误判、误解为杂草、木棍、毛发、丝线、土堆、石块、刀具、刑刀、兵器等普通物品，使得其字失去了“字魂”。（请参见第一章第三节：《汉字研究中的“三大误区”》）

本章将专题探讨量天尺符号“戊”“戈”及相关字例。例如：我、義（义）、羲、曦、儀（仪）、幾（几）、歲（岁）、戠、幟（帜）、識（识）、戬等字中的“戈”。戊、戌、成、盛、咸、感、诚、諴、威等字中的“戊”，它们都是量天尺符号，不能理解为平头戟（戈）或大斧（戉），否则就会在很多字例中情理不通，逻辑不通。与传统文化的“内核”（气生万物、天人合一等天道观）相抵触。另外，代、岱、式、试、栻、贰等字中的“弋”，应该是“戈”的省形符号，也是属量天尺的符号，不能理解为兵器。下面将加以论证。

第一节　将圣人和天官的名号作为“活化石”

当笔者第一次见到有人把甲骨文、金文的“我”字解读为“带刺的兵器平头戟”时，感到既陌生又惊讶！当然，更多的是怀疑。为什么第一人称代词“我”字，要去假借杀人的凶器来作为第一人称的替身呢？人是高级动物，而兵器戈是无生命的死物、凶器，还不如假借马、牛、狗来代表第一人称。因为它们毕竟是有生命的东西呀，都是属于“动物类”（同类之物相假借）。造字的老祖先们真是太笨了，连个人称代词的文字都造不出来，却去向死物借来给活人用。常言说“借刀杀人”，还没听说过“借刀作人”“借刀代替人”。无论是从人伦、宗教观还是一般情理方面讲，“借刀作人”的造字法实属荒唐。但是，我们坚信造字的老祖先是充满智慧的，绝不会干出如此荒唐之事。肯定是我们后世人对“我”字中的“戈”产生了误判、误解。由于汉字象形文字中，存在“同象而异物、异义”的情况，与“戈”字同形象的符号并不一定都代表兵器戈，也可能是其他代表物的符号。于是，按照这一思路，我们开始了大量的“取证”工作。

“取证”的突破口选定在与兵器根本沾不到边的圣人、天官的名号上。古人说：少昊之前，天子以德为号。凡帝王、圣人的名号，一般都体现出该人的功德。于是，我们选定了中华民族的人文始祖伏羲氏、主司占日的天文官羲和的“羲”字，主司占月的天文官常儀（仪）的“儀（仪）字”，中华医学的始祖巫咸的“咸”字，作为历史文化的“活化石”进行研究。在研究的迷茫阶段，一次笔者翻阅《文物》杂志时，偶然看到了唐代帛画《伏羲女娲像》（请参见第一章第五节附图二）。当看到图像中“男执矩、女执规、上有日、下有月……”的景象时，不由得心头一震，眼睛一亮。感觉到“羲”字中的“戈”，可能就是那“规”与“矩”的组合符号。当规和矩用于观测天文时，称“量天尺”；用在度测地理时称“标尺”。于是，我们就大胆地以上古规和矩的造型为原型，抽象化为象形的文字符号。然后，按照不同的组合方式进行试验。结果，我们惊奇地发现：规和矩二者的符号恰好能组合为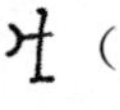（戊）、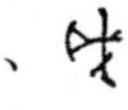（戊）（戊）、和、、（戈）。由此，我们大胆地推断：羲、儀、我三字中的“戈”和咸字中的“戊”，都是量天尺符号，而绝不是杀人的兵器平头戟（戈）或大斧（戊）。其理由有四点：

① 伏羲氏处在新石器早期阶段，不可能存在青铜器平头戟（戈）。

②“羲”字从羊、从戈、从勿、从兮。“羊”指天表“羊角柱”，“戈”指量天尺（规与矩），“勿”指五云之气，“兮”指气盛出貌。这些符号正好体现了伏羲氏仰观天文、俯察地理，因天道大发现而首创“八卦”和阴阳哲理（气生万物的原始“唯物论”和阴阳变易的朴素“辩证法”）的“德”（功德）。由于伏羲氏“气生万物、阴阳互变、化生又化死”的世界观和方法论，所以自命“风”姓（“风”的本质是“气”，功能是“化”）。由此可见，羲字中的“戈”与兵器戈沾不上边儿。

③ 传说黄帝命羲和占日、常儀（仪）占月。二位天文官的职业，必定是同天表（“羊角柱”）和量天尺“戈”（规和矩）打交道，而不可能与杀人的青铜平头戟（戈）打交道。这些进一步说明羲、儀（仪）中的“戈”是量天尺，而不是兵器。

④ 巫咸的名号在文献中出现很多。有的说他是太昊时代的人，因为《山海经·海内经》记“太皞生咸鸟”（即巫咸）。有人说他是尧舜时代的人，也有说他是商代的名医、商王的大臣。实际上，巫咸氏族很古老，历经太昊、炎帝、黄帝时代，直到商代，是世袭的巫师和医师。由于他们既懂天文，明阴阳哲理，知天时、地宜，又研究医药之性、医疗之术。所以，巫咸氏成为中华文明中“巫医术”的代表人物。巫咸的功

德体现在“咸”字中。按照《易·咸卦》中的说法，“咸”的本义是“感”（即感的初文），为天地感应、天人感应的意思。一说到天人感应，人们就会想到感雷电而生人，感巨人迹而生人等神话故事。实际上天人感应是指天气、地气、人气相互交感的原始哲学理论，例如人们在夏天容易得什么病，冬天容易得什么病，这就是人气与天气的互相感应。农业上古人特别注意“节气”对农作物播种、管理、收获的影响，这也是天气与地气，与植物的互相感应。绵羊到了夏天就脱毛，利于散热气，到了冬天就长很厚的毛，利于防寒，这也是天气、地气与动物的相互感应，也有人称之为“天道”“天理”。巫咸氏根据“咸”（感）的哲学理论，创造性地发明了中医学理论，即“巫医学”理论，成为后世中医学术的理论基础。

“咸”字从戊，从一，从口（金文中有时从“日”）。此处的“戊”，肯定不是杀人的大斧或劈柴的大斧，而是用来观察、测量和计算天象、天气变化规律的“量天尺”。“口”为方台，表示观测天象的天文台，又可表示祭祀台。“一”是代表天人合一，万物归一（元气），由此会意为天、地、人相互交感，天人合一，万物归一的意思。由此可见，“咸”（感）字，充分体现了巫咸氏的“天人感应”“天人合一”的世界观和阴阳互变的中医学辩证法。近代中国建立的著名医院，为什么命名“协和医院”？“协和”一词就是指天气、地气、人气相互感应、配合的意思。当外部的天地之气与人体内部的阴阳之气处于交流和谐状态时，则百病皆除，健康长寿。“协和”一词体现了传统中医学上“咸”（感）的哲学思想和医学思想。现在我们再回过头来理解“咸”字中的“戊”，恐怕没有多少人再认为是指“大斧”了吧！量天尺符号的“戊”，与大斧符号的“戊”，是属于同象而异物、异义的情况，很容易使人误判、误解。

第二节　关于量天尺“戊”，圭符、钺符与大斧钺的本质区别

① 量天尺“戊”，是规与矩文字符号的组合体之一，甲骨文写作，金文写作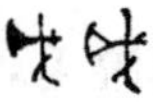。其“圆弧”代表圆规的“弧度线”，而不是代表大斧的弧状刀口。大斧是劳动工具或兵器，而量天尺是仰观天文的测量仪器和俯察地理的度量“标尺”，二者有着本质的区别，不能混为一谈（请见附图三《戊、戈构形组合图》及构形原理简介）。

②“圭符”，是黄帝时代首创的玉制“信物”。其形状和大小样式，按不同用途进行区分。其中上圆下方型“⌂”（又称弧形圭符），表示“天圆地方”的意思，专门属于帝王所执，象征“君权天授”或“君权神授”。在考古出土文物中，这类玉器常常被人们误判为“玉斧”或“月牙斧”“扇形斧”等，因为它的形状很像刀口为弧形的大斧。实际上，它是“圭符”。二者“形相近而意相远”。详见第三章《圭与卦台山》，附图六《圭符与考古中的礼器图》。

③ 钺符是历史进入青铜器时代的一种由金属（黄金或黄铜）制作的器物，专门作为“信物”使用。它的构形吸收了量天尺“戊”和玉制“圭符”的造型原理。有带柄的钺符，它是以“圭符”为钺的头部，以“矩”为钺柄，以“规”（半圆或圆球状）为柄的末端部分。一眼看去，极像一把带柄的大斧。实际上是“钺符”，象征君权天授，更不能理解为以杀人的斧头来象征“政权就是镇压之权。”政，正也，人间正道是沧桑。“正道”就是指天道、地道、人道，也可以统一于“天道”。为了便于进一步理解“钺符”的文化内涵，有必要讲两个历史故事。

A. 传说大禹治水时，到南方会稽山（今浙江省中部绍兴，嵊县地区）大会诸侯，计功封爵。他随身就带着“钺符”。后世误认为是大斧，所以在会稽山“大禹陵”制作有一把大石斧。对这把大斧，有人理解为

开山治水的大斧，有人理解为镇压之权的大斧，大禹曾杀了防风氏部族的首领。实际上，这些观点基本上都是“以今而论古”。我们应该知道，在当时疏散性的部落联盟时期，大禹从中原来到遥远的南方，斧头没有当地人的多，刀枪、箭簇也没有当地人的多，根本打不过当地人，也谈不上镇压之权。但是，当地人唯独敬畏上天、天意、天神；而“钺符”就是圭符和量天尺的象征，是“天意”的象征，有点像现代为人民服务的“公章”。它的本质不是体现在“镇压”上，而是“造福”上。因为古人认为“天生万民，天爱万民”。替天行道，就是造福万民。因此，大禹才得到了当地各族人民的尊敬和爱戴。

B. 传说周武王讨伐商纣王时，口号就是“奉天命，伐暴君”。当军队将要进到孟津时，狂风顿起，暴雨袭来，洪水挡道。于是，军队士兵们开始恐惧起来，认为这是鬼神阻挡。这时，周武王左手执“黄钺”，右手举“白旄”，大声喊道：我姬发奉天命，伐无道暴君，谁敢阻挡？请妖魔鬼怪赶快离开，否则必遭天罚。结果风停了，雨停了，洪水很快退去，军队继续前进。这里所讲的“白旄”，就是白毛牛尾，有人认为它是旗帜，实际还有更深层的文化内涵，象征天垂象，知吉凶。后世小说中的天神“太白金星”手执白毛旄，白毛下垂，象征天垂象和奉天意。另外，周武王手中的“黄钺”也是象征天意、天理的信物。虽然它有指挥军队的作用，但是千万不能理解为“镇压之权”，而是象征“替天伐暴君”。

以上大禹手中的“钺符”和周武王手中的“钺符”都是奉天命的“信物”，与杀人的大斧有着本质的区别。

值得注意的是，历史进入春秋战国时期，由于诸侯争霸，纷纷自称为“王”，周王手中的“钺符”便逐渐失去了原来的含义。到了秦汉时代，开始以“传国玉玺”为君权神授的信物，并且把“钺符”进行构形改造后改称“斧钺”，作为帝王对大臣们进行尊礼的器物，为“九锡”之一。从此，作为君权天授的信物“钺符”正式退出了历史舞台。如果我们不了解这一历史过程，很容易把“钺符”与“斧钺”混为一谈，甚至把钺符误解为大斧。

以上量天尺符号“戊”，圭符“”，钺符“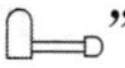”与斧钺（大斧）的构形，实属“形象相近似，而含义大不同”的情况。千万不要陷入误区。

第三节　量天尺“戈”及相关字例

前面已经讲到与量天尺“戈”相关的文字，有我、義（义）、儀（仪）、羲、曦、歲（岁）、幾（几）、機（机）、讖、哉、戴、戠、識（识）、或、戥。在第二章、第四章中，已经对我、義（义）、羲、曦等字例作了专项解读，不在重述。现就其他相关字例作部分解读：

101. 幾

1. 字源：金文写作；小篆写作；楷书写作幾；简化字：几。

2. 背景资料：“幾”字金文、小篆和楷书的构形皆一致。即从幺幺、从人（或大）、从戈。在甲骨文、金文中，“”（幺幺）与“絲”为同字，可引申为细长、细微等义。此处的“戈”，一般认为是兵器，实际上是量天尺“戈”。“人”（大）指观测天象的人。三者会意为：人执量天尺以观察并量测着天象的蛛丝马迹（细微的变化迹象），由此引申为“察视”和“细微的迹象”。《辞海·幺部》：幾①细微的迹象。《易·系辞下》：“幾者，动之微，吉凶之先见也。”②危险。③查察。又引申为“事情”“事务”等。《书·皋陶谟》：“一日二日万幾。”即“日理万机”之义，后世也可写作“日理万机”（幾与機互通）。

由于“幾”的构形是：执量天尺观察，测量天象细微迹象之状。所以，又孳生了一个“璣”（玑）字，表示古代观测天象的玉制仪器。《辞海·玉部》：“璣（玑）”，古代观测天象的仪器。《书·舜典》：“在璇玑玉衡，以齐七政。”另外，北斗星的第三颗星，也命名为“天玑”星

（又作“天机”星）。

由于“幾”字的本义是：执量天尺观测天象的细微变化的迹象。由此引申为世界上细微的“质素”、灵活巧妙的“精细物件”、奥妙细微的文理（天机、天理、玄机）、时机、形势等义。为了表达这些含义，又孳乳了一个“機”（机）字。“機”字从木。那么，①凡属灵活巧妙的木制“物件”都称作“机”，例如各种木制机械物品。②引申为事物的枢要、关键（机要、机关、机枢……）。③机密、天意（“天机”不可泄漏）。“天机”，又指“灵性”，即人的“天赋灵机”。④由于天象的细微变化迹象是“动态”的，有其“时限”“形限”“势限”，所以引申为“机遇”“机会”“时机”“投机”“危机”“转机”等。⑤由“灵活巧妙”的物件引申为泛指“灵巧”。例如：机智、机灵、机伶等。⑥由木制机械，引申为机器、机具。⑦奥妙细微的文理（天理、玄机）。

以上“幾”“璣”“機”三字应为孳乳关系，其文化内涵相通。特别是“璣”字，古文献中经常与“幾”通用。“幾”的简化字写作“几”，与茶几、桌几的“几”字合为一字，二者在文化内涵上没有任何关联，只是读音相同而已。

“幾”字中的“戈”，长期以来被误解为兵器平头戟（戈）。《说文·幺幺部》：“幾，微也；殆也。从幺幺，从戍。戍兵守也。幺幺而兵守者危也。”意思是说：幾，细微、危机。由幺幺、戍会意。戍，用兵把守，发现细微的迹象，而用兵把守，是有危机之感。这种解释初看起来似乎很有道理，但是细想一下，觉得矛盾很多：①“幾”的构形是“幺幺”，在“戈”之顶部，而“细微”的敌情只能出现在“人”的前后方，绝不会出现在兵器“戈”的顶部。“人”仰观天空之状，古代没有“飞机”，不需要防空观察。②幾与璣（玑）、機（机）三字，本来有文化内涵的“互通”关系。如果把其中的“戈”理解为兵器，就无法会意出：璣（玑）为观测天象仪器；機（机）为灵巧的物件，奥妙的文理、天意、天机等。《说文》中，只好把“玑”“机”二字作为“形声字”，“幾”仅为表声作用。但是，古代与“幾”同音的文字很多，例如：几、己、支、芰、及、吉等。为什么“表声”却要“避简就繁”呢？把会意兼形声字当作单纯形声字，明显的是在回避矛盾。③发现细微的迹象，而用兵把守的说法，不符合实际的军事常识。用兵守卫，一般在军事要地。对细微的迹象，只作“了解动向”“心中有数”而已，否则就会“打乱仗”“打乱总体部署”。

3. 本义：用量天尺（戈）观察测量天象细微迹象之状。

4. 引申义：

① 细微的迹象。

② 察视。

5. 其他：参见本章综述、第一节、第二节全部内容。了解量天尺“戈”与兵器“戈”的同象而异物异义。

102. 璣（玑）

1. 字源：小篆写作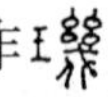；楷书写作璣；简化字：玑。

2. 背景资料：在“幾”字的背景资料中已经一并解读，此处略。

3. 本义：古代玉制的观测天象的仪器（璇玑）。

4. 引申义：

① 由细微迹象“幾”引申为玉器的细微瑕疵，再引申为不圆的珠。

② 作古代星名，命名北斗第三星为“天玑”星。

5. 其他：

① 参见《辞海·玉部》“玑”“璇玑”。

② 参见幾、機二字例。

103. 機（机）

1. 字源：小篆写作；楷书写作機；简化字：机。

2. 背景资料：在“幾”字的背景资料中，已经一并介绍，此处略。

3. 本义：与“幾”字的本义互通。用量天尺（戈）观测天象的细微变化的迹象。

4. 引申义：

① 由天象的细微迹象引申为世界上“细微的质素”。

② 由细微的迹象引申为精细巧妙的物件，又引申为灵活、巧妙的木制机械、机具。又泛指一切机器、机具。

③ 事物的枢要、关键（机要、机关、机枢）。

④ 机密、天意（“天机”不可泄漏）。“天机”，又指“灵性”，即人的“天赋灵机”。

⑤ 由于天象细微变化迹象是“动态”的，有其“时限”“形限”“势限”，所以，引申为机会、机遇、时机、投机、危机、转机等。

⑥ 由灵活巧妙的物件（机械）引申为泛指“灵巧”。例如：机智、机灵、机伶等。

⑦ 奥妙细微的文理（天理、玄机）。

5. 其他：

① 参见《辞海·木部》“机”。

② 参见幾、歲（岁）等字例。

104. 歲（岁）

1. 字源：甲骨文写作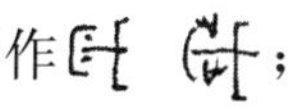；金文写作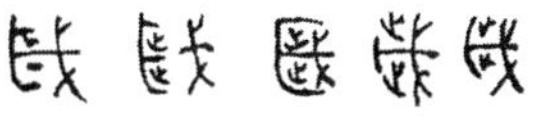；小篆写作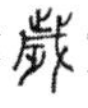繁体楷书：歲；简化字：岁。

2. 背景资料：A. 对“歲”字的甲骨文构形，学术界不少人认为：“象斧戉之形，戉是歲的本字。”用作岁星之名和年岁之名，则为借音字。（参见赵诚《甲骨文简明词典》190 页、226 页“歲”条）。郭沫若认为：“歲，是乃戉之象形文。”但是，毫不客气地说，这个结论有点武断。因为甲骨文中的“戉”写作“”或“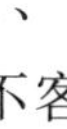”，象斧形。“戊”字写作“”“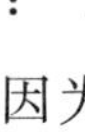”。而“歲”字虽然像“戉”或“戊”形（大斧），但却增加了二止（趾）或两个小点，应当有新的含义在里面。另外，关于假借的问题，前面曾讲了“我”字，借带刺的平头戟（戈）为人称代词的谬误（借刀代替人）。此处的“歲”（岁）字，是借大斧（戉）为天上的星辰

名，为时间概念名词。这使人们很自然地感觉到造字的仓颉之类人物，一定不是天文官，不是巫史，而是杀人的刀斧手职业。难道老祖先连一个星辰名、时间名称的字都造不出来吗？为什么非要去“借刀作星辰”“借刀作时间”（天时）呢？显然，是我们后世人对“歲”字的构形误判、误解了。为解开这一个谜，有必要先从《黄道十二次示意简图》说起（见附图十二）。

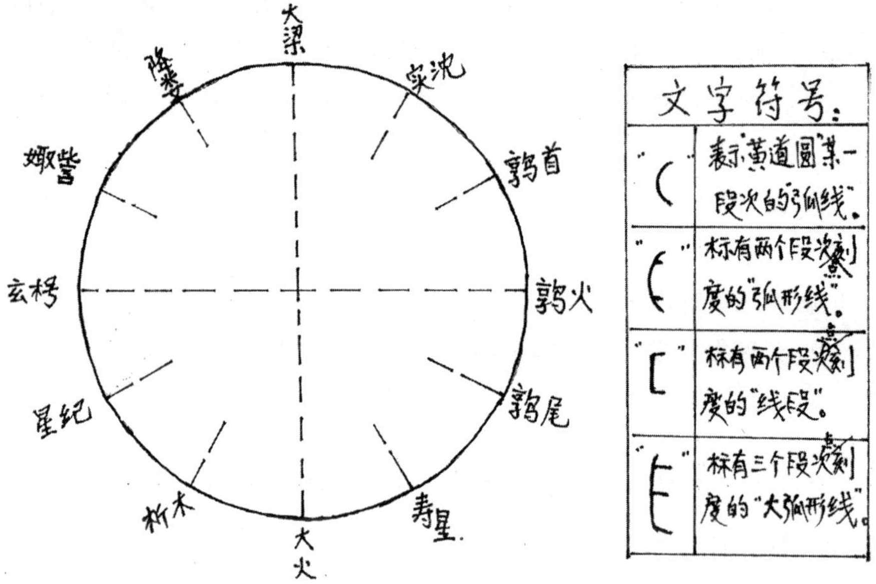

附图十二　黄道十二次示意简图

附图说明：

① 为了便于量度日、月、星辰的位置和运行情况，我国古代巫史们把黄道带分成十二个部分。叫作“十二次”，又称“十二宫”。“十二次”说法初见于《左传》《国语》《尔雅》等书。主要用于记录“木星”的位置。木星每十二年绕黄道带运行一周天，每年在“十二次”中行进一个次位。而一个“次位的段落”叫“一岁”，故木星又称“岁星”。因木星行进一个次位的时间需要一年，故人们把“一年”称作“一岁”，

成为时间概念。

②“十二次”周天 360 度，每一段次为 30 度。

③ 以上简图根据《辞源》和《辞海》“十二次”条的内容综合绘制。

B. 关于岁星、年岁、岁月。是上古人在仰观天文时所创造的名词概念。我们在分析“歲”字的甲骨文、金文构形时，一定要特别注意“天文符号”，不能简单理解为日常生产、生活的器具符号。1. 甲骨文、金文“歲”字左边的部分都是黄道圆中的“圆弧符号”的不同写法。其中的“一”（小横段）表示“十二次”的刻度标志。2.“歲”字中的二止（趾）符号，表示木星处在运行状态，并且从一个“段次点”进行到另一个“段次点”，时间刚好为一年（一岁）。3.“歲”字中的“戈”（）是指量天尺，表示测量计算木星的运行轨迹、位次等情况。由此可知，“歲”字是个典型的会意字。其本意是：木星沿着“黄道圆”十二段次的刻度点，从一点行进到另一点的方位和距离。一个段次称作“一岁”。

这里还有一点需要说明：“歲”字从“戈”，而不是从“戌”或从“戉”。不能把字左边“黄道圆”的“弧线”误认为是大斧（戌或戉）的刃口。

3. 本义：木星沿着“黄道圆”十二段次的刻度点，从一点行进到另一点的方位和距离。即一个段次距离为“一岁”。

4. 引申义：

① 由于木星行进一个段次（岁）的时间需要一年，故一岁引申为一年的时间概念。

② 木星，又称作岁星。

5. 其他：

① 参见我、幾、機（机）等字例。

② 参见附图十二《黄道十二次示意简图》及相关文字符号的说明。

③ 参见本章综述、第一节、第二节的全部内容，了解量天尺“戈”与兵器“戈”的同象而异物、异义情况。

105. 戥

1. 字源：(略)。

2. 背景资料：“戥”字从星，从戈，是个会意字。此处的“星”，应是指遥远而微小的星光，引申为微小、轻微。此处的“戈”，应是指量天尺，引申为测量、计量。由星、戈会意为测量极其微小，轻微的物品。所以，古代把专门用作称量金、银、贵重药品的小秤，命名为“戥”，或者“戥子”。它能精确到一文、一铢、一钱。

如果我们把“戥”字中的戈理解为兵器戈，这个字就无法会意了。

3. 本义：测量出极其微小、轻微的物品。

4. 引申义：一种称量金、银、贵重药品的小秤，俗称“等子”。

5. 其他：(略)。

第四节　量天尺“戊”及相关字例

由量天尺“戊”组合的文字有：戊（天干）、戌（地支）、成、诚、盛、咸、感、缄、威、钺、越等。现作部分解读。

106. 咸

1. 字源：甲骨文写作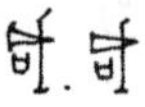；金文写作；小篆写作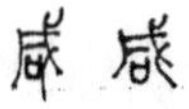；楷书写作咸。

2. 背景资料：在本章第一节中，对“巫咸”的“咸”字进行了研究探讨，认为“咸”是“感”的本字（初文），即天地感应、天人感应的意思。

“咸”字的甲骨文、金文、小篆构形一致，从戊、从一、从口。“戊”是量天尺，而不是大斧戊，引申为表示天道、天理、自然规律。

“一”表示天人合一，万物归一。“口”表示观测天象的天文台，也表示祭祀台，引申为天地相通或天地人相通。三者会意为：天、地、人相感应，天人合一、万物归一的自然规律。

3. 本义：天气、地气、人气相互交感，万物化生、兴衰的自然规律。

4. 引申义：因为天地之气，万物皆有感应，所以引申为皆、都、尽等义。

5. 其他：

① 参见倪泰一编《周易》中“咸卦”注释。（倪泰一编《周易》，西南师范大学出版社 1993 年版）。

② 参见感、成、戊等字例。

107. 感

1. 字源（略）

2. 背景资料：“咸”虽然是“感”的初文，但是二者仍然有区别。按照倪泰一的观点：“咸”是体现着天气、地气、人气相互交感，万物化生、兴衰的自然规律。而“感”字增加了心旁，侧重于人的“心理感应”“心理感受”“心理感情”“心理感觉”等。《说文・心部》：“感，动人心也。从心，咸声。”使人心动的意思，即人们平时讲的感动。《易・咸卦》：“圣人感人心而天下平。”“感”字从“戊”，“戊”是“量天尺”符号，引申为天道、天理。圣人循天道、尊天理，才能够多做善事，才能感动人心。如果把此处的“戊”理解为“大斧”，靠杀人是感动不了人心的，当然天下也就不可能太平。“感”是个会意字，从心、从咸。“咸”表意兼表声。

3. 本义：心理上的感动。

4. 引申义：

① 泛指感应。

② 感觉、感情、感受等义。

5. 其他：参见“咸”“成”等字例。

108. 威

1. 字源：金文写作；小篆写作；楷书写作威。

2. 背景资料：提到“威”字，人们就会想到威风、威武、威严、权威等词语，而《说文》的解释却有点出人意料。《说文·女部》：“威，姑也。”又“姑、夫母也”。现代人称丈夫的母亲为婆母或婆婆，为什么古代人称作“威”（姑）呢？再从“威”字的构形看，从戊（或从戌），从女。左民安《细说汉字》：“威，金文的形体，右边是一把类似长柄大斧的武器，左边下角是一个女人，即表示施威之意。戌也表声。”又说：“威字的本义是威风、威力。”但是对《说文》“威，姑也”的说法却不持观点。笔者认为：用大斧去砍杀一弱女子，那不算威风、威武。若用大斧去砍杀大老虎，那才算有点威风。把“威”字的构形理解为用大斧砍杀女人，恐怕有些不妥，更无法把“威，姑也”联系起来。必须换一种思路去分析“威”字的构形及本义。

笔者认为：“威”字中的戊（或戌）是量天尺符号，不是杀人的大斧。“女”是指女巫（女曰巫，男曰觋）而不是一般的女人。“威”的本义是持量天尺观察、测量天象的女巫师。这种解释恐怕会一下子令人困惑不解，甚至反对，需要耐着性子，一步一步地听我解释：

① 首先从“威，姑也”解释。传说伏羲时代，在仰观天文、俯察地理的文明探索中，逐步形成了一支“巫觋集团”。女巫、男觋来自不同的氏族精英。王大有先生认为，主要来自三个大氏族：男觋来自伏羲的父族雷泽氏（又称方雷氏），在巫觋集团中称“少典氏”；女巫主要来自伏羲的母族华胥氏和女娲母族的开明氏，在巫觋集团中称“有蟜氏”。男觋少典氏与女巫有蟜氏世代联姻。这种联姻出现了一种特殊的情况，那就是，妻子的姑母又是丈夫的母亲（婆母），姑表兄妹结为夫妻。所以，娘家侄女兼儿媳，娘家姑母兼婆母。在巫觋集团中，这种姑母兼婆母者被称作“威”。后来，巫觋集团之外的其他氏族间联姻时，也将姑母兼婆母者称作“威”，一直到汉代，仍沿袭着这种称谓。例：“汉律

曰：妇告威姑。”

②“威”字构形及引申义。威字从戊，从女。“戊”是量天尺的符号，“女”此处代表观测天象的巫。“女”既表示女人，又表示母（姑母、婆母）。在上古时代，人们对上天怀着敬畏的心理，因为天生万物而敬之，天降灾祸而畏之。人们对“威”者也怀有敬畏的心理，因为“威”是仰观天文领悟天意，俯察地理知四时变化的大智慧者，故“敬之”。又是长辈，姑母和婆母，故“敬而又畏之”。所以说，“敬畏”是威字的第一引申义，再由此引申为威严、畏惧之义。又因为在母系社会中，“威”者一般处于氏族或家族的首领（酋长）地位，有较大的权利。所以“权”和“威”二字发生必然的联系，称作“权威”，这是威字的另一个引申义。再由此引申为威力、威风、威仪、威信、尊严等义。

③ 传说炎帝、黄帝皆为“少典氏”之子（裔），母亲皆为“有蟜氏”之女。“昔少典取于有蟜氏，生黄帝、炎帝，成而异德。故黄帝为姬，炎帝为姜……”（《国语·晋语四·文公》）。由此可见，女巫“有蟜氏”与男觋“少典氏”的世代联姻情况。

3. 本义：持量天尺观测天象的女巫师。姑母兼婆母者。或者表述为：姑母兼婆母的女巫师。

4. 引申义：

① 敬畏。

② 由敬畏再引申为威严、畏惧等义。

③ 权威。

④ 由权威再引申为威力、威风、威仪、威信、尊严等义。

5. 其他：

① 参见左民安《细说汉字》“威”条。

② 参见王大有《三皇五帝时代》，中国时代经济出版社 2005 年版第 153—158 页：巫觋集团的形成与少典氏，有蟜氏。

③ 参见《说文、女部》威条、姑条。

④ 参见《辞海、女部》威条。

109. 成

1. 字源：甲骨文写作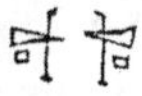；金文写作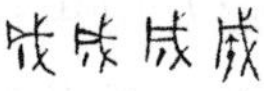；古文写作；小篆写作；楷书写作成。

2. 背景资料：

① 关于“成”字的构形。甲骨文“成”（）与“咸”（）字的构形很相似，区别在于“成”的下部为口（甲骨文的“丁”字），而“咸”的下部为（像人口之“口”，又像“方台”）。金文“成”字“”上部为“戊”，下部的长形点状“”表示某物体，又写作“”（午），表示阴阳二气交午化生为物。古文“成”字从戊，从午。小篆和楷书“成”字从戊、从丁。

② 关于“成”字的本义。过去人们一直把“戊”作为大斧、兵器理解。所以对“成”字的构形理解为用大斧劈某物块，会意为“成盟”“和解”。左民安《细说汉字》“成”条讲：“成字的甲、金文构形，是以斧劈物，表示成盟，为古代建交的仪式，引申为成功”。而《说文》等文献，大多按阴阳五行，配四时的方法进行解释。例如：A.《说文·戊部》：“成，就也。从戊，丁声。又戊，中宫也。”认为“戊”（天干）为中央土行。成，是成熟的意思。“丁”表声不表意。徐灏《段注笺》：“戊，古读曰茂，茂盛者，物之成也；丁壮亦成也。”B. 徐锴《说文解字系传》：“午，南方，亦物成之义。”C.《吕氏春秋，明理》高诱注：“成，成熟也。”D.《淮南子·天文训》：“地不发其阳，则万物不成。”

笔者认为：“成”字中的“戊”，既不是“大斧”，又不是“中央戊土”，而是“量天尺戊”。“戊”在此处表示“天规”（上天的规矩、规律、自然规律）。“成”字中，时而从“”（丁）；时而从“”（午），时而从“丨”（某物），让人们有些费解。甲骨文中的“”（丁），在金文中写作“•”“⊙”，像天中心，为天阳之气最丰富的天区。天阳之气又称生命之气。上古人的哲学观是：当天阳之气与地阴之气相交感（感

应、咸）时（又叫“交午”时），则万物化生。而后，生而成之。所以说，“”（丁）表示“天中心”生命之气；“”表示阴阳交午，化生万物；“丨”表示化生的某物，这三个文字符号所表达的信息是基本一致的。由此“成”字从戊、从丁（或从午），可会意为：按照上天的规则（规律、天意），阴阳二气相交午，万物化而生，生而成之。即“生成”。再由“生成”引申为成长、长成。再由“长成”引申为成熟、成年人等义。另外，由“生成”引申为“完成”（生命的化生过程已经完成）；又泛指某物、某事的完成等。

3. 本义：按照上天的规则（规律、天意）、阴阳二气相交午，万物化而生，生而成之。即生成。

4. 引申义：

① 由“生成”引申为成长、长成。再由“长成”引申为成熟、成年人、成功、成就等。

② 由“生成”引申为完成（生命的化生过程已经完成），又泛指某物、某事的完成。

③ 由“生成”引申为变成、成为等义。

5. 其他：

① 参见“咸”“感”“午”天干“戊”、“丁”等字例。

② 参见李翰文、朱振华等《说文解字》（文白对照本）第 1201 页“成”条。

110. 诚

1. 字源：小篆写作；楷书写作誠；简化字：诚。

2. 背景资料：《说文・言部》：“诚，信也。从言、成声。”又“信，诚也。从人，从言，会意”。意思是说：“诚，为信实不欺。”“成”表声，“言”表意，为形声字。而“言”的含义解释为“直言曰言，论难曰语”。“直言”即发自内心的真诚的话。“言”字从辛，从口。“辛”是天表柱，可引申为通天达地、天神等义。人面对“天柱”报告，倾诉或发誓时，一定是真诚、真实的内心表达，不敢欺骗“上天”“天神”。所以“诚”的内涵是“信实不欺”。

3. 本义：信实不欺。

4. 引申义：

① 真心实意（例如：开诚布公、开心见诚）。

② 真的，的确。

③ 果真，如果，表示假设义。

5. 其他：

① 参见言、语等字例。

② 参见《辞海·言部》“诚”条。

解字感语

1.凡解字者，必须与造字者的“心灵”相通，才能解开文字构形的“千古之谜”。而造字者的“心灵”，往往受到当时社会思潮的主导。

2.“哲学”——总是一个时代精神的“灵魂”。当然，也是造字者（仓颉之类）灵魂。中国上下五千年，一直传承着“人文始祖”伏羲首创的“八卦”阴阳哲学理论，即“气”与“和”的宇宙观，包括天与地阴阳之气相交合（交和）而化生万物的原始“唯物论”；阴阳消长，变易无穷，刚柔相济，物极必反等朴素“辩证法”。由此强调“和而不同”，追求“和谐共生”。汉字构形中，有大量的阴阳符号、天文符号（哲理符号）。

3.“龙”，为什么成为中华民族的象征（龙族，龙的传人）呢？因为“龙图腾”是伏羲氏及后世圣人们，把“气”与“和”的宇宙观应用到“治理天下”的伟大创举，培育出“和而不同”，包容团结，大一统的民族精神（详见“龙”字例）。而这种精神，产生出威力巨大的、神奇的“向心力”“龙文化”，使得中华民族在数千年历史中，少有分裂、多有统一，历经风雨而不断发展。

解析甲、金、篆文的“龍”（龙）字构形，都含有“天表柱”符号“辛”（），引申为表示：天地交通、天道（自然规律）、人道（社会规律）等。所以，人们把龙演化成能上天入地、呼风唤雨、变化无穷、带来吉祥的“神灵”之物而进行崇拜。总之，“龍”（龙）字的构形，是历史文化的“活化石”。

4.关于“宛”字：宀表示天穹；夗甲骨文写作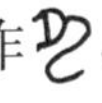，为巨龙盘绕之状。传说伏羲氏太皞（昊）把迁都的地方命名叫“宛”，即宛丘，今河南淮阳县境（今仍有其古遗迹）。“宛”的本义应是：天穹下，巨龙盘踞（龙图腾）的神圣之地。后世人取其“盘绕”、卧、委转等引申义，孳生出蜿、婉、琬、踠、碗、涴、菀、苑、怨、鸳、智（古祭名）等众多文字来，成为“龙文化”的一部分。

第六章　民族魂与字魂

(关于天文、哲学、巫史、造字)

第一节　综　　述

当一种文化、文明长期作用于一个民族时，便形成了“民族魂”。而当这种“民族魂”长期作用于“文字”的创造和发展过程时，便孕育出一个个鲜活的“字魂”，特别是那些“会意”类的文字。

学术界一致认为：在中华民族上下五千年的历史进程中，“哲学，总是时代精神的灵魂”。哲学，是文明的“内核”；也是文化的“内核”。它指导着人们如何去认识世界和改造世界。由此，它既主导着人们物质生产、生活的方方面面；又主导着精神生产、生活的方方面面。当然，也包括“文字创造”及发展的方方面面。

第一，关于“远古”时代的哲学。(远古指“三皇五帝”时代)

① 传说“人文始祖”伏羲氏首创八卦阴阳哲学理论，即“气”与“和”的宇宙观、天道观。这种哲学属于原始唯物论和朴素辩证法，主张万物都是阴阳二气在运动变化过程中“化生”而成的。阴阳调和，则生，则盛；阴阳失调，则衰、则灾等。“八卦”以阴与阳两种“符号”组合成“八个卦象”，代表天、地、风、火、山、雷、泽等八类物性，创造了“以象明理”“以象示意”的象形思维方式，由此便造就了后世的“象形文字”。

② 传说炎帝作《连山易》，黄帝作《归藏易》，进一步丰富和发展了伏羲八卦哲学思想。例如：炎帝根据万物在阴阳化生中的各自不同属

性，尝百草之味，合剂为药，调节人体内的阴阳失调，以治病患。后世的《黄帝内经》全都建立在“阴阳哲学理论”的基础上。

第二，关于“中古”时代的哲学。(中古指夏、商、周直到隋唐)

① 传说在夏或商代，人们就已经开始探索把“八卦”内容，扩大到“六十四卦”。对自然界事和物的分类，更加“细化”，使“以象明理”“以象示意”更加具体化。

② 传说周文王作《周易》(六十四卦) 实际是对当时流传在世的，十分杂乱而粗糙的“六十四卦”内容，进行了开创性的整理和创新、改革。到春秋时期，孔子及其学生子夏对《周易》又作了“去伪存真”式的整理和注释工作，并著《十翼》，使之流传至今。《周易》不仅传承了“气”与“和”的宇宙观、天道观，更是丰富和发展了“辩证法”。例如：穷则变，变则通，通则久；刚柔相济；亢龙有悔；物极必反；否极泰来……。又如：在“天命观”方面，提出“天行健，君子以自强不息”，这是一种积极的天命观，而不是消极的“宿命论”。

到了春秋战国时期，出现了“百家争鸣”。在《周易》思想的影响下，衍生出“道家”“儒家”“阴阳家”“法家”“墨家”等众多的思想流派。从表面上看，各流派思想观念相互对立，实质上它们是从不同侧面探讨、丰富和发展了《周易》的哲学思想，是“殊途同归”。

汉代以来，虽然“独尊儒术”，把《周易》降为普通的“占筮之书”，但是，《周易》的哲学思想仍然是那个时代精神的“灵魂”。

第三，关于近古时代的哲学。(近古指宋、元、明、清时期)

按说“近古”的划分范围，应该是指清代或鸦片战争以后或直到新中国成立。笔者将宋、元、明、清时期作为“近古”时代，是因为在这个近千年的历史中，“理学”逐步成了时代的核心价值，特别是明、清时期占统治地位。“理学”是“客观唯心主义”和“主观唯心主义”的大杂烩，它巧妙地歪曲和否定了《周易》关于“气”与“和”的宇宙观。在人生观、天命观方面，主张“宿命论”，并提出“存天理、灭人欲”，扼杀了中华民族为追求美好生活而去大胆发明创造，奋斗不息的优良传统文化。特别是近四五百年来，正当西方国家“工业革命”兴起的时候，而中国却被“理学”思想所禁锢。“东方雄狮”昏睡了，衰落了。到最后，几乎亡国灭种。

第四，关于现代哲学。

中华民族的现代哲学，是指马克思列宁主义哲学，是毛泽东哲学思想，即：辩证唯物主义和历史唯物主义理论体系。

凡文字研究者，谈哲学，谈时代的精神灵魂，必须从每个文字的“构形原理”中去寻找出带有哲理性的“字魂”来。因为中国文字，往往是“历史文化的活化石”。不同历史时代的造字者（少典氏、仓颉之类），他们头脑中是什么样的宇宙观、思维方式、人生观和价值观，必然会通过文字或文字符号的一笔一画体现出来，这就是人们常说的“思想支配行动”，“思想支配造字行为”。造字者的思维方式，决定着造字的“构形原理”。

笔者在第一章三节指出了“汉字研究中的三大误区”，最大的误区就是忽视了上古时代人们的精神灵魂，造字者的宇宙观和思维方式。因此，把文字构形中大量的元气（精气）符号、阴阳符号、天文符号误解为杂草、毛发、线绳、木棍或箭簇、刀斧等普通的物品。例如：万物的“物”字，从牛、从勿。其本义是“花牛”。而“花牛”是如何被上天“造化”出来的呢？这就要从古人“精气为物”“气生万物”的宇宙观方面去思考，对“勿”（）五色云气的构形原理进行研究。再例如“學”（学）字，从、臼……其中的或，本来是“阴阳交午”（交和）的符号，引申为阴阳之道，天地之道，可是很多人却把“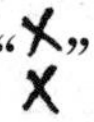”解释为“交叉的木棍”或者“渔网”之类。

古人在“气”与“和”的宇宙观指导下，造出了很多的“会意”类文字。笔者在第二章《气生万物与气生万字》中，共分九节（段）进行了部分“字例”的研究，它们的“字魂”都显现出“气”与“和”宇宙观的文明光芒。

第二节　人类文明是从“瞭望星空”开始

我们从世界考古学、神话传说及古代历史文献资料中，得出一个大胆的结论：无论是东方民族的文明，还是西方文明，都普遍存在着“太阳崇拜”“月亮崇拜”或“星辰崇拜”。若从科学探索的角度去看，它是远古天文学的开始，它孕育出古代哲学、古代宗教和古代科学、古代艺术。我们中华民族也不例外，例如：人们把伏羲敬奉为“人文始祖”。因为他“仰观天文，俯察地理……始画八卦”（见《易·系辞上》），首创了八卦阴阳理论，“气”与“和”的宇宙观。人们又把炎帝敬奉为“人文始祖”。他应用八卦阴阳哲理，认为“阳气”聚焦而生火，而火之精曰日（太阳）。而且日中有“乌”（即日乌），火上加火为“炎”，故称“炎帝”。又有炎帝族魁隗氏善于观测“北斗星”，定“四时”以指导“农时”，发展农业，故被尊为“神农氏”。又传说炎帝依据“阴阳调和，则吉顺”的哲学思想，尝百草，开创了“中医阴阳理论”。人们还把黄帝敬奉为“人文始祖”。因为他带领大家创造出很多丰功伟绩。例如：“黄帝令羲和占日，常仪占月，臾区占星气……大挠作甲子，隶首作算数，苍颉造字，容成综此六术著《调历》……（参见《世本·作篇》）。人们又把“共工氏”敬奉为“民族大英雄”，作为开创“工程技术”“手工业制造”的始祖。但是，很少人知道，“共工氏”是“天文中心”艰巨工程的开创者，也很少人研究“共工”的命名来由。

试问，中华民族最早的“大工程”是什么？很多人可能会回答“筑屋造房”或者“治水、建桥”。实际上，这些都是后来的事，而不是当时“天大的事”。最早的“大工程”应该是“人文始祖”伏羲氏太昊为了“仰观天文、俯察地理”所必须建造的“天文中心”，包括垒筑天文台，树立天表柱、制作地维索等（详见第一章四节《上古天文中心全景图》及介绍）。“天文中心”是当时工程难度最大的，技术标准最高的“时代工程”“顶峰工程”。可以想象，当时还处在“新石器”早中期，劳动工具是以粗糙打磨的石块作“石斧”，石片作“石刀”，石棒作“石凿”，要把一棵大树砍倒（“砍”字从石，从欠，表明石器作工具）在地上，再砍掉树枝，加工成笔直的“木柱子”，不仅需要出大力，流血流汗，更需要高超的劳动智慧和技巧，例如：发明相关的测量仪器，计算方法等，这就是逼着他们去发明直尺（矩），圆规（规），准绳等。同时，在垒筑方台时，台面必须与地平线保持水平，于是又发明“灌水测量法”……金文的“共”字写作“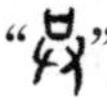”，为双手垒筑方台状，“”表示方台，“”表示双手，也可代表众人之手或共同协作之手。甲骨文的“工”字，从“二”（上下两横分别表示天与地），从“丨”表示顶天立地的天表柱。《说文·丨部》：“丨，上下通也。”“工”字的构形是把顶天立地的“天柱”树立在天地中央之象形。甲骨文的“工”字，也写作“”，此处的“▭”，应是表示方台（天台），顶部的一横表示“天”，中部的“丨”表示天表柱。“”的构形是：天表柱高高耸立在“天台”中央、天地之间的象形。

建造“天文中心”的艰巨任务，是由一支庞大而充满智慧的劳动队伍所完成的，这支团队的名称被命名为“共工”，以彰显其丰功伟绩（古人叫做以功德命名）。而这个团队的代表人物（首领）则被命名为“共工氏”，后来演变成氏族，部族或邦国的名称。有神话传说：“昔共工与颛顼争帝，怒而触不周之山，天柱折，地维绝。”（见《淮南子·天文则》）此处说的“天柱”，即指天文台上的天表柱，“地维”即指天文台上的“中心柱”，其上部连接在八根游表上的八条绳索，古人称之为“维绳”或“地维”。古人又传说：“上天是由九根大柱子支撑着，大地由八条大维绳维系着。”（参见《辞源》地维条）这些神话传说的历史原型，应是来自上古“天文中心”的建筑结构情况。

“共工”之名，后来又演变为职官的名称。上古设置“共工之官”

（又称工正）掌天下重大建筑工程，水土治理工程、手工业制造（陶器、石器、铜器、竹木器等），为“百工”之长。商、周以后改称“司工”，为“三司”之一。后世称“司空”。

谈到“共工氏”的历史贡献，有一条常被学术界所“忽视”，即“共工氏”是上古时代“巫史集团”的重要组成人员之一。没有“天文中心”的建造，何谈“仰观天文，俯察地理”？“巫”字从工、从二人。其中的“工”，是天表柱立在天地之间之象；二人，指二名天文观测者。由此可见，“巫”的构形原理是：两位天文观察者日夜守候在天表柱下，观察测算并记录天象之状。上古的“巫史”一词，是褒义词。他们是中国最早的知识分子、天文学家、工程技术专家，也是文字的主要发明者。因为记录天文、地理及人事的需要，逼着他们去发明文字，于是有了少典氏、史官苍颉之类代表人物的出现。巫史们还开创了古代音乐、舞蹈、绘画艺术。又因祭祀的需要，制定出一系列“祭祀礼”，后演变成“人礼”，为造就华夏民族“礼仪之邦”奠定了基础。大家知道，在远古时代，由于生产力低下，社会分工并不明显，而“巫史集团”的内部分工也同样不够明显，巫史们往往是“一身兼多职”或者“多人兼一职”，分工而又合作。若按现代人的思想观点，硬要把他们进行分工、分类的话，可大致分为四类：

① 技工巫：以共工氏为代表，不仅负责建造“天文中心”，还以所发明的“矩”和“规”作为“量天尺”，对日、月、星辰运行轨迹及变化进行观察、测量、计算；还负责制造各种祭祀器物（神器）。在古代历史文献中，共工氏又名“大呈氏”“大庭氏”。（“壬”是后世天文巫的符号）。又名“康回”，康，又是后世医巫的符号。

② 天文巫：以少典氏及后世的羲和氏，史皇苍颉为代表，（传说炎帝、黄帝皆少典氏之子裔），观测天象，创造文字、编写典册，探索“天道”。

③ 祭祀巫：以巫礼、巫彭为代表。

④ 医巫：以巫咸为代表。巫咸氏族，自伏羲太昊时期起，历炎帝、

黄帝、帝尧、帝舜，直到商朝，皆为“巫医”的代表。直到西周和春秋战国时期，我国才实现了医、巫分流，而带有迷信色彩的“巫术”，被后来的道教所继承。据《山海经》记载：“西王母”治下有十多位“巫”，皆操“不死之药”。我们可以把这些“巫师”全部归类于“医巫”。但是，若以他们的“名号”来由进行分析（上古君子以德为号），可以知道他们的“功德”中还含有天文巫、或技工巫、或祭祀巫的“光环”。例如：巫凡（天文巫、医巫），巫阳（天文巫、医巫），巫相（天文巫、医巫），巫盼（天文巫、医巫），巫咸（天文巫、医巫），巫罗（技工巫、医巫），巫履（技工巫、医巫），巫谢（技工巫、医巫），巫礼（祭祀巫、医巫），巫彭（祭祀巫、医巫），巫即（祭祀巫、医巫），巫姑（祭祀巫、医巫）。

在文字考古研究中，东汉许慎《说文解字》把工、壬、巫三字解读为“同意”，这令很多读者感到“不可思议”。有人说，壬与巫二字仅仅是构形中含有“工”的部件（符号），形相近而意相远。实际上，若去认真地研究远古“共工氏”的命名来历，历史贡献，“巫史集团”的产生、发展，历史丰功伟绩，后世的分化（分流）及消亡过程，问题的答案便“一目了然”了。

最后还要补充一点。在远古社会，只有大的部族、邦国或部落联盟，才设立有功能较齐全的“天文中心”。由大酋长或帝王直接管理，并且作为“行天道”的政权象征。而一般的小部族或氏族，只有规模很小的“天文台”，仅在一高台上竖立一根大柱子，既作观测日影的“日竿”，又作绘刻有图腾像的“图腾柱”，还是祭祀的场所，常称作“天台”“神台”及“神柱”。由此，便有了“大巫”与“小巫”之分别。

第三节 关于“工”“壬”“巫”三字“同意”及相关字例

本节将重点探讨“工”“壬”“巫”三字为什么在《说文》中视作

“同意”的文化内涵。同时，还对含有“工”或“壬”、或“巫”的“衍生字”作部分解读。

（一）据初步统计，在汉字系统中，含有“工”的组合字多达 70 多例，除少数是属“形声”字外，绝大多数属“会意”字、或“形声兼会意”类的文字。例如：

① 工、功、攻、贡、嗊、赣、汞、巩、鞏、恐、筑、銎、蛩。

② 扛、杠（槓）、矼、缸、肛、疘……

③ 红、玒、虹（）、讧、荭、魟、鸿、澒、仜

④ 毁、譭、燬

⑤ 式、侙、试、拭、栻、轼、弑

⑥ 空、倥、崆、悾、箜、控

⑦ 腔、啌、椌

⑧ 巧、窍

⑨ 差、槎、嵯、瘥

⑩ 仝、砼

⑪ 媠、楕、惰、隋

另外有：江、项、邛

（二）又据统计，在汉字系统中含有“壬”的组合字也多达 70 多例，例如：

① 壬、任、荏、衽、恁、餁、栠

② 呈、程、酲、逞、裎

③ 郢（）、淫

④ 廷、庭、挺、莛、梃、艇、霆、聽

⑤ 重、锺、鍾、腫、種

⑥ 種、憧、衝

另外有：聖、望、（年）、童、僮、撞、量、徵（征）

（三）在汉文字系统中，含“巫”的字例不多，据初步统计有：

①“灵”：在古文字中写作“靈”，从零、从巫，或写作“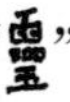”（从玉）

②“医”：写作“毉”（从巫），或写作“醫”（从酉）③诬

④ 筮

⑤ 觋

下面，将对工、壬、巫及相关部分典型字例作以详细解读：

111. 工

1. 字源：甲骨文写作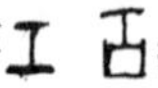；金文写作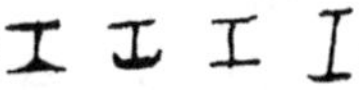；小篆写作；楷书写作工。

2. 背景资料：“工”字的上下两横分别表示天与地，“丨”（gǔn）表示顶天立地的天表柱，是天表柱耸立在天地之间之状。“古”字，从口。“▭”此处表示天台（方台）。“古”是天表柱耸立在天台中央，天地之间之状。故“工”与“古”构形原理完全相同。金文“”的下方“”是“▭”的艺术写法，与甲骨文“古”的构形原理相似。

3. 本义：顶天立地的天表柱，耸立在天地中央之状。

4. 引申义：①第一引申义是“建造”。由建造“天文中心”，引申泛指各种工程的建造。例如：工程、工事、工地……

② 第二引申义是“制造”。因为天表柱和天文台是由一群人通过砍、凿、测量、筑垒等付出大量劳动血汗和聪明智慧而制造出来的，所以，后世把“工”作为制造行为（劳动行为）的代称。例如：工匠、工人、木工、陶工、石工……

③ 第三引申义是“技巧”。例如：鬼斧神工、工艺、工笔、工巧、工夫……

④ 善于；擅长。例如：工书善画。

⑤ 作官名。例如：工正（古代百工之长）、工共（官名）、工部（官署名）。

⑥ 古邦国名。例如：工国、江国、共国（皆为工共氏支族裔之邦国名）

⑦ 工与壬同义；工与巫同义。

5. 其他：

① 参见本章第二节。

② 参见江、邛、共、洪、壬、巫等例。

112. 共

1. 字源：

金文写作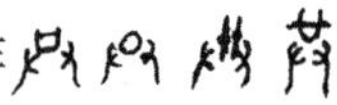；古文写作；小篆写作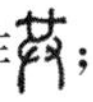；楷书写作共。

2. 背景资料：关于“共”字的构形所体现出的文化内涵，可作为历史的“活化石”进行研究，已在本章第二节“共工氏的命名缘由”部分作了较详细的介绍，此处再对“工”（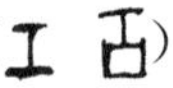）与“共”（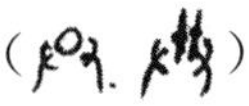）二字的构形原理作“比较性”分析。“工”字的甲骨文从“二”（表示天与地），从“丨”（表示天表柱）。而“共”字的金文，从“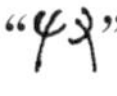”（表示双手），从“”（表示天表柱），又称交午柱。“工”字的异体写作“”，从“□”（表示方台、天文台），而“共”字的异体写作“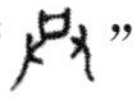”，也从“□”（表示方台、天文台），由此可见，工与共二字的构形原理都是与建造天表柱和天文台的历史事实相关联的，进一步说明了“共工氏”的命名所体现的“德”（功德）。

关于金文“共”字的上部，有时写作“”或“”，这都是“”的演变写法。有时写作“”，其中的“丨”是天表柱的符号，黑点“•”是结点，交结点的符号，表示阴阳交午（交结、交合），所以“”应理解为“交午柱”的符号。在古代文献中，天表柱又称作“交午柱”，即通天达地，阴阳交合和天地交合（和）的意思，故《周易·泰卦》象辞曰：“天地交，泰。”今天北京天安门前的华表柱的构形就是以上古天表柱的构形经艺术化演变而来的，所以古人常把华表柱别称为“交午

柱”或“和表”（详见本书对字例“辛”的解读资料）。在金文“共”字中，有时含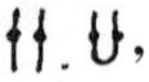，是并排两个“”的符号组合，应理解为多个“表柱”，也有重复、强调的意思。而“”则由演变为，再演变为的结果。总之，“共”字中的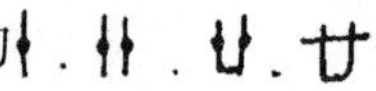等符号，都是天地之气，阴阳之气在天表柱上相交午、交合之义，明显地体现了中华远古文化“气”与“和”的哲学思想（宇宙观），也是其“字魂”。

3. 本义：用双手把天表柱树立起来，或用双手筑垒方台（天文台、神台）之状。

4. 引申义：

① 第一引申义：“共同”。“共”字中的“双手”，不是指一个人的双手，而是代表众多人的协同之手。因为一个人是没有办法和力量能够把一根大木柱竖立在天地之间的，也无法筑垒工程巨大的天文台（方台），只能靠一群工匠（一个团队）的力量和智慧才能完成任务。例如：共担、共享、生死与共……

② 第二引申义：“协同”。例如：共襄盛举、共襄国是。（共：协同义，襄：辅佐义）

③ 与、和：例如：秋水共长天一色。

④ 古代地名：共山、共水、共谷。

⑤ 古邦国名：古有“共国”。一在甘肃省泾川县北；一在河南省辉县一带。

以上凡共山、共水、共谷、共国，皆以共工氏的族裔所居地而命名。远古的地名，一般遵循“名随族迁”的原则而命名。

⑥ 共通“供”，通“拱”，通“恭”。后世才新造了“供”“拱”“恭”三个字。

5. 其他：

① 参见本章二节关于“共工氏”的命名缘由。

② 参见工、江、辛等字例。

113. 功 gōng

1. 字源：

金文写作：、。小篆写作：。楷书写作：功。

2. 背景资料：在金文中，“成功”皆写为“成工”。因为“工”的本义是天表柱耸立在天地之间状，引申义为“制造”“制作”“技巧”等。凡制造者肯定需要出汗、出力气，所以说“制造”本身就包含着“作功”，某项工程完成任务叫作“成工”或“成功”，意思相同。后世又新造了“功”字，使文字表达更加准确。“功”是“工”的孳乳字。

3. 本义：在制造天表柱、天文台时所付出的劳苦、体力和脑力，叫作“功”。

4. 引申义：

① 泛指获得一切劳动成果时的智力、体力付出。例如：功劳、功绩

② 劳动效率。例如：功效、事半功倍

③ 功夫。例如：气功、炼功

5. 其他：参见工、共字例。

114. 巧 qiǎo

1. 字源：

小篆写作。楷书写作巧。

2. 背景资料：“巧”字含义很容易理解。《说文·工部》：“巧，技也，从工、丂声”。又说：“丂：气欲舒出，上礙于一也。”气欲出时虽然上部受阻，但总能找到出口，这就叫作“巧”。“巧”字从工，正好反映了祖先们在各类工程中的聪明才智。同时，“共工氏”的“工”字里边本身就含有“巧”（技巧），不然的话，怎么能完成天文中心那“划时代的工程”！

3. 本义：工程建设中的方法、技能。

4. 引申义：

① 泛指一切技巧、技艺

② 灵巧。例如：心灵手巧

③ 美好貌。例如：巧笑倩兮

5. 其他：参见工、共二字例

115. 邛 qióng

1. 字源：

金文写作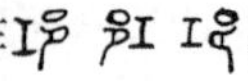；小篆写作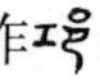；楷书写作邛。

2. 背景资料："邛"字的构形很简单，从工、从邑（城邑）。在楷书中，凡"邑"作偏旁部首时，皆讹变为"阝"。《说文》"邛：邛地，在济阴县，从邑、工声"。意思是说"邛"是一个形声字，"邑"表示城邑，"工"表声。传说"尧"葬邛山之阴，成山之阳。关于古代邛山、邛邑之名的来源，王大有《三皇五帝时代》一书指出：远古人一般遵循"名随族迁"的原则。例如：燧人氏族迁居地一般称作遂山、遂川、遂水、遂邑。共工氏族迁居地一般命名：共山、共水、共邑、共谷或者"工水""工川""工邑"（即邛），由此可知，"邛"字的本义是：共工氏族裔聚居的城邑。

另外还需要说明的是：历史上的共工氏族是一个很大的部族，有很多分支迁居在黄河、长工流域。今四川省岷江中下游的邛崃山脉就是上古共工氏的族居地。他们把自己的城邑叫"邛"，四周的大山叫"邛山"，把流经的水流叫"工水"，简称"江"（或江水），汉代以后改称"岷江"。因出岷山而得名。在邛崃山地区，当今仍保存着大量的"邛笼碉楼"，它们是用不规则的大小石块筑垒出的高大而平整的石墙、石碉楼。很多考古工作者、历史界学者认为，共工氏族七八千年以来，一直擅长开凿山石，筑垒石碉、石坝，其建筑工程难度大，技术含量高，而"邛人"的邛笼碉楼便佐证了他们是共工氏族的支裔。

3. 本义：共工氏族裔聚居的城邑。

4. 引申义：仅作为地名，无引申义。

5. 其他：参见工、共、江等字例。

116. 江

1. 字源：

金文写作；小篆写作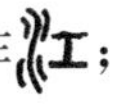；楷书写作江。

2. 背景资料：①长江的源头为什么是“岷江”而不是今天的金沙江上游沱沱河？在我国古代经典文献中，几乎都认为“江水出岷山”，或“江水，出邛来（崃）山”。例如：《山海经·中山经》曰：“岷山，江水出焉，东北流注于海。”又“东北一百四十里崃山，江水出焉，东流注（于）大江。”《尚书·禹贡》：“（禹）岷山导江。”《水经注·江水》：“岷山在蜀郡氐道县，大江所出。”“江水又径江原县，王莽更名邛原也。”

《汉书·地理志》：“岷山道江。”近代有许多学者们认为，金沙江是长江上游最长的支流，理应作为长江的源流。古人不了解这些地理状况，故误把今岷江当成了长江源流。笔者认为，这是近代人的地理思想的逻辑，并不能代表上古人的思维方式。笔者曾在本书的第一章提出：对于水流，古代我国华北地区为什么叫“河”的多，中部地区叫“江”的多，南方地区叫“溪”的多？古代的长江称作“江”或“大江”，为什么不称作“河”？而“江”字为什么要从水从工？更令人不理解的是《尔雅·释名》曰“江，共也”。《广雅》曰“江，贡也”。容庚《金文编》邛条注曰：“邛，古国名，《经典》作‘江’。”江与共，江与贡，江与邛之间到底有何文化内涵的联系？我们只有把“江”字的构形原理及本义搞清楚了，才能找到正确的答案。

② 共工氏族与共、工、贡、邛、江等字的文化内涵。这个问题已经在解读工、共、邛三字时作了介绍，此略述。在《水经注·江水》中还有小江、中江、大江之分，即今岷江中上游称作“小江”，岷江的中下游称“中江”，岷江注入长江主流之后称作“大江”。由此可见，今四川省邛崃山脉地区，岷江中下游地区，皆为上古“邛国”（又称江国）

的活动范围。

3. 本义：上古共工氏族居住地区的水川，称“工水”，简称“江”。

4. 引申义：

① 作水名、地区名称。

② 作古国名，姓氏（以国为姓）。

5. 其他：参见共、工、邛等字例。

117. 式

1. 字源：

小篆写作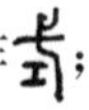；楷书写作式。

2. 背景资料：《说文・工部》：“式，法也。从工、弋声。”即法式、规格的意思。“式”字的构形原理是：“工”是表意符号，为作工、做事的意思。“弋”也是表意符号，不是表声的符号，此处的“弋”是“戈”的省写，而此处“戈”不是指兵器“平头戟”，而是原始规与矩的合体“字符”，又称“量天尺”。“量天尺”（规与矩），可引申为“天规”（上天的规则、法则）和“人规”（人的行为规则、法则）。在汉字体系中，凡弌、弎（贰）、代、岱（泰山）、偯、轼、弑等字例中的“弋”都含有法规或规则、标准、规矩等文化内涵。“式”是个“会意”字，不是“形声”字。

在工具书中：“弋”，一般解释为“小木桩”或“带绳的箭”。这与式、代、岱字中的“弋”属于“同象而异物，异义”的情况。

3. 本义：指作人、做事的法则、规则或标准。

4. 引申义：

① 格式；样式；模式。

② 仪式。例如：开幕式、阅兵式、祭祀礼式。

③ 榜样。例如：式范、模范。

④ 自然科学中表明“规律”的符号：分子式、方程式、公式。

5. 其他：参见工、试等字例。

118. 试

1. 字源：

小篆写作；楷书写作試；简化字：试。

2. 背景资料：在古文献中，常常“式”通“试”，通“拭”，通“轼”。试、拭、轼都是“式”的孳乳字。《说文》：“试，用也。从言，式声。”《虞书》曰：“明试以功。”“用”即“使用”的意思，包含着试用、检验、考验的意思。

3. 本义：在具有一定法则、标准特定条件下的“使用”（功用）。

4. 引申义：

① 尝试；试用。

② 考试；检验。例如：乡试、殿试、会试、试验。

③ 任用，出任。

5. 其他：参见工、式等字例。

119. 巩 gǒng

1. 字源：

金文写作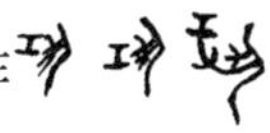；小篆写作；隶书写作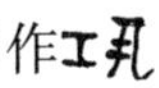；楷书写作巩。

2. 背景资料：金文“巩”字右边的或像一个扬起双手进行各种操作的侧视人形。小篆演变成，像一个人的双手抱在怀里之形。隶书一般写作或。今楷书演变成“凡”，不能理解为平凡之“凡”，而是“丮”的讹变。

《说文・丮部》：“巩，褱也。从丮、工声。”即：巩，抱持的意思。工，仅是表声的符号。但是，后世很多学者不同意这种说法，认为“巩”是一个会意兼形声字，此处的“工”表示工程、工件、工艺、工效等多种含义，“丮”表示双手上扬，怀抱等各种劳动姿势。所以说，“巩”的本义应是：加工、劳作的意思。

后世人又新造了“鞏”（gǒng）字，从巩、从革。即：把加工的物品用皮革包裹起来，以加固，表示“加固”“巩固”的意思。当今，“鞏”作为“巩”的繁体字而二字合一。

3. 本义：用双手加工、劳作之状。

4. 引申义：

① 加固

② 巩固

③ 姓氏

5. 其他：参见工、共等字例。

120. ①筑 ②築

1. 字源：

① 小篆写作；楷书写作筑。

② 古文写作；小篆写作；楷书繁体写作築。

2. 背景资料：在古代，筑与築是两个含意完全不同的文字。“筑”是古乐器名，“築”是捣土垒造的意思，即“建筑”。这两个字的构形十分相似，但为什么二者的“表意”却大为不同呢？关键在于对“工”这个既表声，又表意的符号的不同理解。

① 作为乐器名的“筑”，为“五弦之乐”，以竹尺或小竹锤棍敲击而发声。此字的“工”，上下两横应表示乐器两头的横档，中间的“丨”，应是代表琴弦（用一根弦符号代表五根弦）。乐器“筑”，后来改造演进为“瑟”或“筝”（十三弦）。所以《说文·竹部》曰：“筑，以竹击之成曲，五弦之乐也。从竹、从巩。巩，持之也。竹亦声。”

② 如果改换另一种思路，把“筑”字中的“竹”理解为竹器（竹笼、竹排……），“工”理解为制造，营造，“巩”（凡）表示双手操作。那么，我们就会很自然地联想到古代人建造河堤，河坝时，用“竹笼”装满石块或土（起固定土，石作用）来筑堤坝，以抗击水流的冲击。人们把采用“笼石”或“笼土”的方法以垒砌成高墙、高堤、高坝的劳作

方法称作“筑”。后人又在“筑”的下边加了一个“木”（表示筑墙的杵或夹墙板），写作“築”。简化字以“筑”代“築”，二字合一。古文“築”写作“”，“从”（双人，众人义），“”（高字省形），“⊗”（竹笼），“土”（土石），为会意字。

3. 本义：筑，作为築的简化字：用双手以笼石、笼土或捣杵建造堤坝或高墙之状。

4. 引申义：

① 泛指建筑物。

② 建造房子。

③ 捣土的杵。

5. 其他：参见工、巩二字例。

121. 壬 rén

1. 字源：甲骨文写作（壬与工同字）；金文写作；小篆写作（）；楷书写作壬。

2. 背景资料：“壬”字虽然构形简单，但是其文化内涵却非常难解，为了叙述方便，特分几个小段进行解读。

第一，为什么在甲骨文、金文中，常常出现壬与工为同字？有学者认为“壬”（工）是“纴”的初文，“工”像织布的机缕（丝缕），作“天干”时，为借音字。但是，笔者考证，凡“十天干”的甲、乙、丙、丁……壬、癸等文字构形的本义，大多与“天文”相关。例如：天宇（十：甲）。天气（：乙）。天座（：丙）。故称“天干”，所体现的是上古造字者的“宇宙观”和“天道观”。传说黄帝令大挠作甲子（即天干与地支），当时社会根本没有织布机，何谈借用“机缕”（丝缕）作为天干“壬”（工）呢？实际上“壬”是“工”的孳乳字，在甲骨文、金文中，虽然以“工”代壬，但“同形”而异音异义。共工氏的“工”字构形，是天表柱耸立在天地间之状。那么，日夜守候在天表柱下，仰观天文的人便会很自然地自称“工人”，因上古没有“复音词”，都是一字为一词，于是便有了“工与人”的合体字“壬”，此时的“工”字，为一字而二音二义，既读作工，又读作壬。在金文关于天干“壬”的字例中，也有写作“”的，在“工”的中间或下部位置增加了一个“小结点”，为天地阴阳交合，交结的符号，这才使原来的“工”与后来的“壬”字有了构形区别。“壬”在金文聖、望、郢、重、廷等组合字例中，逐步演变成“█”（像一个人站立在天表柱顶端，仰望天空之形），又演变成“”或“”。有人认为这是“工人”二字的合体，像一个人站立在“工”之上，天地沟通，天人沟通之状，其本义应是：站在天表柱上，仰观天文，俯察地理，沟通天地的人，尊称为“天使”。请注意：一人站在天表柱上仰观天文，是一种“夸张式”的图景描写方法。实际上是人在地上进行工作，所以俗称“柱史”或“柱下史”。在汉字中，金文的“有”字写作“”（月在手之下）；“夜”字写作“”（月在腋下）；“朏”pěi 字写作“”（月在趾下）。这些字例的构形原理，与“壬”（天柱在人下）的构形原理相同，皆为夸张式和像征式方法。特此指出，以防误读。

第二，关于“工、壬、巫同意”的问题。①东汉许慎《说文解字》中“某与某同意”的字组共有三十多组，其中包括“美、善同意”“工、壬、巫同意”……对于这些“同意”之说，古今很多学者一直是众说纷纭。于是有人便认为：“同意”不是指文字含意相同，而仅仅指文字构形中，都含有某种相同的“部件”。笔者认为，关键是对这个“部件”本义的正确理解。例如前面第二章四节“上古三大姓”中的“姜”字，有人认为炎帝自命为“姜”姓，是因“牧羊族”首领而得“姜”姓。但现代考古界认为：我国训养羊的历史较晚，到“龙山文化”（即尧、舜、禹时期）才开始训养羊，早期的炎帝时代根本没有什么“牧羊族”。有人又说“大羊、肥羊味美”，所以“美”字从羊。难道大牛、肥猪的味不美吗？有人说：羊的性格温和故“善”字从羊，实际上野羊、野猪的性格都很凶猛，“羊性善”实属后人的附会之词。又说：羊为祭祀的

"三牲"之一，故祀羊则"祥"，实际上中国文化中的"四灵"是指龙、凤、麟、龟。羊没有什么"灵气"，与吉凶无关。所以，笔者认为：姜、美、善、祥四字中"羊"的部件，是指原始的观察天象的"羊角柱"。古人认为：只有领悟天意的人才会美好，吉祥，"顺天者昌，逆天者亡"。这符合上古造字者的世界观、天道观和人生观。如果把表示"羊角柱"的羊，理解为动物羊，那就大错特错了。请见第四章一节"羊角柱"附图。

②"工、壬、巫"三字如何"同意"？关键是对部件"工"的本义正确理解。《说文解字》对工、壬、巫三字的解释分别是："工，巧饰也。象人有规榘也。与巫同意……𢒄，古文工，从彡。""壬，象人裹妊之形。承亥壬以子，生之叙也。与巫同意。""巫，祝也。女能事无形，以舞降神者也。象人两褎（袖）舞形。与工同意。古者巫咸初作巫。"

《说文》对"工"字的解释跳跃性很大，"巧饰"与"像人有规榘"二者的联系令很多学者"困惑"：南唐的徐楷解释为"为巧必遵规矩，法度，然后为工。否则，目巧也。巫事无形，失在于诡，亦当遵规矩。故曰与巫同意"。

清段玉裁《句读》解为："工，直中绳，二平中准，是规矩也，与巫同意。𢒄有规矩。而彡象其善饰。"他把"工"字中的一竖"丨"称作"直"。上下两横"二"称作"二平"，把"工"字构形理解为规矩之"矩"，把古文"𢒄"右边的"彡"理解为"巧饰"，以便于迎合《说文》的"巧饰""规矩"之说。裴梦苏教授在《谈〈说文〉中的"同意"术语与"转注"的关系》一文中说："徐楷的说解有牵强附会之嫌，'工'字应同《段注》所说为一种规矩工具。而后代指使用这种工具的人，后来引申为工巧，工饰……。巫字中含有'工'的部件，不是工具的本义，而是引申义'有抽象规矩的人'。再后来'工'的词意继续扩大，直接泛指'人'。所以'壬'与'巫'同意，象人裹妊之形。"（见《汉字文化》2016年1期）

③ 笔者认为：裴梦苏的解释同样是把“工”字理解为规矩的“矩”字，然后引申为工具，再引申为使用工具的人，再抽象化泛指“人”，故工、壬、巫三者“同意”。这种逻辑推理，同样有牵强附会之嫌。东汉许慎是根据当时流行的“小篆”和少量籀文、古文的构形情况进行“判断”和解读的，他没见到“工”字的甲骨文写作：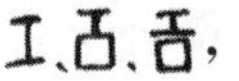，金文写作：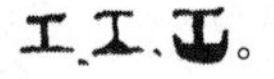。而“巨”（矩）的金文写作：象一人手持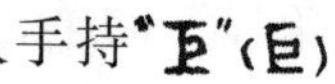之形。“工”字的构形与“巨”（矩）的构形有着十分明显的区别。上古的“巨”中间有一个“⊃”符号，表示方尺（直尺）的“手柄”，以便使用者用手握持。也有些学者把“工”字的甲骨文、金文或误解为“象斧头形”，由斧头引申为劳动工具。实际上，下部的或是表示方台（天文台、天台），是天表柱耸立在天台上之状。

笔者曾反复强调，上古的“巫史集团”是中国最早的知识分子，他们是工程技术人员、科学家、医学家、艺术家，也是文字的主要创造者，传说史官（史皇）仓颉造字，而仓颉本身就是“巫史”。

他们善于应用“阴阳哲学理论”和“天人合一”思想指导造字的一笔一画构形。而文字构形中大量表示天象、天理、天表柱、天文台、天气、阴阳的符号常常被后人误解为土堆、石块、木棍、线绳、刀、斧等日常生活一般物品，结果在说文解字时出现“失之毫厘，错之千里”的情况。此处把天表柱耸立在天地之间之状的“工”，误解为方尺“矩”或斧头之类，把“壬（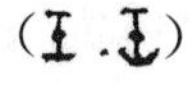）字中间的“小结点”误解为“线团”等，就是陷入“误区”的例子之一。

总之，工、壬、巫三字，皆可称“历史文化的活化石”。

3. 本义：“壬”的本义应是：一人站在天表柱上，仰观天文，俯察地理，沟通天地之状。尊称为“天使”。俗称“柱下史”或“柱史”。

4. 引申义：（1）由天地沟通的人，引申为人神沟通的人，与“巫”同意。

（2）由高耸的天表柱，引申为大、盛大、高大。

(3) 由肩负天地沟通的重大使命，孳乳“任”字。（任命、任职、责任）

(4) 借作“天干”的专用字。

5. 其他：

(1) 参见工、聖（圣）、任、妊、巫等字例。

(2) 参见第二章第二节：“阴阳交午”符号例表。

(3) 参见第一章第三节：“巫史集团的创建，历史贡献及分化，分流”相关内容。

(4) 参见第六章第一节：“巫史集团的内部分工：技工巫，天文巫、祭祀巫、医巫”的相关内容。

122. 任

1. 字源：甲骨文写作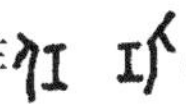；金文写作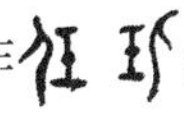；小篆写作；楷书写作任。

2. 背景资料：“任”字的甲骨文从，金文从，此处皆隶定作“壬”。在前面解读工、壬、巫三字同意时已经作了详细论述，此略。“壬”既然是沟通天地的天使（天文巫），那么人们必然会由此产生很多的“想象空间”，即引申之义。于是孳乳了“任”字来承担这些引申义。例如由“天使”肩负着天地沟通、天人沟通的重大使命，引申出肩负、担荷、职责、责任、职位、任职、任用等文化含意；再由肩负、担荷引申为担当、承担；再由“承担”引申为保养、保育；由“任用”引申为信任等。

关于任姓及古任国的历史文化。任姓，是伏羲氏风姓系统的一个重要支姓（支族）。晋皇甫谧《帝王世纪》载“母曰任姒，有蟜氏女，登为少典妃……感生炎帝”。王大有《三皇五帝时代》第 169 页：“炎帝母名任姒。（壬），显然是司掌日天竿晷度的柱下史。”《左传·僖公二十一年》：“任、宿、须句、颛臾，风姓也。实司大皋（太皞）与有济（古济水）之祀。”意思是说：此四国，为当时春秋时代的风姓太皞伏羲氏的后裔，国人奉祀太皞和济水之神。

我们从上述资料可知：(1) 任姒为炎帝的母亲，可见任姓的历史悠久。(2) 在伏羲太昊时代的“巫史集团”中，“少典氏”是因创造文字，记录天象，并整理成典册的“功德”而得名，是属男巫（觋）。“有蟜氏”是女巫，而任姒是有蟜氏之女，当然也属女巫（柱下史）的类别。(3) 任姓氏族的“邦国”（方国）一直沿续到春秋时期，为中华民族的文明作出了很多贡献。(4) 任姓有众多分支，此略。

3. 本义：肩负天地沟通，天人沟通重大使命的人（壬通任）。

4. 引申义：

A：读音 rèn，由“肩负重大使命”而引申出：

(1) 担当；承担（任劳任怨）。例如：任命（承受命令）。

(2) 责任；职责。《论语·泰伯》“仁以为己任”。又例如：以天下为己任、任重道远。

(3) 任用。《尚书·大禹谟》“任贤勿贰”。又例如：知人善任、任人唯贤。

(4) 职位。（上任、卸任）

(5) 由任用，引申为信任。《史记·屈原贾生列传》：“王甚任之。”

(6) 由承担，引申为保养、保育。《白虎通·礼乐》：“任养万物。”

(7) 放任，不拘束。例如：任性、任情，任气。

(8) 通“妊”，怀孕。《汉书》：“刘媪任高祖。”

B：读音：rén

(1) 任通壬。

(2) 作姓：任姒为炎帝之母。任姓有三种主要来源：

一是出自风姓，是太昊伏羲氏的后裔。二是出自姬姓，是黄帝的少子禹阳，受封于任地，其后以国为姓（见张澍《姓氏寻源》）。三是出自黄帝的赐姓。传说黄帝有 25 子，得姓者有 14 人，为 12 姓（姬、酉、祁、任、僖、姞……）其中被赐任姓者，后裔以任为姓（见《国语》）。

(3) 古国名：春秋时在今山东济宁市（古任城县）境，为“风”姓之裔（任国）。

(4) 汉代女子的爵位名，也作男爵（见《汉书》）。

5. 其他：

(1) 参见工、壬、妊、巫字例。

(2) 参见第二章第四节。

123. 妊 rèn

1. 字源：金文写作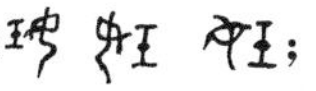；小篆写作；楷书写作妊。

2. 背景资料：任和妊，都是“壬”的孳乳字，三者的文化内涵相通，只是在表意上各有分工和侧重而已。所以在古文献中常出现任通壬，任通妊的情况。“壬”字甲骨文写作“工”（天表柱耸立在天地间之状，表示通天达地，沟通天地的人）。工与壬为同字。“壬”的金文有时仍然写作“工”，有时演变为“”，在“工”的中间位置增加了一个“小圆点”，为天地阴阳交午（交通、交和）的符号，使“壬”字表意更加明确，其侧重点在观测天象，天地阴阳交通、交和的方面。但是古今有些学者把“工”误解为“丝缕、斧头”或规矩的“巨”，把“（壬）”字中间的“小圆点”误解为缠绕的线团。许慎《说文》认为：“壬，象人怀妊之形。”当代学者李学勤先生说：“古文字直笔常加点，仅起修饰作用，无含意。”笔者认为：以上将“”（壬）解读为日常生活中的丝缕、斧头、缠绕线团、怀妊的人等等都基本上是“望文生义”。应该牢记：“哲学——总是时代精神的灵魂。”上古哲学的核心就是阴阳理论，即“气生万物”“精气为物”的宇宙观和生命观。《老子》曰：“道生一，一生二，二生三，三生万物。万物负阴而抱阳，冲气以为和。”此处的“一”指元气；“二”指阴阳二气，“三”指冲和之气（和气）。“”（壬）字中的“小圆点”，应是天地阴阳二气相交合的符号。《周易·泰卦》象辞：“天地交，泰。”意思是说：当天地阴阳二气相交和（交通）时，则风调雨顺，万物萌生，五谷丰登；则丰衣足食，国泰民安，大吉大利。而“壬”字含有天地之气，阴阳交和的符号，再引申为男女阴阳精气交和（交配）而怀孕，受妊，于是孳乳了“任”“妊”二字，且任通妊。总之，我们必须用阴阳哲学理论来解读壬、任、妊三字的构形原理。

3. 本义：承接天地阴阳交和之气，孕育新生命的女人。

4. 引申义：（无）

5. 其他：

（1）参见工、壬、任等字例。

（2）参见第二章。

（3）参见第六章第一节中关于“哲学总是时代精神的灵魂”。

124. 聖（圣）shèng

1. 字源：甲骨文写作；金文写作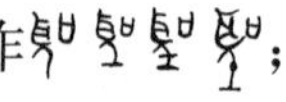；小篆写作；楷书写作聖，简化字：圣。

2. 背景资料：“聖”字的甲骨文从耳、口、人；金文从耳、口、壬；小篆和繁体楷书皆从耳、口、壬。如何解读“聖”字的构形原理及本义呢？很多学者认为：“耳”表示听力极好或耳听八方之意，“口”表示能言善辩或善于纳言之意，“壬”表声或作“呈”声。所以“聖”的本义应是“听力极好的人”，或者是“闻声知情的人”。引申为“无事不通的人”或“聪明非凡的人”或“具有最高智慧和道德的人”。再引申为具有某种高超技艺的人，如“诗圣”“茶圣”“草圣”。《说文解字》：“聖，通也。从耳，呈声。”此处的“通”，一般理解为“无事不通”之意。《段注》曰：“聖从耳者，谓其耳顺。”笔者认为：以上解释，都有一定的道理，但却忽视了文字符号“壬”的文化含意，也忽视了上古造字者的哲学理念——宇宙观、天道观。试问，人的“生命”从何而来？答曰：阴阳交和，万物萌生。再问：人的聪明和高超智慧从何而来？答曰：只有善于领悟天道，通于天地，循天道（自然规律）者，才能调和万物，才能显示出高超的智慧和才能。而“聖”字中的“壬”，是沟通天地的天使、柱下史的符号。赵诚《甲骨文简明词典》：“古人认为，聖（圣）者闻声知情，通于天地，调畅万物，所以聖（圣）字用有所听闻来表示。”而“壬”就是“通于天地的人”。甲骨文“聖（圣）”中的“人”与金文，小篆“聖（圣）”中的“壬”同意，就像“年”字的甲骨文、金文写作“”或写作“”的造字原理一样。

3. 本义：闻声知情、善言解惑、通于天地、调畅万物的人；或为“耳”能闻声知情，“口”能善言解惑，“身”能通于天地、调畅万物的伟人。

4. 引申义：

（1）第一引申义是：具有最高智慧和功德的伟人。例如：传说燧人氏在“类鹄鸟”（又称火神鸟，天使鸟）的启迪下，发明了钻燧木而取火的方法，为人类抗严寒，吃熟食，减少疾病，延长寿命作出了巨大贡献。于是，天下百姓尊称他为“圣人”。又传说伏羲氏仰观天文，俯察地理，始作“八卦”，以通神明之德，以类万物之情。于是，天下民众尊称他为“圣人”和“人文始祖”。又传说炎帝魁隗氏，观北斗以定四时，以“天时”指导“农时”，并发明耜耒（锄铲）等劳动工具，发展了农业生产，于是，天下民众尊称他为“圣人”和“神农”。

（2）由于上古“三皇五帝”被尊称为“圣人”，后世帝王自称“天子”，自称是具有“圣德”的人，所以也被尊称为“圣上”，皇帝的指令称“圣旨”。

（3）泛指在某些方面“才能超群”的人。例如：诗圣、茶圣、书圣。

（4）由“通于天地”，引申为“通达事理”。古代人尊称母亲为“圣善”，即通达事理，慈善可亲的人。

5. 其他：

（1）在古代，“圣”和“聖”是两个含意完全不同的字。“圣”是河南省西部一带方言字，为“掘土”的意思。今“聖”简化为“圣”，令人费解。

（2）参见壬、任、望等字例。

125. 朢（望）wàng

1. 字源：

甲骨文写作；金文写作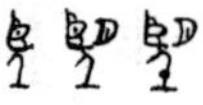；古文写作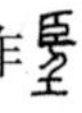；小篆写作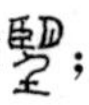；楷书写作朢，简化字：望。

2. 背景资料："朢"字的甲骨文、金文、小篆构形都是一个人头顶上有一只大眼睛，仰望天空之状。而金文、小篆、楷书在右边增加了一个"月亮"的符号，会意为"睁着大眼睛仰望月亮"。值得注意的是，"朢"字的下部是"人"或"壬"的符号，它告诉我们，仰望月亮的人，不是指一般人，而是"日观太阳，夜观月亮"的天文观察者"壬"。传说黄帝令羲和占日，常儀（仪）占月。又传说"羲和生十日"，即发明十日为一旬的记录"日期"的方法。"常儀（仪）生月十有二"，即发明十二个月为一年的"纪月"方法。后世以常儀（仪）为原型，演变成"嫦娥奔月"的神话故事而广为流传。这里有必要探索一下"年"字的构形原理：甲骨文写作""或""，象人头顶莱（小麦）或谷物之状。隶定作""。金文写作。因为古代小麦，谷物一年只能收成一次，故用成熟的"禾"来表示从春生到秋收冬藏的时间概念。关键问题是"年"字为什么从人或壬？很明显，此处的人与壬同意，是指"通于天地"，用"天时"指导"农时"的天文家们，具体讲就指发明"纪年法"的"巫史"（壬）。

另外，关于"望"字，金文写作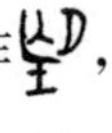，从月，从壬，亡声，与"朢"字的含意相近似，后世将"望"作为异体字，再后来作为"朢"的简化字了。

1. 本义，天文观察者（壬）睁大眼睛，仰观月亮运行之状。

2. 引申义：

（1）向远处看。如，登高望远。

（2）夏历每月十五日前后的月亮。当太阳西下之时，月亮从东方升起，出现“日月相望”，称“望日”。

（3）盼望、希望。

（4）人所瞻仰，又引申为名望，声望。如：德高望重。

（5）探望，看望。

（6）古代遥祭山川之举，叫“望祭”。

（7）观察。如：望气、望月、望日、望星辰。

3. 其他：参考壬、聖、年、重等字例。

126. 重 zhòng/chóng

1. 字源：

金文写作；小篆写作；楷书写作重。

2. 背景资料：“重”字构形很简单，金文从“”（人），或“壬”，从（東）。小篆的构形也是从壬，从東。楷书从壬，从東（省形）写作“重”。《说文·重部》：“重，厚也，从壬，东声。”林义光《文源》：“从壬，東声。壬者，人挺立于地，为厚重之象。”这种解释似乎有点牵强，它把挺立于地的人称作“壬”，因大地是厚重的，用“人在地上站立”表示厚重；那么草木长在地上，扎根于土地之中，也可表示“厚重”吗？显然情理不通。笔者认为：“重”字虽然构形简单，但文化内涵却十分难解，必须把“上下五千年”的文明史考虑进去。

（1）传说伏羲氏太昊有四个儿子，“重”是其中之一。“少昊之前，君子以德为号。“重”这一名号，如何从文字构形中体现他的“功德”呢？

（2）又传说颛顼帝令重为南正，司天以属神；令黎为火正，司地而属民。试问“重”字的构形，如何体现司掌天文，祭祀天神呢？其实“重”字中的“壬”，就是当时天文观察者（又称巫史，柱下史）的符号。“東”即表声又表意，而“東”字的构形原理也可称“历史文化的活化石”。“東”的甲骨文写作，其构形原理众说纷纭，有学者认为像无底的布囊中盛以实物，两端紧束之形，是“東”（）字的借用字，并在中间附加了一横，以作区别。也有学者认为“東”字是“日在木中”之象，早晨太阳升到树木中间位置，表示日出东方之意。但也有人反对说：下午日落到一竿子高时，也呈现“日在木中”之象。笔者认为，以上都是用现代人的思维定势去解读上古人对东，西、南、北等文字造形的理解。《尚书·尧典》：“分命羲仲、宅嵎夷，曰暘谷。寅宾日出，平秩东作。”羲仲是颛顼时代司天官重的后裔，帝尧命他居住在东海之滨的暘谷，恭敬地迎接日出，测量太阳每天东升的时刻，以确定仲春（春分）时节。古人认为，日出东方“暘谷”，日落西方“虞渊”。又传说：“暘谷”之上有“榑木”（又称扶木、扶桑、神木、建木）实际上就是观测天象的“表木”（即天表柱），而“日在木中”的“東”字，正是日出暘谷，位于“榑木”中间位置之状。“東”字中的“木”，千万不能理解为泛指天下所有的树木。

“重”字从壬，从東（东也表声，表意）。“壬”是天文观察者、司天官、巫史的符号。“東”是日出暘谷，上升到天表柱（榑木）中间位置的符号。由此可知，“重”的本义是：观测并记录每天日出东方的时刻的迟早，以确定孟春（立春）、仲春（春分）时节的司天官。

据考证：太昊之子“重”，由人名演变为氏族名“重氏”，历炎帝、黄帝、颛顼帝，历世皆为天文官（巫史）。

3. 本义：观测并记录每天日出东方时刻的迟与早，以确定孟春（立春）、仲春（春分）时节的司天官。

4. 引申义：

（1）第一引申义是：由观测日出东方时刻，以定时节的职责，引申为其功德“份量大”，与“轻”相对应。如：重大、轻重。

（2）由“重大”引申为“重要”。如：身负重任、军事重镇。

（3）厚；严。如：重赏、重刑。

（4）庄重；端重。

（5）因“重氏”历世司掌观测日出东方，确定仲春（春分）时节，便孳生出很多与“农时”或“时刻”相关的文字。例如：“種”，播种、种子。“鍾”，古人以钟声报时（或以钟声奏曲以娱神）。

(6) 因太阳每天东升而西落，日复一日，年复一年地永不停止，所以“重”字引申为“周而复返”，即“重复”的意思。例如：重复、重新开始、重叠。

5. 其他：参见壬、聖、量等字例。

127. 量 liàng/liáng

1. 字源：甲骨文写作；金文写作；古文写作；小篆写作；楷书写作量。

2. 背景资料：“量”字的甲骨文从日、从東。金文、古文、小篆和楷书皆为从日、从重。《说文・重部》：“量，称轻重也。从重省，曏省声。”于省吾《甲骨文字释林》：“（量）从日，从重，系会意字。”“量所以量度物之多少轻重，其从日，系露天量度之义。”“量”字含有两个“日”，如何进行会意呢？“重”字是司天官（壬）观测记录每天日出东方时刻之意。那么再在“重”的头顶部增加一个“日”，则是表示昨天的日，或前天的日，或很多天数的日。而太阳在运行中，每天日出的时刻是稍有不同的，今人称作“时差”或者“昼夜时差”。古人称作日短（冬至点），日中（春分，秋分点），日长（夏至点）。天文观察者把每天日出时刻进行测度、计算、比较，以了解“时差”和确定“时节”，这种测度过程就叫作“量”。“量”字的本义是测度“时差”的长短，后世引申为容量、体量的大小或多少。

3. 本义：天文观察者对每天日出时刻的迟早进行测度，计算，比较和记录，以了解“时差”和确定“时节”的测度过程。

4. 引申义：

(1) 作动词：测量、度量、丈量，《说文》“量，称轻重也”。

(2) 作容器名词：古人对斗、升、斛的统称。量具、量器、容量、体量。

(3) 容纳的限度：限量、胆量、酒量、肚量、力量，“前程无量”。

（4）估计：估量，“量入而出”。

5. 其他：参见壬、重等字例。

128. 廷 tíng

1. 字源：

金文写作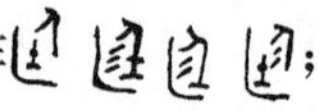；小篆写作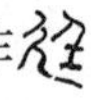；楷书写作廷。

2. 背景资料：在《辞源》《辞海》等工具书中，都把“廷”字的第一含意解释为“古代君主受朝布政的地方，朝廷”。《说文》：“廷，朝中也。从廴，壬声。”而“廴”是甲骨文、金文“”（行）字的左半边的引长之形，表示“长行”或“长远的行道”。如果按《说文》的说法：“廴”表意，“壬”表声。那么，我们就无法把“廷”字的构形原理会意成“君主受朝布政的地方”，找不出因果关系。笔者认为，关键是对“壬”既表声，更表意的解读上。“廷”的金文字例中，大多写作或者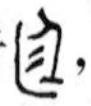，由“”（长远的行道）、“”（光芒）、“壬”（天文观察者）三个“部件”组成，可以会意为：通于天地的天文观察者，行走在光明的大道上；也可会意为：通于天地的伟人（天使），为天下民众开创光明大道；引申为：通于天地的天子（君主、帝王）循天地之道而受朝布政；再引申为：帝王受朝布政的地方。请注意：①“廷”字的金文有时写作“”，其中的“”是“”（壬）的异写，含意相同。不是土地的“土”。②“”本义表示长而远的行道，此处可引申表示“天道”或者“天地之道”的哲学概念。

3. 本义：通于天地的伟人（天文观察者：壬），为天下民众开创或探索光明大道。

4. 引申义：

① 因为“天使”（壬）可以引申指“天子”（君主、帝王），所以“廷”引申为：通于天地的帝王（天子），循天地之道而受朝布政，再引申为“受朝布政的地方”。如：朝廷、廷试。

② 地方官员理政的公堂也叫“廷”。如：郡廷、县廷。

③ 由帝王循“天地之道”而受朝布政，引申为公正、公平。如：秦汉设置“廷尉”，掌刑法。唐代颜师古注：“廷，平也。汉狱贵平，故以为号。”

④ 通“庭”。“庭”是“廷”的孳乳字，后起字。

5. 其他：参见壬、聖、朢（望）、重等字例。

129. 庭

1. 字源：

金文写作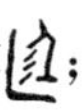；小篆写作；楷书写作庭。

2. 背景资料：“庭”是个后起字，由“廷”孳乳而来。所以，金文“庭”仍写作“廷”。前面讲了，帝王受朝布政的地方叫“庭”（朝廷）。后来地方官吏理政的公堂也叫“廷”。司掌刑法的官员称“廷尉”。传说尧舜时代的法官（大理）审案时，不在屋内而在阳光之下的“棘林”，以显示公正、正大光明。秦以后，司法机关审案改在屋内（公堂、大堂），于是新造了一个“庭”字，从廷，从广，后世称作“法庭”，审案开始，叫作“开庭”。再到后来，“庭”引申指高大的厅堂（庭堂）或大院子（庭院）等。

3. 本义：循天道而司法理政的大房子。

4. 引申义：

① 因“庭”是“廷”的孳乳字，古文献中廷与庭字经常互通。

② 司法机关审案的地方。如：法庭、开庭。

③ 厅堂。

④ 院子。如：庭院、庭园。

130. 巫 wū

1. 字源：

甲骨文写作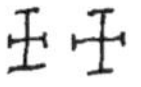；金文写作；诅楚文写作；《侯马盟书》写作；古文写作；小篆写作；楷书写作巫。

2. 背景资料：对“巫”的构形如何解读？学术界一直存在分歧，有以下观点：①“构形不明”说。赵诚《甲骨文简明词典》：“（巫）构形不明。”不妄加猜想，应算是一种严谨的态度。②“两袖起舞”说。许慎《说文解字》：“巫，祝也。女能事无形，以舞降神者也。象人两褎舞形……”可是，我们左看右看，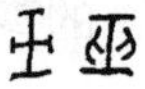都不像人两袖起舞之形。仰韶文化彩陶盆内，绘图“”为多人手牵手起舞状。古岩画以形表示起舞状。而小篆“”是左右二人端正地守立或守坐之形。当然，东汉许慎没见到过甲骨文、金文的“”字，仅以小篆体“会意”。③“工具”说。左民安《细说汉字》（九州出版社 2002 年版）认为：甲骨文、金文“”中的“I”和“⊢⊣”很像古代的度量工具，后来才专指能以舞降神的人。

笔者认为：工、壬、巫三字是历史文化的“活化石”。必须参考古代历史文献资料，包括历史“传说”和“神话传说”故事，探索上古、中古中国“巫史集团”的产生、发展、分流及历史贡献。只有这样，才能帮助我们了解“巫”字构形的真正含意。

①“巫”字的甲骨文、金文和诅楚文都写作“”，其中的“I”是天表柱耸立在天地之间状，是天文中心的景象，是属于静态的“物象”；“⊢⊣”是表示共工氏在天表柱下观察、测量天象的符号，是属于动态的“人象”。其参考依据如下：据王大有《三皇五帝时代》第三章介绍，传说早期的伏羲氏为了仰观天文、俯察地理、探索“天地之道”的哲学理论，组织了一批才能出众的人建造“天文中心”，于是才有了“共工”和“共工氏”的命名。当“天文中心”建造完成之后，便命“共工氏”为上相（居龙官），柏皇氏为下相（黄龙官），朱襄氏为左监（飞龙官），昊英氏为右监（黑龙官）……伏羲“以龙名官”，众臣辅助以治理天下。共工氏兼任“天文中心”的总管，司掌天文观测、历法和祭天权。于是，共工氏族（团体）的大部分仍然从事器物制造、工程建筑、技术发明。另有一部分骨干人员转为天文观察者，成为伏羲氏所创建“巫觋集

团”中的重要成员，即最早的“巫史”。所以说，“巫”（）字构形中的“⊢”是表示共工氏族人员在天表柱“丨”或“I”下观察天象的符号，是属动态的“人象”，后世演变为“巫”（从工、从二人），为“二人”守候在天表柱“丨”下，昼观太阳，夜观月亮、星辰之“形象”。又传说“共工氏”又号“大廷氏”或“大庭氏”，很多人简单理解为建造“大房子”的意思，实际上，此处的“廷”字应取其本义：通于天地的天文者“壬”，为天下民众开创（或探索）光明大道的意思。“廴”是长行的大道。从上古神话传说故事可以推测：共工氏自伏羲、女娲时代，到颛顼帝时代，都是“天文中心”的重要主司人员之一，俗称“大巫”，身为技工巫、天文巫和祭祀巫的全能者。

②“巫”字在考古发掘的《侯马盟书》中写作“”，其中的“▽”是“▭”的异写，表示天文台、天台，是个“表意”符号。古文“”其构形看起来很复杂，其实很容易解读：“▽”是天台。“”是左、右二人站立在天文台上，表柱“丨”的两旁，观察天象之形；而下部的“”是双手操作（计算、测量、记录）之意。这个字形把当年巫史们“仰观天文，俯察地理”的劳作“场景”描绘得生动而具体。不足的是，构形太复杂，不便于书写。于是，后世简化为“”，楷书作“巫”。

关于“巫史集团”的历史贡献及分流，已经在第一章第三节中作了较详细的介绍，又在第六章第二节作了进一步介绍，又在字例“壬”字的背景资料部分作了深入探讨，请参阅。

笔者认为，有必要将另外一条资料抄录如下，供大家参考：

吴汝祚《中国古代文明与巫》指出：巫与巫术成为糟粕是后来的事情。在史前社会，巫有着崇高的社会地位。考察新石器时代的一些重要遗址如舞阳贾湖、濮阳西水坡、牛河梁遗址、良渚文化遗址、醴县十八垱、秦安大地湾、临潼姜寨等处，可以得出一个结论：巫是天文知识、地理知识、数理知识、医药知识等文化知识的掌握者和传承者。许多令人惊奇的史前文化、艺术成果都与巫有关。（此文在《中国社会科学院古代文明研究中心通讯》2001 年第 2 期转载)。请注意：上述“文化知识”包括以“八卦”阴阳哲理为基础的宇宙观、天道观、人生观、宗教观等。

3. 本义：坚守在天表柱下，昼观日、夜观月星等天象，以探索天道自然规律的人。(与工、壬同意)

4. 引申义：

① 由沟通天地的人引申为能与神交通的人。

② 古人认为“天垂象，见吉凶”，引申为预测吉凶的人。(占卜者和天文观察者)

③ 探索医药、针灸理论、方法的人。当“医学”成为一门独立的科学后，“巫术”演变成为迷信和糟粕。

5. 其他：

① 参见工、壬、任、圣等字例。

② 请注意：本书多次提到：“伏羲氏仰观天文，俯察地理”，又为“人文始祖”。工、壬、巫们“仰观天文”。此处所谓“天文”：是指天道自然规律，包括天文《历法》等。“人文”：指人道(人伦)社会规律。

131. 毉

1. 字源：

小篆写作；繁体楷书写作毉、醫；简化字：医。

2. 背景资料：由于现存考古资料的局限，目前还没发现“医”字的甲骨文和金文字例。在《辞海》中，“毉”同“医”字；而“醫”为“医”的繁体字。在古代文献中，“醫”字比较通用，而“毉”字也比较多见，例如：《国语·越语上》：“将免(娩)者以告，公毉守之。”很多学者认为：古代巫与医，皆除病免灾，故“醫”字或从巫，作“毉”。

① 凡谈到“医”字，必定涉及远古的“巫医术”(巫术与医术的合称)。实际上，“禳”(ráng) 法并不是“巫觋”所发明，在人类早期的“燧人时代”就自发地产生了。在旧石器时代后期与新石器时代早期，

人类的文明程度仍然较低下，对各种天灾、疾病的应对方法主要有两种：一是“驱赶加祈祷法”即“禳”。《说文·示部》：“禳，磔禳祀，除疠殃也。古者燧人禜子所造。”二是“咒语法”。刘俊华《中国神秘文化》（首都师范大学出版社 1994 年版）说：“早期的人类，靠‘咒语’治病，后来逐渐辅以药物、针灸，产生了‘巫医术’，后又经过漫长的演变，到春秋战国时期，‘医师’终于从‘巫师’中分离出来。”

据《世本·作篇》载：“神农和药济人。”“巫彭作醫（医）。”“巫咸作筮，巫咸作鼓，巫咸作醫（医）。”另有神话传说：“神农尝百草。”巫彭是炎帝神农时代的人，“彭”是敲鼓的响声，可见“巫彭”的名号含有“击鼓奏乐以娱神”的“功德”，属祭祀巫，又是探索医药科学的“医巫”。关于“巫咸”：一说“太昊生咸鸟”，而咸鸟就是巫咸；一说为黄帝时代人；一说巫咸是帝尧的医师；或说是商代的名医，商王的大臣、医师。据以上种种传说，巫咸可能是世袭的巫医氏族名称，即“巫咸氏”。“巫咸氏”不仅历世探索医学，还发明了“针灸”疗法。今天的“针”字，古代写作“鍼”，从金、从咸。古有“九鍼”之说，即九种不同的“灸针”或手术工具。今考古界已发掘汉代“九鍼”实物（河南满城西陵山遗址）。

② 在探索我国中医药起源时，有人提出了一个似乎“奇怪”的问题：当年的神农氏为什么会想到“尝百草”和药而能够治病呢？他当初的想法所产生的理由是什么呢？回答这个问题，必须回到“哲学，总是时代精神的灵魂”这个大命题上。人文始祖伏羲氏仰观天文、俯察地理，首创了“八卦”阴阳哲学理论，认为世界是物质的，物质是运动和变化的，即天地阴阳之气在激荡中“化生”万物。而“万物”（含人类）当阴阳调和时，则生、则盛，阴阳失调时则衰、则病、则死。“万物”各有其性（或阳刚火热或阴柔凉寒……），传说炎帝作《连山易》进一步继承丰富发展了“八卦”思想，用“百草”寒、热、甘、苦等不同的属性，来“调和”人体内阴阳失调所致的“病”。由此开端，无论是“神农氏”，还是从事天文、祭祀的巫咸氏、巫彭氏等等，都是以“八

卦”阴阳理论（朴素唯物论和辨证法）为指导。自伏羲氏太昊创建“巫史集团”以来，探索医学理论和方法的历史使命主要落在了“巫”的肩上。所以，后来有了西王母属下的“十巫”们皆操不死之药的神话传说。

③ 关于“醫”字构形中的医、殳、酉的文化含意。“医”，本义是盛弓、弩、箭的器具。而在此处“医”应理解为盛“九鍼”的匣子，后演变为手提的“小药箱”。“”（殳）上部是一个人因病蜷卧状，下部的“”手，应是医生用手治病状。“酉”一般理解为“用酒治病”，这种理解太肤浅，酒的发明是舜、禹以后的事，传说中的巫彭、巫咸（帝舜之前）可能没有见过酒。此处的“酉”（陶罐）内可盛药草、药丸、朱砂、矿粉等固体药物或药剂（水剂），不能单指“酒”。

3. 本义：身带“九鍼”匣子和药罐，为人治病。或为人治病的巫师。

4. 引申义：

① 医生。如：良医、兽医。

② 治病。如：行医、医病。

③ 醫、毉互通，今皆作“医”。

5. 其他：参见字例“巫”。

第七章　试论史吏使事为同一字

在远古时代，巫与史是一家。传说黄帝令史官苍颉造字，后世尊称他为“史皇”（参见《世本·作篇》，《辞源》“史皇”条）。巫史是中国历史上最早的知识分子，也是文字的主要创造者，而“史”字的构形原理，则充分体现了其“仰观天文、俯察地理”的“原生态”（即工作状态）。本章试图将“史”字的构形，作为“天文符号”进行论证。

第一节　“史”（吏、使、事）字的中、𠁩符号究竟为何物

甲骨文和金文的“史”字：有时写作史、史，从中、从又，隶书作“史”，楷书作“史”；有时写作吏、吏，从𠁩、从又（又、手），隶书作吏，楷书作“吏”或者“使”；有时写作事、事，从𠁩或串，从又（又、手），隶书作“事”或“事”，楷书作“事”。由此可见，在上古时期，史与吏、使、事四字同为一字，后世把它们细分为四个字，并且在古文献典籍中常常是“相互通用”，再到后来，各自的“词意”才有了明确的“分工”。

“史”字的构形原理至今仍然是个谜，原因是不知道“史”字的构件中或𠁩或串为何物，不知如何“会意”。赵诚《甲骨文简明词典》“史”条说：史（史、史），从又、持中会意。中或𠁩为何器物？众说纷纭，皆不可信……史在商王左右，地位较高，或主持祭祀，或记事，或为君王的

大使……有东史、西史、北吏、南史，为派出之史。卜辞中不仅人间的君王有史，天上的上帝也有史，称“帝史”。

为了便于深入探讨，笔者把目前学术界对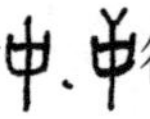符号的种种“猜想”简要呈示：

① 构形不明说。例如上述赵诚先生的观点，构形不明，不妄加猜测。

②“中正”说。例如《说文解字》：“史，记事者也。从又持中。中，正也。”这里是把“史”字内的符号“”字理解为中正、正义。但许慎是根据小篆而言，并未见到甲骨文、金文“史”字从或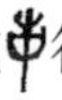符号，而这些符号肯定不是简单的中正之“中”。

③“刀笔”说。骈宇骞《中华字源》认为：“史（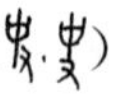）是手拿着笔（或契刻的刀笔）秉公记事之形。”把“”理解为“笔”，对符号代表何物，避而不谈。

④“长柄网”说。左民安《细说汉字》认为：“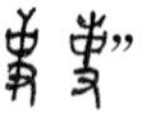”（史）是手持长柄网捕捉禽兽之形。本义是指管理狩猎和记录猎物数量，分配猎物的人，后来引申为记录国家大事的人，即“史官”。大家都知道，在上古社会，国家大事主要有两项，一是祭祀，二是战争。祭祀活动主要由长期观测并记录天象，懂得天文、地理、能沟通天地的“巫”负责，国君怎么会让“手持长柄网”的猎人来担任记录国家大事的“史官”呢？的确不可信。

⑤“简册”说。有人认为“”像一大卷书写好的“简册”，史是手执简册的人或书写简册的人，称“史册”。可是，当“史”字写作时，无法解读、代表何种器物。所以“简册说”也不可信。

笔者认为：要想弄清“史”字的构形原理，必须要有符合历史社会背景的思维导向，必须承认“巫”是中国最早的知识分子，也是文字的主要创造者。在当时社会，什么人最需要“文字”？不是狩猎者，也不是渔业者、农耕者，而是那些仰观天文、俯察地理、日夜守候在天文台、天表柱下观察、测算、记录日、月、星辰、风、云运行变化情况的人。没有文字，就无法记录；没有记录，就无法知道日复一日，年复一年，百年轮回，千年轮回的“天地之道”（自然规律），无法了解“天垂象，见吉凶”，更无法制定“历律”以指导农时。于是出于“记录天文”的需要、逼迫巫觋们千方百计地去创造文字。而那些日夜守候在天文台、天表柱下观测并记录天象的巫，便有了另外一个称号“史”，又称作“柱下史”。传说黄帝令史官苍颉造字，后世尊称为“史皇”。苍颉就是一位“柱下史”（巫）。巫与史是一家。笔者认为：甲骨文、金文“史”字的构形，就是巫史在天文台、天表柱下观察、记录天象之形。“史”字从（手）表示操作、记录；从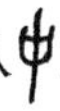或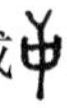或，三种写法不同，但含意相同，其中的“”是表示天文台（又称方台、神台、灵台）；“”是表示天表柱，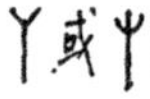的顶部多了一个的符号，是属阴阳交午，天地交午的符号，就像当今北京天安门前的“华表柱”上部有一块横向的“云板”一样，与柱身交叉呈“”形，所以华表柱又称“交午柱”，古代哲学和天文学认为：当天地呈阴阳交午之象，则为国泰民安之大吉之兆。所以，是“交午柱”的符号，是天表柱的别称。

由此可知：“”是天表柱深立在天文台中央，通天立地之状。而或是“交午柱”深立在天文台中央，通天达地之状。、、三符号的文化内涵相同，属“同物而异象”。

“史”字的本义是：在天文台的天表柱下，观测、记录天象，日夜操劳的人。俗称“柱下史”或“柱史”。

第二节 史、吏、使、事字解

132. 史

1. 字源：

甲骨文写作；金文写作；小篆写作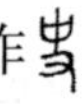；楷书写作史。

2. 背景资料：“史”字的构形原理和历史文化背景资料，已经在本章的“引言”和第一节进行了详细介绍，请参阅，此略。

3. 本义：在天文台的天表柱下观测、记录天象、日夜坚守和操劳的人，俗称“柱下史”或者“柱史”。

4. 引申义：

① 因为“柱下史”是观测、记录天象的人，所以史字第一引申义是“沟通天地的人”，再引申为“能与神交通的人”。在巫与史没有“分流”之前的社会里，“史官”不仅负责天文、历法、记事，并且主持祭祀，西周时期称“太史”。

② 由“沟通天地的人”，再引申为“上下交通的人”。例如：先秦时期君王身边有“内史”，派往外地的有东史、西史、南史、北史等。“天帝”的史者称“天史”（天使）或“帝史”。又引申为“邦国”之间相互交通的人，称“邦交使”或国史（使）、大使等。

③ 由“观测、记录天象的人”引申为记录国家大事的人，称“史官”。

④ 由记录天文、地理、国家大事的人，引申为记载过去事迹的书（典），例如：“史册”“史记”“通史”……再引申为过去发生的事情。如“历史”。

⑤ 由“柱下史”日夜坚守和劳作，引申为“史（事）功”“治事”，于是“史者”即为“事者”。史与事本为一字，后来由“事”字分担此

引申义，作事功、事业之义。再后来，“事”字又引申为泛指一切“事情”或“事物”。

⑥ 由“史”者为“治事”者，引申为“治事”的官员，称“吏”。史与“吏”本为一字，此时，由“吏”分担此引申义。“吏”是大小官员的通称。如：大吏（封疆大吏）、长吏。后来又专指在官府中的胥史或差役。

⑦ 由君王派出之“史”，引申为派遣、奉命等义，称“使”。如：使者、出使、使命等。又作官名，如：大使、刺使、节度使等。史与“使”本为一字，此时由“使”分担此引申义。

5. 其他：请详读本章的“引言”和第一节以了解“史”字的构形原理。

133. 吏

1. 字源：

甲骨文写作；金文写作；小篆写作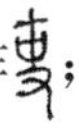；楷书写作吏。

2. 背景资料：在甲骨文、金文中，史、吏、使、事四字为一字。

3. 本义：“史”字的本义就是“吏”字的本义。

4. 引申义：

① 由“柱下史”观测、记录天象，日夜坚守和劳作，引申为“事功”和“治事”；再由“史者”即为“治事”者，引申为治事的官员，称“吏”。史与吏本为一字，而此时由“吏”分担此引申义。

② 由“治事的官员”，引申为大小官员的通称。如：封疆大吏、长吏等。后来专指在官府中的胥吏或差役。

5. 其他：请参阅“史”字的引申义。

134. 使

1. 字源：

甲骨文写作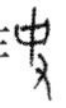 （与史、事同字）；金文写作（事字重见）；小篆

写作；楷书写作使。

2. 背景资料："使"字的甲骨文、金文与史、吏、事相同；到了小篆时，才在左边增加了"人"旁，隶定作"使"。到楷书时，其右边的（吏）讹变为"吏"，写作"使"（从人、从吏）。关于"使"字的构形原理及文化内涵，请详阅本章的"引言"和第一节。

3. 本义："史"字与"使"字的本义相同，即在天文台的天表柱下观测并记录天象的人。

4. 引申义：

① 由"观测、记录天象的人"引申为"沟通天地的人"或"上下交通的人"，或"左右交通的人"，这种负责"沟通""交通"的史者，称"使"。史与使本为一字，此时由"使"分担此引申义，例如：天使（天帝的使者）、国使（邦交使）、大使、内使、外使等。

② 由君王派出之"史"（使），引申为派遣、指使等义。

③ 官名：刺使、节度使、巡察使……

5. 其他：此略。

135. 事

1. 字源：

甲骨文写作；金文写作；古文写作；小篆写作；楷书写作事。

2. 背景资料：在甲骨文、金文中，史、吏、使、事四字为一字，即"史"字的不同写法，其构形原理及文化含意完全相同，由""（手），""（天文台），""或（天表柱）或（交午柱）三大"元件"组成，会意为：在天文台的天表柱下，观测、记录天象、日夜坚守劳作的人，俗称"柱下史"。造字者又根据"史"者的工作性质和职责内容（即功能）引申出众多含意，例如：①由天文台、天表柱符号，引申为"天地沟通""人神交通""上下交通"等。②由观测，记录天象的职责，引申为记录国家大事及久远的事迹（历史）。③由“柱下史”日夜坚守和劳作的行为，引申出“史者的功劳”（史功、事功）“史者严谨办事”（治事）；再由“事功”“治事”引申出事业、从事，又引申为泛指一切“事情”及事物。④由“治事”引申为“治事的官员”。

3. 本义：“事”与“史”字本义相同。

4. 引申义：

① 由“柱下史”日夜坚守和劳作的行为，引申为“史功”，又叫“事功”。史与事本为一字，此时由“事”字分担此引申义。“事”字含有探索“天道”的伟大劳动之义。“作事”一词，原本是指崇高的劳动过程。

② 由于“柱下史”们严谨办事（做事、作事），引申为“治事”。

③ 由“事功”和“治事”再引申为事业、从事之义，再引申为泛指一切“事情”和“事物”。例如：人事、政事、军事等。

第八章　空间和时间类文字

第一节　引　　言

无论是传说中的“人文始祖”伏羲氏“仰观天文、俯察地理……始画八卦”；还是黄帝令羲和占日，常儀（仪）占月，鬼臾区占星气（星：指星象。气：指风、云等气象）；还是“巫史集团”的人们长年累月，日复一日地守候在天文台、天表柱下观测、记录天象，他们都会首先遇到一个大问题：如何创造出方位概念和时间概念之类的文字来，即后世所流传的东、西、南、北、中、上、下、左、右等方位词；年、月、日、时、旬、辰、岁、载等表示“大时段”类文字及一日之内的旦与夕、朝与暮、晌与晨、正午、早、晚、昏、夜等表示“小时段”类文字。假若人类没有方位和时间概念，就无法去观测、记录日、月、星辰的运行轨迹和变化规律。同时，人类自身的生产生活就会迷失“方向”和“时间”，可见方位和时间概念，在人类文明中的重要位置。

要想解读汉字的方位词和时间词的构形原理，必须首先要搞清楚那些造字的巫史们，是怀抱着一种什么样的“宇宙观”和“时空观”来看世界的。他们是如何以天文台、天表柱和地维索为基本“坐标点”来确定日、月、星辰运动的“方位点”及出没“时间点”的。如果我们离开了这个总的“基本思路”，就会在解读此类文字时陷于“误区”，把大量“天文符号”误作土堆、木棍、布囊、草木、刀、戈、鸟巢、线绳、旗子……

“人的行为是由思想支配的”这个道理大概是“人人皆知”的真理，

但是如何应用到“说文”或“解字”上，恐怕就很难很难了。因为我们后世的人不知道上古的“造字者”是何等职业、何等世界观和价值观、人生观等，他们的思想和观念直接影响到造字的“一笔一画”构形原理。笔者曾在第一章四节“同象而异物、异义”中讲了一个小故事：在古代闹市，张画家随手画了一道“”形曲线，悬赏十斤猪肉让众人猜其意。农夫视之为水沟，渔夫认为是蛇或鳝鱼，织布老妇看作棉线，木匠觉得像树枝，医生联想到经脉，道士觉得是灵气，屠夫则看作肉条。这个故事简洁地表达了一个道理：不同的人会根据自己的经验和视角来理解同一事物。此“小故事”往往可以说明“大道理”。例如：关于东、西、南、北、中五个字的构形原理问题，众说纷纭，各执一词，有必要搞清楚那造字的“苍颉”之类人物，他们到底是仰观天文的“巫史”，还是社会基层民众（农夫、渔夫、织布女、木匠、屠夫……）。在这些不同职业的人群中，什么人可以是“文盲”，而什么人最需要发明文字？最需要创造出东、西、南、北、中等方位性的文字来，以满足“记录”的需要，或“职业”的急需？很显然，仰观天文、俯察地理的“巫史”们是创造文字的“主力军”。传说中的“苍颉”就是“巫史”，后人尊他为“史皇”。“巫”（巫史）是我国历史上最早的知识分子和工程技术人员，在这一点上，学术界早已达成了“共识”。在学术界，人们把“天文”一词解读为“天道自然规律”，把“人文”一词解读为“人伦社会规律”。那些仰观“天文”的“巫史”们，在创造东、西、南、北、中等方位词时，肯定会应用“天道自然规律”的思想和观念来进行“文字”构形原理的“设计”，也就是说，用相关的“天文”或“地理”的符号进行“设计”，例如：

① 東：甲骨文、金文写作。《说文》解读为“从日在木中”。《段注》：“木，榑木也。日在木中曰东，在上曰杲，在下曰杳。”传说“黄帝令羲和占日”“日出暘谷，谷上有扶木。”（见《世本·作篇》《山海经·大荒东经》）“扶木”又称“扶桑”或榑木，实际为观测天象的

天表柱（用扶桑树木制作）。由此可见，“東”字是由天文符号——初升的“日”和天表柱“扶木”组合而成，既可“象形”又可“会意”。注意：東、相、休、宋、杲、杳所含“木”，皆天表柱符号。

但是，“农夫造字说”认为：“”（東）字，像一个无底的布囊或皮囊，当里边没有装“实物”时，叫作“東”，当装有实物时，叫作“東”。古人假借“東”字，表示“日出”的方向（东方）。笔者认为：这种不讲究“逻辑关系”或“关联关系”的假借方法，是借“布囊”当作“太阳”的方法，是典型的“乱借”，于“情”于“理”都说不通。

② 西：甲骨文写作：。金文写作：。“巫史造字说”认为：传说黄帝令羲和占日；日入于虞渊之汜（汜：水边）（参见《世本·作篇》《淮南子·天文训》等）。“虞渊”后人又称“西海”，指今青海湖或更远的咸海。或是“西海”的象形文字符号，其中的“×”或“”符号，可理解为水的波纹，也可理解为“阴阳交叉”（交午）的天文符号，因为上古人认为：日落之时，是阳气（白天）与阴气（夜晚）相互交接，交叉或交替的时刻，所以，“西”字构形中虽不见有“日”，但用“阴阳符号”来表达“日与月交叉、交会”。

“农夫或猎人造字说”认为：甲骨文、金文的“西”字像一个“鸟巢”，表示日落之时，鸟儿栖于巢内。但却无法解释为什么“巢中无鸟”？难道鸟儿白天捕食忘归了吗？“西”的小篆写作“”，其中的“⊗”不是鸟巢，而是阴阳（日月）交会的西海。“”可以理解为“鸟儿”，也可理解为“太阳鸟”“太阳神鸟”“日中乌”（太阳黑子）。笔者认为，“太阳神鸟”即“日中乌”，千万不能误判为普通鸟类。就像“東”字中的“木”不是指普通的树木一样的原理，“”的构形是太阳神鸟降落在虞渊之汜的象形，会意为“日落的方向”。

笔者考证：在我国的“方位词”和“时间词”的构形中，绝大多数的文字都含有一个或多个“天文符号”，包括日、月、星、气、阴、阳、天表柱、天文台、量天尺、工、壬、巫等符号，要防止“误判”。

第二节　方位词（东、西、南、北、中等）

136. 东

1. 字源：

甲骨文写作；金文写作；小篆写作；楷书写作東，简化字：东。

2. 背景资料：在本章（第八章）第一节的“引言”中，已对东、西二字的构形原理及学术界的不同解读作了详细介绍，不再重复。

3. 本义：日在木中之象形。木：特指“扶木”，即天表柱，会意为“太阳出来的方向”。

4. 引申义：

① 主人。上古有“日为天主”之说，即日、月、星辰之中，日为主宰者。“东方”是太阳升起的方位，所以古时接待客人，主位在东，宾位在西，由此“主人”被称作“东家”。例如：“作东”、宾东、房东、股东等。

② 东西。作为物品、器物的代称（非引申义）。在汉代至唐代，京都长安城设有“东市”和“西市”两个大型贸易市场。“西市”主要是交易来自西方国家或地区的商品（金、银、珠宝等物品）；“东市”主要是交易来自国内的商品（包括丝绸、瓷器、各种手工艺品、农副产品等），东、西两市场成为古“丝绸之路”的起点。久而久之，“东西二市”便演变成商品的代名词，简称“东西”，又引申泛指“物品”。

5. 其他：

① 参见字例“章”（日在辛中）。字例如：“彰”。

② 参见字例“重”。

③ 见本章“引言”内容。

137. 西

1. 字源：

甲骨文写作、；金文写作、、；古文写作；籀文写作；小篆写作；楷书写作西。

2. 背景资料：已经在本章（第八章）的“引言”部分作了详细解读，不再重复。

3. 本义：阴阳（日、月）交会于湖海畔之象形。（湖海即虞渊、西海），会意为“日落的方向”。

4. 引申义：

① 宾（客）。古时接待宾（客），主位在东，宾位在西。

② 东西（物品）。请见“東”字的引申义。

5. 其他：

① 请详读本章第一节“引言”的内容。

② 参见字例如：是、非。了解“阴阳树”“太阳鸟”有关内容。

138. 南 nán

1. 字源：

甲骨文写作；金文写作；古文写作；小篆写作；楷书写作南。

2. 背景资料：在“南”字的甲骨文、金文中，“ψ”是草木生发的符号；∩∩∩∩都是表示“天穹”的符号；“⚌”是八卦的“四象”（“⚌”太阳符号；“⚏”太阴符号；“⚎”少阳符号；“⚍”少阴符号）中的太阳符号；“丫”是升腾奋发之气的符号。由“⚌”与“丫”组合为“¥”，为“太阳之气盛而奋发”之意。那么，ψ、∩、¥三个符号组合为，会意为：“天穹之下，太阳之气盛而奋发，化生万物”的意思。上古人根据“八卦”阴阳哲学理论，认为太阳之气主“生”，地阴之气主“育”，而南方是“太阳之气”最旺盛的地方。“太阳之气”可化生万物，故又称“生命之气”，简称“生气”。

请注意：在甲骨文“卜辞”中，有“南方曰因”的语句。甲骨文、金文中的“因”字，写作或，像一个人被某种“物”包裹在内之象。有人误认为是用“被褥”包裹着，有人认为是在“席子”上躺着，这些都是“农夫造字”之说，大错特错。实际上，应理解为：在太阳之气（生命之气）的包裹下，一个人体正在被“化生”形成之象。在商代，“因”字仅作为“南方”的代名词和专用词。

“南”与“因”二字的构形原理完全相同，都是应用“太阳之气化生万物”的宇宙观、天道观；但表达方式有所不同，“南”字从“”（草木），而“因”字从“”（人类）。总之，草木和人类，都属“万物”之列。到后世，“因”字不再作“南方”的专用代名词，而作为“人类化生的本原”之意。例如：原因、因果、事出有因等。

关于“南”字的构形原理，学术界一直众说纷纭：①许慎《说文解字》：“艸（草）木至南方，有枝任也。从𣎵，𢆉声。”②徐锴《说文解字系传》：“南方主化育。……从𣎵、𢆉，音荏。”③赵诚《甲骨文简明词典》：“南，此字异体至多，乃象形字，唯不知象何物之形，卜辞用作表示方位之南，则为借音字。”④郭沫若《甲骨文字研究》：“南，由字之形象而言。象钟鎛之类乐器……（因）钟鎛皆南陈，故其字孳乳为东南之南。”

3. 本义：天穹之下，太阳之气盛而奋发，化生万物的方位（南方）。

4. 引申义：

① 帝王、君主的尊位。古代君王皆“面南而坐”，南方代表“生气”、兴旺、兴盛、“向明而治”。

②“雅乐”的代称。《诗・小雅・鼓钟》：“以雅为南。”

5. 其他：

参见本章的“引言”。参见字例如：庚、因。

139. 因

1. 字源：

甲骨文写作；金文写作；小篆写作；楷书写作因。

2. 背景资料："因"字的构形虽然简单，但是解读却比较困难。①清代段玉裁《说文解字注》："因，从口，从大。'□'表示区域范围，'大'，为人创基业、基趾。故从口、从大，就其区域而扩充之也。"②清代朱骏声《通训定声》引江永说："象茵褥之形，中象缝线文理。"③左民安《细说汉字》："因，从□，从大。□，象席子，为一个人（大）躺在席子上之状，引申为依靠，凭借义。再引申为沿袭、原因等义。"④赵诚《甲骨文简明词典》："因，象人被衣物包裹之形，商代为表示南方的专用名词，则为借音字，如'南方曰因'的卜辞。"

笔者认为：既然上古把"因"字作为"南方"的专用名词，那么，就很自然地会使人联想到：南方是"太阳之气"旺盛的方位。在古人的世界观里，南方的太阳之气是"化生"万物（包括人类）的"生命之气"（即生气），故而"天子面南"。"因"的构形，正是在"太阳之气包裹下，化生出的人体已经形成"之象形。所以，"因"字被作为"南方"的代名词。"因"字的第一引申义应是"生命的本原"（本源），又引申为"事物的本原"，例如后世的"原因""因果"等词。"因"的造字原理，体现了上古哲学中"气生万物""精气为物"的宇宙观、生命观。

3. 本义：在太阳之气包裹下，化生出的人体已经形成之象形。

4. 引申义：

① 由"太阳之气"化生出人体，引申为"生命的本原"，再引申为"事物的本原"。例如：原因、因果、因为。

② 依靠、依据。

③ 因袭。《论语·为政》："殷因於夏礼。"（因，此作因袭、沿袭之义）

④ 顺应。例如：因势利导、因地制宜。

5. 其他：

参见字例南、庚、姻。

140. 北

1. 字源：

甲骨文写作；金文写作；小篆写作；楷书写作北。

3. 背景资料："北"字的甲骨文、金文、小篆构形，都是两个人背靠背端坐之象形。如何解读这一"象形"或者"会意"？古文字学家唐兰《释四方之名》曰："北由二人相背，引申而有二义：一为人体之背，一为北方。"这一解答，体现了汉字构形中的"同象而异物异义"及"同物而异象异字"的造字情况（请参见第一章第四节、第五节）。另有人认为："北"（）的本义是"背"，为人体的背部。通过"假借"，表示"北方"；也有人认为像二人朝着相反的方向行走，背道而驰，会意为"违背"。

巫史"造字"时，凡方位词东、西、南、中四字，其构形中都含有一个或多个天文符号，为什么独有"北"字不含天文符号呢？在甲骨文卜辞中，有"南方曰因""北方曰"的语句，""或写作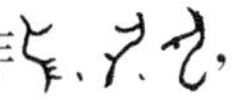，像一个人的腿部或手部受到"阴气"（肃杀之气）侵袭而患病之状（见赵诚《甲骨文简明词曲》"夗"条）。"因"是南方太阳之气化生"人体"之象形，而""是北方肃杀之气侵害"人体"之象形。由此可以推断："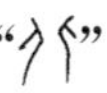"（北）的左边一人应为""的省形，表示面向北方端坐；右边的一人面向南方端坐，因为已经创造出"南"字，所以"北"专指北方，属象形兼会意字，而非引申义，更不是假借字。

3. 本义："北"字构形属"同象而异义"文字，其本义有二：一为人体之"背"，二为"北方"。

4. 引申义：作"北方"的专用词时，无引申义。"败北"为转身逃跑之意，属"背"的引申义。

5. 其他：

① 参见字例南、因。

② 参见本章（第八章）的引言，第一章第五节。

141. 中 zhōng/zhòng

1. 字源：

甲骨文写作；金文写作；籀文写作；古文写作；楷书写作中。

2. 背景资料：关于甲骨文、金文的“中”（）字的构形原理及其本义问题，学术界大多数人认为是“旗”的古字。“”像旗杆上飘动着“飘带”（斿），“口”像方形的“旗面”或者指事符号，指明位于旗杆的“中部位置”。可是也有人说：“中”更像一块方形大“木牌”钉在一根长“木杆”上的标语牌或路标牌，因为“旗面”只能位于“旗杆”的一侧，不可能位于旗杆的左右正中间，“飘带”动而“旗面”不动。虽然甲骨文卜辞有“立中允亡风”的语句（允：的确。亡：无）。此处的“中”字与观察风向有关。若把“立中”理解为立旗的意思，与实际生活不符合。因为“观察风向”的方法很多，也很简单，随处观察一下身边的杂草、树枝（叶）的摇动情况，就可以知道风吹的方向，何必要专门树立一面大旗以观风向呢？由此可见，（中）不是“旗”。许慎《说文解字·丨部》：“丨（gǔn），上下通也”。“中，内也。从口；丨上下通。”由此可知，“中”字的“丨”是上下通彻的意思。在上古人的心目中，什么“物件”能够表示“上下通彻”呢？一是用作仰观天文、俯察地理的天表柱，俗称“通天柱”或“天柱”。二是部族的“图腾柱”，俗称“神柱”。

笔者认为：“中”（）是天表柱深立在天文台（天台）中央之象形。“口”为天文台符号；“丨”为天表柱符号；上下两个“≈”分别是表示“太阳”之气及“地阴”之气符号。会意为：“天台（方台）中央”或者“天地中间”，引申为泛指“中央”和“中间”方位或部位之义。

请注意：①“史”（）字从中、从（手），此处的“中”虽然省除了“”的上下两个阴阳符号“≈”，但其文化内涵相同，属于“省形”后的“会意”字。

②“仲”字，在甲骨文、金文中写作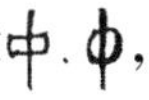，是属“借音”字，而不是“会意”字。后世增加一个“人”旁，写作“仲”成为“形声”字，“人”表意，“中”表声。

3. 本义：高耸的天表柱，深立在天文台（方台、天台）中央之象形，会意为天台“中央”或天地“中间”。

4. 引申义：

① 由天台中央或天地中间，引申为泛指中央、中间方位、部位。

② 内里。例如：家中、心中、水中、山中。

③ 不上不下。中等、中级。

④ 不偏不倚。例如：适中、中庸。

⑤ 音：zhòng，适合；恰好对上（中意、中用、中肯），正着目标（击中、百发百中）。

5. 其他：

① 参见本章（第八章）第一节的“引言”。

② 参见工、壬、任、巫、史等字例。

142. 上

1. 字源：

甲骨文写作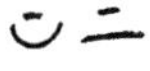；金文写作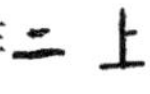；篆文写作；小篆写作；楷书写作上。

2. 背景资料：为了阐述方便，把上、下二字一并解读。这两个字的构形原理相同，都是采用一条“长横”作基准线，一条“短横”作

“指示”（指事、指物、指方位）的符号。在商代甲骨文，西周的金文中，“上”写作“”，“下”写作“”以长横作基准线，短横作“指示”符号。卜辞的“上”字一般为上帝、上天之意。“下”字多指“地”或大地、地神（后世新造了“祇”字）。到了春秋时期，金文“上”写作“”；“下”写作“”，增加了一个指示符号“丨”，大概是“引而升之”或“引而降之”的意思，从而把上与下二字的表意范围引申到了“空间”更广阔的领域。例如：上面、上方、上天。

请注意：今天表示数字的“二”，与甲骨文“”（上）的构形完全相同，但甲骨文表示数字时写作“”，上下两横长度相等。

3. 本义：空间的上方位置。

4. 引申义：

① 位置在高处。（上层、楼上、山上）

② 时间次第。（上午、上册、早上、晚上、上古）

③ 等级或质量较高。（上级、皇上、圣上、上品、上等）

④ 处所；范围。（身上、课堂上、工地上）

⑤ 通“尚”。

⑥ 登；上升。（上楼、上山、上任）

5. 其他：

略。

143. 下 xià

1. 字源：

甲骨文写作；金文写作；篆文写作；小篆写作；楷书写作下。

2. 背景资料：见字例“上”。

3. 本义：空间的方位或时间的次第（位置）。

4. 引申义：参见字例“上”，上与下相对应。

5. 其他：略。

144. 左 zuǒ

1. 字源：

甲骨文写作；金文写作、、；小篆写作；楷书写作左。

2. 背景资料：为了阐述方便，把左、右二字一并进行解读。①甲骨文的“左”字写作“”，像人的左手；“右”字写作“”，像人的右手。由此可见：“左”的本义是指“左手”，“右”的本义是指“右手”。②金文的“左”字写作“”增加了符号“工”，大概是表示工具、工作义。“右”字写作“”，增加了“”，大概是表示器物或加工对象。人用手拿着工具进行制作器物时，一定是双手互相配合的，所以左和右二字，都含有“协助”“帮助”之义，后世便新造了“佐”和“佑”二字。“佐”字又引申为辅助、辅佐之义。“佑”字又引申为佑助、保佑之义。例如：天神保佑、地神保佑、祖先神保佑等。需要注意的是，此时“佑”字中的手（），不是代表人体“有形之手”，而是代表各种“神”的“无形之手”。在甲骨文卜辞中，“”（又，右）大多作“保佑”的意思。③在上古人的世界观中，认为南方是代表“生气”“光明”的方位，故“天子面南”“圣人面南”。而当人体面朝南方时，其“左手”位于人体的东侧，引申为“东边”；“右手”位于人体的西侧，引申为“西边”。古语“江左”，指大江的东边；“江右”，指大江的“西边”。又由左示东、右示西，二者方位相反，引申为“相背”“违背”。

3. 本义：“左”字的本义是指“左手”。（“右”字的本义是指右手。）

4. 引申义：

① 协助、帮助。

② 辅助，辅佐。

③ 方位词：左边、左方。（江左：指江东）

④ 相违背。例如：意见相左。

5. 其他：略。

145. 右 yòu

1. 字源：

甲骨文写作；金文写作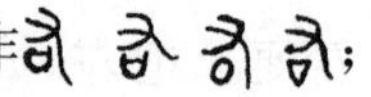；小篆写作；楷书写作右。

2. 背景资料：请详见字例左。

3. 本义：指人的右手。

4. 引申义：①协助、帮助。②佑助、保佑。③作方位词：右边、右方。

5. 其他：略。

第三节　时间词相关文字

关于时间词类，可分为①“大时段”词，例如：年、岁、时（四季）、日、月、旬、春、夏、秋、冬等。②“小时段”词，例如：旦、暮、朝、夕、晨、晌、昃、昏、晚、夜等等。另外，还有作为原始记日的“十天干”和记月份的“十二地支”。本节重点解读“大时段”和“小时段”的部分字例。由于“岁”字已经在第五章三节作了解读，此不复述。

笔者认为：凡“时间”类的文字构形，大多含有一个或多个“天文符号”，包括日、月、天文中心、天文观察者等符号。在这些符号中，有些很好辨认，而有些则很难辨认，例如：“”、人、壬（天文观察者：巫、史）。

146. 时 shí

1. 字源：

金文写作；古文写作；小篆写作；繁体楷书写作時，简化字：时。

2. 背景资料：《说文・日部》：“時（时），四時（时）也。从日，寺声。”又说：“旹，古文時（时），从之，日。”笔者认为：“时间”是“无形”的，不能用“形声”方法，只能来用“会意”或者“会意兼表声”的方法造字。①“时”字金文写作“旹”，应解读为：从止、从日。“止”是“趾”的初文，表示“行走”或“运行”。太阳每天东升而西落，日复一日地不停运行，一天又一天，一年又一年地运行。由此引申为一天，一年，年年的“时间”概念。

②“时”字的古文写作“旹”，从日、从㞢。关键是如何解读“㞢”为何物。在甲骨文卜辞中“㞢”作祭名，为侑、祐的意思，即㞢祭神灵，求得福祐。“㞢”有时表示“有”或者“又”，例如：“㞢雨”（有雨），此处的“㞢”（有），应含“上天赐有”的意思。“㞢”字的构形原理，应是上古“天文中心全景图”的抽象符号。古代传说：“天由九根大柱支撑着。”实际上是指“天文中心”的“方台”（天台）上正中央树立着一根大柱子（称主表、天表柱、天柱），方台的东、西、南、北和“四隅”分别立一“游表”（小柱子）。那排列整齐的九根柱子分为“三纵列”，重叠成“山”形（下边的一横，表示方台的平面线）。若再把大地的“地平线”加进去，则会投影成“㞢”或“㞢”的图像。

古文“旹”（时）字，从日、从㞢。会意为：在天文中心观察、测算太阳的运行规律和时段。引申为泛指“时间”。

③ 小篆“時”（時）字，从日、从㞢、从寸。其中的“寸”表示用手测算，度量之义。

3. 本义：在天文中心观察、测量太阳的运行规律和日出、日落的时间长短。

4. 引申义：泛指“时间”。

5. 其他：参见第一章第四节上古天文中心全景图及象形符号介绍。

147. 年 nián

1. 字源：

甲骨文写作；金文写作；小篆写作；楷书写作年。

2. 背景资料：“年”字的甲骨文、金文、小篆写法，都是像一个人的头顶上戴一沉甸甸的谷穗或麦穗之形，会意为“谷物成熟”或者“谷物丰收”。在商代甲骨文卜辞中，常见有“求年”（即祈求谷物成熟良好），“受年”（即得到了谷物丰收）。到了西周王朝时期，才开始把“年”字作为“时间”概念，因为古代农业水平较低，谷物一年（种植）成熟一次。《尔雅·释天》曰：“夏曰岁，商曰祀，周曰年，唐虞曰载。”

“年”字甲骨文写作，从禾、从人。金文的写法有三种，在容庚《金文编》中，共收集了138个字例，其中写作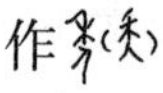（从禾、从人）的105例；写作（从禾、从千）的19例；写作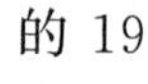（从禾、从壬）的14例。“年”字从“人”或“千”或“壬”，其文化内涵如何解读？笔者认为：“壬”是沟通天地的天文观察者（巫史）；“千”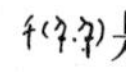是在“人”的下部增加一个“圆点”（结点）或一个“短横”符号，为阴阳交午、交和的符号，表示此人是阴阳交和、沟通天地的“人”（千）。可以认定：千与壬两个符号同意。在甲骨文、金文中，某些“特例”字往往人与壬二者互通，例如“聖”（圣）字，写作（从人）或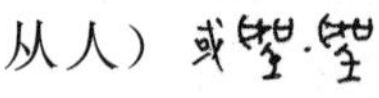（从壬）。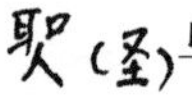与“”（年）字中的“人”，不是指普通的人，而是沟通天地的人，即观测、记录天文和地理（四季变化），并且创造文字，制定“历法”，指导“农时”的人。

在汉代马王堆古墓出土的《帛书老子乙》中，“”（年）字上部的“禾”演变成“”，下部的“千”演变成“”，写作“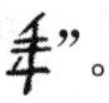”。后世楷书发生了讹变，写作“年”。

3. 本义：制定《历律》的天文者（人、千、壬），以沉甸甸的谷穗，展示谷物成熟了。

4. 引申义：

① 泛指五谷成熟或五谷丰收。

② 由谷物春种秋收的生长周期，引申为时间概念。（年岁）。

5. 其他：参见壬、聖（圣）。

148. 日

1. 字源：

甲骨文写作；金文写作；小篆写作；楷书写作日。

2. 背景资料："日"字本为"象形"字。传说伏羲氏首创八卦阴阳理论，以"卦台山"为观测点，把日光照射的山坡部位称作"阳面"，简称"阳"；把不被日光照射的部位称作"阴面"，简称"阴"；把上午、下午都能照射到的部位称作"大阳"（太阳）；把上午、下午都不能照射的部位称作"大阴"（太阴）；又把先阴后阳的部位称作"少阳"；先阳后阴部位称作"少阴"。这就是《八卦》所说的"四象"（四象生八卦）。后世又认为"日"为"阳气"之源，为"阳气"之精华，所以，"日"被称作"太阳"。"月"被称作"太阴"。

后人把"太阳"一词作为"日"的代称，而把"日"引申为时间概念。一是表示白天（即从日出到日落），例如："日夜不停地工作"。二是表示一天一夜（即从先一天日出到第二天日出），例如：日复一日、年复一年、某年某日、一年 365 日。古文献中有"黄帝令羲和占日""羲和生十日"的传说，应理解为：天文官羲和负责观测太阳，首创了"十日（十天）为一旬"的计时方法，而不是生出了"十个太阳"。

3. 本义："日"的本义指"太阳"。

4. 引申义：

① 指白天（从日出到日落的时间段）。

② 指一天 24 小时，从日出到日落再到第二天日出的时间段。例如："五日"（五天）。

5. 其他：参见第三章三节。

149. 月

1. 字源：

甲骨文写作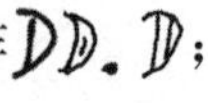；金文写作；小篆写作；楷书写作月。

2. 背景资料：甲骨文、金文的“月”字，象月亮之形。小篆有所变形。楷书更加变形了。在前期的甲骨文中，月与夕为同一字，都写作“”，后期有了分工，以“”表示“夕”，以“”表示“月”。在金文中，偶而也有月与夕为同一字的情况，但绝大多数仍遵循“”表“夕”，“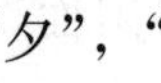”表“月”的分工。

“月”字的本义就是指“月亮”。因为月亮在运行中有“月圆”（盈）与“月缺”（亏）周而复始的规律，所以人们把月亮一次“圆缺”所经历的时间段称作一个月份，简称“月”，为时间概念。传说“黄帝令羲和占日，常仪占月”，常仪生十二月。此处的“生十二月”不是指生出了十二个月亮，而应理解为：天文官常仪负责观测月亮的运行规律时，发现一年有十二次月圆月缺，首创了“十二个月份为一年”的记时方法。后世人以常仪为历史原型，演义出“嫦娥奔月”的神话传说故事。在商代甲骨文卜辞中，有“十三月”的语句，后来称作“闰月”。

3. 本义：“月”字的本义指“月亮”。

4. 引申义：

① 时间概念（月份）。一个月约 29－30 天，一年十二月，“十三月”称“闰月”。

② 指夜晚的月亮，引申为“夜晚”，后世称作“夕”。

5. 其他：参见字例如：日、夕。

150. 旬

1. 字源：

甲骨文写作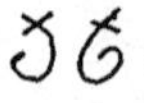；金文写作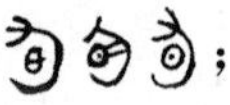；古文写作；小篆写作；楷书写作旬。

2. 背景资料：①“旬”字甲骨文写作，很难会其意。如果把其上部的小斜横“一”理解为“指事”或“指物”符号。（就像寸“”字下边的一小横特指“手腕”处）；把“”或“”理解为“某物体”的运行路线（轨迹）绕了一个大圈。那么，“”可理解为某物体“周遍”运行之义。

② 在“旬”字的金文字例中，大多数写作“”，从日、从“”。像一只手臂无限长的大手伸向天空，拥抱太阳之形。少数字例写作“”，像一个人拥抱太阳之形。以上两种写法的含义基本相同。请注意：此处的“手”不是指人的手，而是指“无形的手”，即“太阳神”的手。在上古，人们由“太阳崇拜”，演变为将“太阳”神化。传说“羲和生十日”。“羲和为太阳神驾车巡行”参见《世本·作篇》《淮南子·天文训》。太阳一天东升而西落，称作“巡天一次”（一日），巡天十次称“一旬”，旬与巡音近。巡天一年称“旬年”或“旬岁”。所以说“旬”字的本义是“太阳神周期循环巡天”，因为在天文《历法》的数字中“一”为数之始，“十为数之终”（“十天干”记日法），所以“十”含周或周遍义。当用作时间概念时，“十日为旬”，后世又引申为“十年”为旬，例如：“七旬老人”指七十岁老人。

③“旬”字古文写作“”，从勹，从亘。此处的“亘”为日在天地之间，永恒运行之象形。同样也含有周期、周匝、周遍等义，所以《说文·勹部》：“旬，遍也。十日为旬。”

3. 本义：太阳周期性循环巡天之象形。

4. 引申义：

① 十日为旬。又引申为旬月（一个月）、旬年（一年）、旬寿（十岁）。

② 周巡；巡行。

③ 周遍。

5. 其他：参见字例如：日、月。

151. 春

1. 字源：

甲骨文写作；金文写作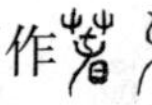；小篆写作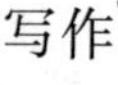；楷书写作春。

2. 背景资料：①甲骨文“春”字，时而从“木”，时而从“草”。古人认为草木同类，故在作为文字符号时，常常草与木不分。“”从三木、从日、屯表声。为日光照耀，草木萌生，大地回春之象。②“春”字的金文和小篆写法都是从草、从日、屯声，隶定为“萅”，与甲骨文的构形原理基本相同。③楷书“春”字的构形发生了较大变化，上部变成了“𡗗”，而“𡗗”一般是“𠬞”（双手向拱）的楷书写法，例如：秦、泰等字。可见“春”字上部的“𡗗”，不是表示“双手”，而是“艸”（草）的讹变。

在上古尧舜之前，只有“四时”的概念，即“日中”（今春分点和秋分点，昼夜长短相等），“日长”（今夏至点，白天时间最长），“日短”（今冬至点，白天时间最短）。大约到了夏代、商代，一年才分为春与秋二季。“春”包括今天的春、夏；“秋”包括今天的秋、冬。到西周以后，才有了春、夏、秋、冬的时令概念。

3. 本义：日光照耀，草木生发，大地回春之象。

4. 引申义：

① 一年四季的第一季。

② 一年。例如：来春（指来年），十八春（十八年）。

③ 生机。

5. 其他：参见字例如：秋、夏、冬等。

152. 夏

1. 字源：

在容庚《金文编》中，共收录“夏”的字例有八，例如：

古文写作；小篆写作；楷书写作夏。

2.背景资料：在我国汉语体系中，“夏”字主要有两种含意，一是作部族和朝代名称，禹为姒姓、有夏氏，其子“啟”建立了夏王朝。二是作为时令名称，即一年四季中的“夏季”。学术界大多认为：后世作为夏季之“夏”，是个“假借”（借音）字，与夏朝之“夏”在文化内涵上没有任何关系。那么，夏朝之“夏”的文化内涵到底是什么呢？东汉许慎《说文·夂部》曰：“夏，中国之人也。从夊、从頁、从臼。臼、两手，夊、两足也。”此处的“中国之人”是指中原地区的人。上古称东方之人谓“夷”；西方之人谓“羌”；北方之人谓“狄”；南方之人谓“蛮”。许氏只是回答了中原地区的民族谓“夏”，但没有解读出“夏”字的构形原理和本义，他只是根据小篆的写法，认为“夏”字像一个完整的人体形象，由头部（頁），双手（臼），双足（夊）组成，不知如何“领会其意”。于是后世有不少人认为，“夏”字的本义是“人”或是“高大的人”，或是“四肢发达、敏捷的人”。难道说东方的“夷”，西方的“羌”，北方的“狄”，他们都不是“人”吗？或不是四肢发达、敏捷的“人”吗？

根据“少昊之前，圣人以德（功德）为号”的命名原则，“有夏氏”的族名一定与其“功德”或“理想”（宇宙观）有着直接或间接的关系，就像炎帝神农氏，黄帝轩辕氏（天鼋氏），颛顼帝高阳氏等等。而“夏”是颛顼的嫡系支族，那么，禹王“有夏氏”的功德或理想追求是什么呢？应该在“夏”字的构形中可以找到某些线索。《金文编》中共有八个“夏”的字例，其中有七例含有“日”（太阳）的符号，例如：、、、、皆象一位头脑敏捷，善于奔走的巨人托举或抚摸太阳之状。可“会意”为“抚摸太阳的巨人”或“太阳之子”，为天下带来光明的伟人，行天道的巨人等。另外，“夏”字写作“”是八个金文字例中唯独不含“日”的一个字例，也是后世小篆（夏）“”的基本形

体。但是我们发现，在这个不含“日”的金文“夏”字构形中的另一只脚下，有一个“山”符号，它不是表示山岭之“山”，而是一个天文符号，即表示上古“天文中心”符号**山**、**凵**、**屮**的其中之一（详见第一章四节上古天文中心全景图及其不同角度的视觉符号。参见字例“時”）。符号“**山**”可引申为表示“天地沟通”或天地之道或天道、天理等。符号“**山**”位于人的脚下，“脚”（趾）表示行走、践行，可会意为：此人践行“天道”或天地之道。这就是金文“夏”的字魂所在。由此可见，此处的“夏”字应会意为“践行天地之道的伟人”或“践行天道的巨人”。当“夏”写作（从日、从女、从頁、从手）时，会意为“太阳之子”。

金文“夏”字中的天文符号“⊙”（日）或“**山**”，在后世文字演变中都被“省略”了，但“有夏氏”民族的历史贡献（功德）却永载“史册”和神话传说之中，“大禹治水”的故事老少皆知。“夏族”的功德的确如“日月之光”“行天道的巨人”。

古文“夏”字有两种写法。①“”（昰），与现今的“是”为同字。日正为“昰”（是）；又日正为“昰”（夏），为太阳运行到天空正中央之象形。很明显，此处的“夏”字已经由原先的氏族和朝代名称的文化内涵，新增加了“时间概念”的文化含意（即：夏季、夏天）。请参见《辞海》“是”条。因为夏季的太阳运行轨迹最靠近天空中央位置，故有了“日正谓夏”之说。“夏”字的本义是，抚摸太阳，践行天道的巨人，引申为太阳运行轨迹靠近天体中央位置的时令（时节）之义。

② 古文“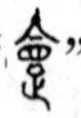”（），从頁省形、从目、从足（趾）。应作为“夏”的异体字。

3. 本义：抚摸太阳、践行天道的巨人，或者“太阳之子”。

4. 引申义：

① 作氏族部落名称。据《史记·夏本纪》等文献记载，禹为姒姓，

为“有夏氏”，又称“夏后氏”。此处的“夏”字，取其本义。

② 作朝代名称。传说“夏后氏”部落首领“禹”的儿子“啟”，建立我国历史上第一个王朝，国号“夏”，以部族名称为国号。

③ 由“抚摸太阳”引申为五色光彩、华彩。

④ 由“践行天道的巨人”，引申为高、大，又引申为高大的房屋“厦”。

⑤ 时令名称。夏季、夏天。

⑥ 作姓。以“国号”为姓。

5. 其他：

①“夏”字构形含有“抚摸太阳”和“太阳之子”的文化内涵。所以，夏族人历来具有“太阳崇拜”的优良传统。崇尚黑色和红色，“红色”代表太阳的基本色，“黑色”代表“日中乌”的颜色。“日中乌”即现代人讲的“太阳黑子”。传说自夏禹至夏朝历代帝王的“礼服”，都是“外黑而内红”之色。龙山文化遗址出土的彩陶碗、祭祀礼器等器物，大多也是“外黑而内红”或绘有红与黑相间的“彩纹”。考古与传说相印证。

② 参见字例如：是、非。

153. 秋

1. 字源：

甲骨文写作；籀文写作；小篆写作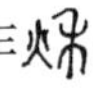；楷书写作秋。

2. 背景资料：“秋”字甲骨文写法像蟋蟀形，上面的“”像触须，背部突出的“”像羽翼，蟋蟀在秋天鸣叫。古人以遍野蟋蟀鸣叫，来象征秋天的来到，表示“时节”。

“秋”字的籀文写作“”。其中的“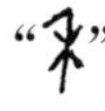”（禾）表示谷物成熟，并进行了收割；“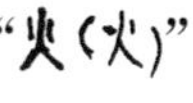”表示用火焚烧田野的禾秆，为第二年春种打下基础，并起到杀虫、肥土的效果，即“刀耕火种”；“”像“龟”形，

一说是“蟋蟀”的变形写法，笔者认为理解为“龟”更恰当。因为上古的“秋季”包括今天的秋、冬。“龟”到了深秋和初冬时节，开始深藏泥土之中，引申为谷物或食物“归藏”。

“秋”字的小篆写作“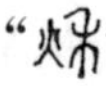”，为谷物成熟收获，焚烧禾秆之象形，会意为“秋季到来”“秋天”。

3. 本义：谷物成熟收割后归藏，禾秆焚烧以肥土、杀虫的时节，或者“蟋蟀鸣叫”的时节。

4. 引申义：在西周以前，一年分为春、秋二季。西周以后，一年分为春、夏、秋、冬四季。

① 由庄稼成熟的时期（时节），引申为“收成”。

② 由于上古谷物一年一次成熟，引申为“一年”。例如：千秋万岁。

③ 日子、时期。例如：多事之秋。

5. 其他：

请特别注意：“秋”字中的“火”不能简单地理解为“用火烧烤食物”，而是体现我国“原始农业”和“中古时代农业”种植方法的一个“历史符号”。传说炎帝发明了人工种植谷物，故称“神农氏”；他又发明了“刀耕火种”的方法，故又称列（烈）山氏。经过数千年的历史发展，“刀耕”逐步改进为“木制犁”人工牵拉耕作。自“王亥服牛”以后，才逐步有了“牛耕”。到春秋战国时期，由于铁器的广泛应用，才有了“铁犁”，实现了由“刀耕”到“犁耕”的历史跨越。但是，“火种”的方法虽然在“技巧”方面有了很大改进，却仍然保留下来了，其主要原因是对谷物收割后的田间秸秆、杂草进行焚烧，既可肥田，又可灭害虫。所以说“秋”字中的“火”，是“农耕文化”的一个“历史符号”。当然，在现代农业社会，田间秸秆焚烧不利于“环保”，易引起“火灾”，这是后话。

154. 冬

1. 字源：

甲骨文写作（终）；金文写作或（终）；古文写作；小篆写作；楷书写作冬。

2. 背景资料：长期以来，很多学者一直把甲骨文、金文中的“终”与后世的“冬”混为一谈。在金文中，“终”与“冬”明显是两个毫无关联的文字。甲骨文“”和金文“”都是在“线”或“线绳”两端打上两个“结子”的象形。隶书讹变写作“冬”，把原先的线绳讹变成“夂”，又把线绳两端的“结子”与线绳分离开来，讹变为两点（⺀），放在文字的下部，整个文字变成了“冬”，后世又增加了一个“纟”旁，表示“线绳”之类，写作“终”。可见，此处的“冬”是“终”字的初文，会意为“终结”、终止、终了等。

作为冬天之“冬”字，金文写作，古文写作，像太阳被什么东西包裹着之状。实际上此处的、是“天文符号”，是表示“天幕”或者“天笼”“天罩”的符号。人们常讲“夜幕降临”，此时的“幕”就是指“天幕”。与是太阳被“天幕”包裹，失去了骄阳的热烈之象形，会意为“寒冷时节”。小篆演变为“”，上部仍保留了“天幕”，省除了“日”，下部增加了两个“冰块”（仌），可会意为“天幕把太阳笼罩了，大地冰冻的时节”。楷书（或隶书）写作“冬”，其上部的“天幕”讹变为“夂”，下部的“冰块”演变为“⺀”。

请注意：①“终”字右边的“冬”，上部的“夂”是表示“线绳”，下部的“⺀”是表示“线结”。

② 冬季之“冬”，上部的“夂”是表示“天幕”，下部的“⺀”是表示“冰块”。以上是汉字构形中的“同象而异物”或者“同物而异象”的典型字例之一。

为什么很多人把冬季之“冬”理解为“终”呢？东汉许慎《说文·

仌部》："冬，四时尽也。从仌、从夂。夂，古字终字。，古文冬从日。"清代王筠《释例》："冬，四时之终，恒有仌（冻）也。"南唐徐锴《系传》："冬者，月之终也，日穷于纪。"

以上这几位古代学者，都没有见到过甲骨文、金文的"终"与"冬"，所以误把终与冬混为一谈。再说，如果以"终"代冬的说法成立，那么便必然还有以"始"代春。没有"始"，哪会有"终"？但是，古文献中从来没有见到以"始"代春之说。

3. 本义：天幕把太阳笼罩着，大地进入寒冷的时节。

4. 引申义：

① 作季节名称，冬季。

② 作二十四节气名称，立冬、冬至。

5. 其他：略。

关于《九州"七舍"时间对应图》。

凡讲到"时间"类文字，现代人习惯于用"几点钟"的具体明细概念来表达。但是，古人的时间概念是以太阳（或月亮）在天空中的大致方位，表示大致性的时间范围。由于春夏秋冬不同季节白天与黑夜的时间长短不同，"日出"（旦）所表示的可以为上午 6—7 点钟之间，也可以是 7—8 点钟之间。为此，笔者以"春分"和"秋分"昼与夜长短相等的季节为标准，以"终日七襄（驾）""九州七舍"的历史传说，划分白天为七个大的时间段（从"日初出"到"日刚落"）。

传说"黄帝命羲和占日"，又有羲和驾六条龙、载日神巡游天空和大地九州，经历"七舍"（时段）的神话传说。见《淮南子·天文训》等。我们无需解读神话，但可从中窥见到上古人关于时间的有关"名词"内涵。为了便于理解，特作附图十三《九州"七舍"时间对应图》如下：

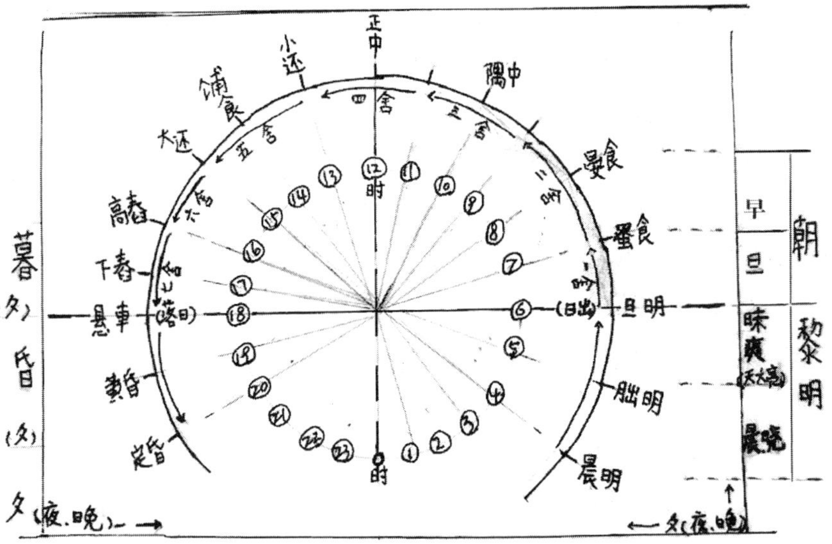

附图说明：①羲和驾龙车，载日神巡游天空和大地九州的故事，由于“九州”的方位不同，范围大小不同，所以对应各“时段（七舍）”的长短也不同，有的时段是一小时左右，有的时段是二小时左右，不能理解为“一舍为一辰”。图中共设有十五个时间“结点”，即：晨明、朏明、旦明、蚤明、晏食、隅中、正中、小还、餔食、大还、高舂、下舂、悬车、黄昏、定昏。

② 九州：指大禹治水后，划天下为“九州”，即：冀、青、兖(yǎn)、徐、扬、豫、雍、梁、荆。见《尚书·禹贡》。

③ 七舍：此图共十五个时间结点，其中的晨明、朏明属于“日出”之前时段，黄昏、定昏在“日落”之后时段。白天只剩十一个时间结点，分为“七舍”。

因为“九州”大地上，各个“州”的方位不同，范围大小不同，所以上午仅有 4 个“时点”，而下午多达 6 个“时点”，再加上“中午”（正中）一个时点，共十一个时点。

④ 蚤食与晏食。古人“蚤”与“早”互通，“蚤食”即为“早食”。

“晏”是艳阳高照之义。一说晏与艳互通。上古人“一日两餐”：上午约7—9点钟一顿饭，当7—8点钟吃饭叫“早食”，当8—9点钟吃饭，叫晏食。下午的一顿饭一般在太阳偏西，约14—15点钟，叫“铺食”。

⑤ 铺食，又称“晡食”。

⑥ 小还与大还。“还”字，有人解读为“迁”。有人解读为“昃”，日西斜的意思。“小还”即“小昃”，“大还”即“大昃”。

⑦ 高舂与下舂。“舂”字，是一人用双手持杵，用力向地上的“石臼”捣去之象形。此处形容太阳快速向地面降落之义。相当于后来的“暮”字。

⑧ 悬车与旦明。传说天文官羲和所驾的“龙车”，在“朏明”（天大亮）时就早早准备好了，只等待“日神”上车巡天。“日神”上龙车开始出发时，叫“旦明”。当太阳西落时，羲和将龙车停了下来，叫“悬车”。日神下车后没入大地之下，但仍有阳光反射，叫作“黄昏”。

⑨ 黄昏与定昏。黄昏：指日落不久，其余辉灿烂之貌。

定昏：指天色由昏暗到黑定。

⑩ 晨明与朏明：“晨”字的本义是指夜空中开始出现“一丝日光”。此时又叫“鸡鸣时”，古语：“雄鸡晨，母鸡无晨。”雄鸡晨鸣以报晓，后来“晨”引申泛指“早晨”（从晨明到早食的一段时间）。

“朏”（pèi）：本指月亮初现光明（农历大月初三的月亮），又作月亮初出义。此处本应作“昢”（pèi），为日光初出之意。朏（昢）明：指天已大亮，又称作“昧爽”。

155. 旦

1. 字源：

甲骨文写作；金文写作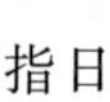 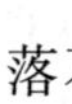 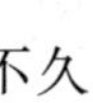；小篆写作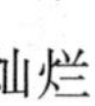；楷书写作旦。

2. 背景资料：甲骨文“”（旦）字，下部的“”表示地面或水面。金文的构形很像海上看日出之景象，太阳刚刚升出海平面，其下部水与日相连。清代王筠《释例》：“吾闻之海人云：日之初出，为海气所

吞吐，如火如花，承日之下。”这正是“旦”字构形的景象。小篆“”下部的“一”可理解为地平线，也可理解为海平线，含意相同。《木兰诗》“旦辞爷娘去，暮宿黄河边”，由此可见，旦与暮是相对应的。有时旦与夕相应，例如：人有旦夕祸福。

3. 本义：太阳刚从地面或水面升出之貌。会意为：日初出。

4. 引申义：

① 早晨。即从“晨明”到“早食”的一段时间。

② 由日之初出，表示一天的开始，引申为一天（一日）。例如：元旦（元日）、“旦旦”（天天）。

③ 诚实、诚恳。例如：“信誓旦旦”，不是指“天天发誓”而是“誓言很诚恳”。

5. 其他：

① 参见附图十三《九州“七舍”时间对应图》及其说明。

② 参见暮、朝、夕等字例。

156. 朝 zhāo/cháo

1. 字源：

甲骨文写作；金文写作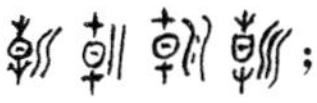；小篆写作；楷书写作朝。

2. 背景资料：①甲骨文“朝”字的左边是日在草（木）之中。此处从草与从木同意，中间是一个月亮，右边是草（木），为太阳刚从草地（地面）升起，月亮刚落入草丛之象形。②金文“朝”字的左边与甲骨文写法相同，而右边是潮水涌动之象形。③小篆“朝”字的右边发生了讹变，为一人驾舟之象形。隶定作“”。楷书“朝”字基本上恢复到甲骨文的写法。

3. 本义：太阳刚从地面（草地）升起，月亮刚落入草丛中之象形。会意为：“日出”，近似现代早上 8 点钟左右。

4. 引申义：

① 早晨，包括“旦明”“早食”“晏食”三个时点。

② 由早晨，引申为一天（一日）。例如：有朝一日。

③ 旦，日初出。

另外，当读 cháo 时：①朝见，《礼记·内则》“昧爽而朝”。大臣们“黎明”时上朝，帝王在“日初出”时朝见议事。②朝廷。③朝代。④拜访。

5. 其他：①参见春、旦、暮、早等字例。

② 参见附图十三《九州“七舍”时间对应图》及其说明。

157. 早 zǎo

1. 字源：

金文写作；小篆写作；楷书写作早。

2. 背景资料：容庚《金文编》曰：“（早）从日，（枣）声。”许慎《说文解字·日部》曰：“早，晨也。从日在甲上。”此处的“甲”字如何进行“会意”？不得而知。许慎又说：“晨，早也。”笔者认为：小篆“”（早）字中间的“⌒”是个天文符号，表示“天穹”，下部的“”（十）是古人观测日影的表杆“日竿”。会意为：日在天空一竿子高的位置。《南齐书·天文志》：“日出高三竿。”唐刘禹锡《竹枝词》：“日出三竿春雾消。”当太阳升到“三竿子”高时（相当于“晌”，约十点钟左右），春天的大雾才消失。由此可见：当日出“一竿子”高时称“早”，约为上午 7—8 时，这正好与附图十三《九州“七舍”时间对应图》中的“蚤（早）食”相吻合。所以说，“早”字的本义应该是“日出约一竿子高的位置”。

3. 本义：日出“一竿子”高的位置（约上午 7—8 点钟）。

4. 引申义：

① 早晨。早与晨二字本属于两个不同的“时点”。“晨”即“晨明”，指夜空中初现一丝日光之时，俗称“鸡鸣时”。当雄鸡先后三次鸣

叫（报晓）后，天才大亮。而“早”是日出“一竿子高”之时。后人把“晨与早”组合成“早晨”一词，包含的“时间跨度”较大，相当于现代的4点钟至8点钟之间的“时段”。所以，人们通常把晓、昧、旦、朝等字全都解释为“早晨”。后来，为了有所区别，人们新造了两个概念：“清早”（表示日出之前），“早上”（日出之后一段时间）。

② 由“早晨”引申为“初时”。例如：早春（初春）。

③ 在先，还没有到时候。例如：趁早、早到、早产等。

5. 其他：略

158. 晨

1. 字源：

金文写作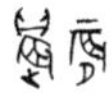；古玺文写作；小篆写作；楷书写作晨。

2. 背景资料：①金文()，从臼、从辰、从止。此处的“臼”（双手），不能简单地解读为“双手操作农事”。因为“晨明”时刻，天还没有大亮，人们无法在田间劳动，而应解读为“无形的双手将夜幕拉开一条缝隙”。“辰”又作“震”。《说文》：“辰，震也。”而八卦中的震卦“☳”是上边“二阴”，底部“一阳”之象。引申表示“一股阳气”向上奋发（震发），冲破“二阴”（黑夜）之义。“止”是“行走”，引申为天体日月运行的规律。综上所述，“晨”的构形原理为：夜幕拉开了一条缝隙，一丝日光露出天空之貌。

金文“”（），从辰、从夕（月亮），表示月亮虽然在“夜空”之上，但一丝日光已经奋发而出之貌。

② 古玺文“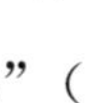”（），为“辰”在上，“日”在下之状。

③ 小篆“”（晨），改变为“日”在上，“辰”在下之状。

以上列出了“晨”字的金文、古玺文和小篆的构形及演变情况，其各种写法虽然采用的“表义方式”不同；但是其“表义结果”大同小异，都是表达出“夜空中奋发出一丝日光”之意，这也是“晨”字的

“本义”所在。

3. 本义：夜空中喷发一丝日光之貌（约4—5点钟之间一段时间）。

4. 引申义：

① 早晨。泛指从“晨明”到“早食”的一段时间。

② 俗称“鸡鸣时”。《尚书·牧誓》：“牝鸡无晨。”意思是说“母鸡没有晨鸣以报晓的功能”，只有雄鸡“晨鸣”以报晓。当雄鸡先后三次“晨鸣”之后，天才大亮。

5. 其他：

① 参见附图十三《九州“七舍”时间对应图》及其说明。

② 参见字例“早”字。

159. 昃 zè

1. 字源：

甲骨文写作；金文写作；小篆写作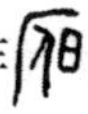；楷书写作昃。

2. 背景资料：“昃”字的甲骨文是“日在一个人的左下侧”之形，表示太阳西斜了。金文是“日在人的右侧”之形。小篆在其外边增加的“”，一说是表示山崖，一说是表示太阳从高处向下降落的运行轨迹。隶书写作“”。楷书写作“昃”，“日”在上，“厂”在中，“人”在下。《说文·日部》：“昃，日在西方时。侧也。”《易·丰》：“日中则昃，月盈则食。”意思是说：太阳升到正中就要西斜，月亮圆了之后就会亏缺。

3. 本义：太阳西斜。

4. 引申义：略

5. 其他：“昃”字的本义是“太阳西斜”。但若作为时间概念，其时间跨度太大，可以表示下午一点钟到四点钟左右的“时段”。于是，后人在文献中有了“中昃”“下昃”或者“小昃”“大昃”等具体明细的“时段”划分。

160. 暮 mù

1. 字源：

甲骨文写作；金文写作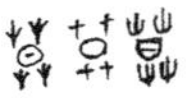；小篆写作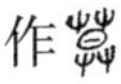；楷书写作莫（后作：暮）。

2. 背景资料：莫（暮）字的甲骨文、金文、小篆，都是日在草木中之象形，甲骨文也有写作的，意为日落树林中，鸟儿回巢之时。在商代卜辞中，“莫”（暮）与“朝”相对应。“旦”与“各（落）日”相对应。（落日：指太阳刚落下的一段时间）。请注意：“莫”字的本义是日将落下的时间。后来因为音近的关系，“莫”字被假借为否定词而使用，即“不要”“没有谁”等义，于是便新造了“暮”字。“莫”字有时还被假借作“漠”，为“广大”“广阔”之义，例如《庄子·逍遥游》中“广莫之野”（广阔的原野）。

3. 本义：日在草木中之象形。会意为：“日将落下”的时候。

4. 引申义：

① 晚、将尽。例如：暮春、暮年。

② 衰落、不振作。例如：暮气、暮气沉沉。

5. 其他：

① 参见附图十三《九州“七舍”时间对应图》及说明。

② 参见旦、朝等字例。

161. 昏 hūn

1. 字源：

甲骨文写作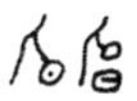；金文写作；小篆写作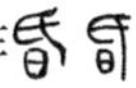；楷书写作昏。

2. 背景资料：“昏”字的构形原理十分难解。有人认为：“昏”的甲骨文写作“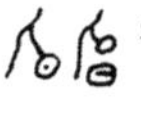”，是太阳降到人手以下位置，表示黄昏时候。但是，太阳还没有落入地平线以下，何谈“黄昏”？当太阳刚刚落入地平线时的一段时间叫作“落日”，“落日”之后才谓“昏”。古人有“日落

三商为昏”的说法。“商”是古代一种箭状刻度尺，插在计时漏壶之中，“一商”（一刻度）约为十五分钟，今人叫“一刻钟”时间。当日落后“三商”（约四十五分钟），这段时间叫“昏”时。（参见字例如：商）

“昏”的金文写法十分繁杂，令人费解。笔者试图解析一下，仅供参考：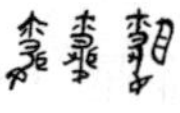从（表示人在行走状）、从（表示彩云的光芒、晚霞）、从或（表示月亮或不规则的月亮），由此会意：人行走在有晚霞，有月亮的时候（黄昏）。

“昏”字的小篆和楷书演变为从氏、从日。

3. 本义：日落之后，从黄昏到黑定的时段。

4. 引申义：

① 昏暗。又引申为“模糊”。

② 昏通“婚”。

③ 由昏暗不明，引申为不明是非。例如：昏君、昏庸。

5. 其他：

参见附图十三《九州“七舍”时间对应图》及说明。

162. 夕

1. 字源：

甲骨文前期写作，后期写作；金文写作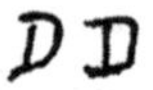（有时写作）；小篆写作；楷书写作夕。

2. 背景资料：凡属时间类文字，古人大多以日或月在天空中的运行方位进行表达，但是，由于一年四季之中，昼夜长短不同，常常出现“日月同现”（又叫“日月同辉”）的天文景观。例如：“朝”字：是草木之中“日出”与“月落”同见之貌。“莫”（暮）字的构形，只见有“日落”草木之中，却不见“月出”草木之中，于是古人用“夕”字表示“月初升”（月出）。所以《说文·夕部》：“夕，莫也。从月半见。”徐锴《说文·系传》：“夕，月字之半也。月初生则暮见西方，故半月为夕。”徐灏《段注笺》：“月初生时昏暮及晨早往往见之。初昏为夕，将晨亦为夕也。”人们常讲“夕阳无限好，只是近黄昏”，“夕阳”就是指东方之月初升，而西方之日将要落下之景象。所以，“夕”与“莫”（暮）同意。在甲骨文卜辞中，“夕”，表示整个夜晚，即“初昏为夕，将晨亦为夕也”。

3. 本义：

狭义：指初月东升的时间段。

广义：指整个夜晚的时段。

4. 引申义：

① 因为“夕”为白昼之末，所以引申为一个月的最后一旬，称作“月之夕”。又引申为一年的最后一季，称“年之夕”。

② 由“夜晚”，特指农历年最后一天的夜晚，称“除夕”或“除夕夜”。

③“夕阳”本指“日暮”，引申比喻人的晚年。

5. 其他：参见朝、暮、月、夜等字例。另外，在上古，有“日为父，月为母”之说。姓名的“名”字，从夕、从口。“夕”表月亮，月母；“口”表呼唤。“名”的本义是：月母的呼唤。可见，古人赋予“取名”神圣感。

163. 夜 yè

1. 字源：

金文写作；小篆写作；楷书写作夜。

2. 背景资料：“夜”字的金文和小篆写法，都是“夕”或“月”在人的腋下之象形，表示月亮已经升到人的腋下那么高了，会意为“夜间”或者“晚上”。楷书发生了较大变化，很难看出“夜”的意思了。

3. 本义：自天黑至天亮的一段时间。与“昼”相对应。

4. 引申义：

① 指夜行。苏味道《正月十五夜》诗：“金吾不禁夜，玉漏莫相

催。”“禁夜”即停止夜间行走。

② 通“液”。

5. 其他：参见月、夕等字例。

164. 晚 wǎn

1. 字源：

小篆写作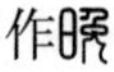；楷书写作晚。

2. 背景资料：“晚”是个后起字。《说文·日部》：“晚，莫（暮）也。从日，免声。”又说：“夕，莫（暮）也。从月半见。”由此可见，“夕”与“晚”的本义十分相近，甚至相同，只是后人在其用法上有所区别。例如：“夕阳”不能说成“晚阳”。“旦夕”不能说成“旦晚”。

3. 本义：日暮时。即日将落时。（又称：傍晚）

4. 引申义：

① 夜间。例如：夜晚、晚上。

② 时间上将近终了。例如：晚岁、晚年。

③ 迟。例如：来晚了、晚一会儿。

5. 其他：参见朝、暮、夕、夜等字例。

第九章　“十天干”与“十二地支”

第一节　引　　言

凡中国人，对“天干”与“地支”这两个概念一般都不会陌生。特别是自东汉开始，人们把“十二生肖”与“十二地支”相配对之后，几乎是“人人皆知”。但是，如果问到“天干”和“地支”是怎么创造出来的，最初的用途是什么？可能知道的人并不很多。如果再进一步追问下去：“十天干”和“十二地支”每个文字的构形原理是什么？可能会“众说纷纭”。

一、关于“天干”与“地支”的产生。据了解，“十天干”和“地支”的产生经历了一个十分漫长的历史演进过程。有很多传说：①有人说，早在黄帝时代之前，有“天皇氏”创“十天干”，并且制定了“大山纪历”。此处的“天皇氏”指燧人时代晚期的帝王名称。

② 也有人说，伏羲作“甲历”，即“八卦十月太阳历”。又说伏羲氏太昊之子“重”，担任句芒或勾芒（上古天文官职称），首创“十二地支”。实际上，燧人时代晚期和伏羲时代，还没有出现“文字”，最多只有一些“文字符号”之类，以用于“仰观天文，俯察地理”时记录时间（日期）。这些“文字符号”不能称作真正的“天干”或“地支”，但是为后世的天文官创造天干和地支，制定律历提供了丰富的“营养”。现代学者王大有《三皇五帝时代》对传说中的“天皇氏”创十天干，“句芒”创十二地支的文字符号作了具体“描绘”，特抄录如下，仅供大家参考：

符号										
读音	顶	长	就	随	强	吝	各	山	请	咔
相当于后世“天干”	甲	乙	丙	丁	戊	己	庚	辛	壬	癸

符号				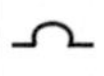			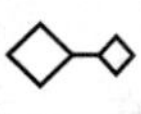					
读音	孳	孬	凹	娇	辰	广	午	围	张	酋	曲	矿
相当于后世“地支”	子	丑	寅	卯	辰	巳	午	未	申	酉	戌	亥

真正意义上的“天干”和“地支”的创立，应该出现在“黄帝时代”。据《世本·作篇》记载：“黄帝使羲和占日，常仪占月，臾区占星气，伶伦造律吕，大挠作甲子，隶首作算数，容成综此六术，著调历……”这就是说：容成任总编，把占日、占月、占星气、甲子、算数等天文、地理资料汇总、整理之后，编著了《日月调和历法》，即流传于后世达四千多年的《黄帝历》。又据《山海经·大荒南经》：“羲和生十日。”《山海经·大荒西经》：“常羲生月十有二。”（常羲又称常仪）我们从以上文献资料中可以知道：天文官羲和主司观测太阳，并首创了“十日为旬”的纪日方法，即“十天干”纪日法。常仪主司观测月亮，并首创了一年为十二个月份的记月方法，即“十二地支”记月法。大挠把“十天干”与“十二地支”按照甲子、乙丑、丙寅……依序组合排列成六十个“干支组”，俗称“六十甲子”，简称：“甲子”或“花甲”，以用作纪年、纪月、纪旬、纪日。上述这些，大概就是“天干”和“地支”产生的历史过程。注：传说羲和是太昊之子“重”的后裔。

二、天干和地支的文字构形原理：我们无法知道“黄帝时代”大挠所作“甲子”时的具体文字构形。东汉许慎《说文解字》仅仅依据“小篆”文体，并以“阴阳五行说”原理，对“十天干”和“十二地支”的文字构形进行了解释，难免出现了一些“望文生义”的误解。近代随着甲骨文的发现，学术界对“天干”和“地支”的文字构形原理有了各种不同的观点。笔者在进行考证中也产生了一些新的“思路”和观点，特讲出来供大家“探讨”和“参考”。

笔者认为：①甲骨文、金文中的“十天干”，应该是上古人在“仰观天文”时，分别用于表示无限空间“天宇”（甲），天气（乙），天座（丙），天心（丁），天规（量天尺、戊），天迹（己），天因（庚），天表柱（辛），天使（壬），无限时间“天旋”（癸）的十个文字符号。天文官们（巫史）借用这十个符号来记录日期，称作“十天干”，相对应地用来记录每一旬的“十日”（十天），即某旬的甲日、乙日、丙日……癸日，也就是常讲的“羲和生十日”，再由文字符号演变成文字。请详见附表十《“十天干”形义对照表》。请注意：“十天干”所“假借”的对象，不是随心所欲地“乱借”。而是严格遵循“同类相借”或者“关联相借”的原则，并且突出了一个“天”字。例如：借“天宇”符号“”（甲）作天干第一位，借“天气”符号“”（乙）作天干第二位……绝不是“借块石头，当作馒头”的乱借。

②“十二地支”是上古先民在细致观察自然现象的基础上，为了描述一年中天地间阴阳之气的变化规律而创造的一套符号系统。这些符号不仅反映了四季的冷暖变化，还象征着自然界万物生长、繁荣、衰退直至消亡的周期性过程。古代的天文官，也就是巫史，采用了这十二个符号来记录一年中的十二个月份，即子、丑、寅、卯、辰、巳、午、未、申、酉、戌、亥，每个地支对应一个月份，形成了我们常说的“十二月”周期。随着时间的推移，这些符号逐渐从原始的天文象征演变为具有特定意义的文字。请详见附表十一《“十二地支”形义对照表》。

请注意：“十天干”的“假借”方法与“十二地支”的“假借”方法，二者有着很大的区别。“十二地支”子、丑、寅、卯……亥。每一个字的构形原理都显示出“当月”的阴阳消长的“气候特征”。前月、当月、后月之间紧密相连，形成了自然规律运动变化的完整“链条”，不可分割，不能随意“假借”。有人说，“寅”象双手执矢（箭），“卯”象双刀对植（直立）。被“借假”作地支之一。这完全属于“乱借”或“滥借”之说。

附表十 《“十天干”形义对照表》①

	甲	乙	丙	丁	戊
序次	一	二	三	四	五
甲骨文			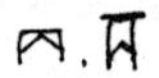	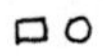	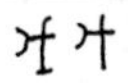
金文	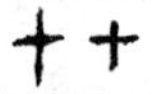	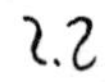	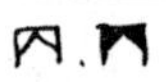		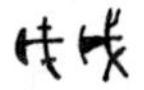
构形	象四方上下延伸之状	象气流运动之状	象物底座之形	象天穹中心点（区）	规与矩符号的合文
本义	天宇（无限空间）	天气	天座	天心	量天尺（规与矩）
古谐音	大	气	秉	心	步（度量）
假借义	作天干第一位（甲日）	作天干第二位（乙日）	作天干第三位（丙日）	作天干第四位（丁日）	作天干第五位（戊日）
引申义	1. 博大 2. 第一（甲等、甲级） 3. 占第一	1. 第二（乙等、乙级） 2. 占第二（乙夜：二更）	1. 第三（丙等、丙级） 2. 占第三（丙夜：三更）	第四（丁等、丁级）（丁夜：四更）	第五（戊夜：五更）
误解义	象铠甲；象龟甲，种子甲壳	象草木曲生；象鱼肠	象鱼尾	象人头；象钉子	象斧钺；象五龙相拘绞
附会附加义（五行说）（五方说）	1. 木 2. 东方 3. 春	1. 木 2. 东方 3. 春	1. 火 2. 南方 3. 夏	1. 火 2. 南方 3. 夏	1. 土 2. 中央

附表十　《“十天干”形义对照表》②

	己	庚	辛	壬	癸
序次	六	七	八	九	十
甲骨文		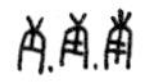		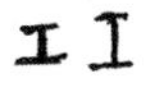	
金文				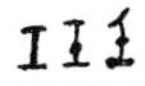	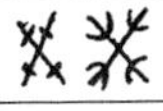
构形	象征日、月星运行轨迹	“⋂”为天穹。化生万物，“生”字省形	上古天表柱符号	天地、阴阳交通的人	象天盘旋转、周而复始状
本义	天迹	天因	天表柱	天使（天文者）	天旋（无限时间）
古谐音	迹	因	星	人	归
假借义	作天干第六位（己日）	作天干第七位（庚日）	作天干第八位（辛日）	作天干第九位（壬日）	作天干第十位（癸日）
引申义	由“天迹”引申：自己	由“天因”，万物化生引申：年龄	此略	此略	此略
误解义	象细绳系在箭上；象万物曲于土中	象古乐器“铙”；象货郎鼓	象刑刀、凿子、刻刀	象线缕；象怀妊	象水从四方流入凹地之下；象三锋的“矛”（兵器）
附会附加义（五行说）（五方说）	1. 土 2. 中央	1. 金 2. 西方 3. 秋	1. 金 2. 西方 3. 秋	1. 水 2. 北方 3. 冬	1. 水 2. 北方 3. 冬

附表十一　《“十二地支”形义对照表》

序次	一	二	三	四	五	六
	子	丑	寅	卯	辰	巳
甲骨文	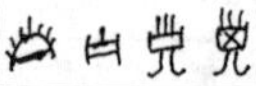					
金文		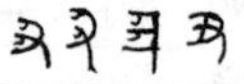		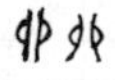		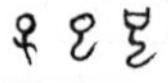
构形	阴气盛多状；包围圈；阴阳交叉	无形的上天之“手”；阳气上升符号（曲线）	阳气升扬；阴气包围圈；上天的双手	象双门被打开之形	象双箭头斜冲向上	象“胎儿”之形
本义（阴阳哲理）	盛阴包围中仍存一阳气	上天的“巨手”扭动，“二阳”随动之状	“天帝”以双手助力，阳气突破包围圈而上扬	天阳之气破门而出	阴阳交和，万物化生开始，植物开花受粉，动物交配受精	阴阳化生中，胎儿已经形成（无形变有形）
假借义	作地支第一位；记月份	作地支第二位；记月份	作地支第三位；记月份	作地支第四位；记月份	作地支第五位；记月份	作地支第六位；记月份
引申义	①一阳生；②滋（孳）；③作“十二辰”第一位	①二阳生；②纽（扭）；③作“十二辰”第二位	①三阳生；②俗称：三阳交泰、三阳开泰；③十二辰第三位	①俗称：天门开；②十二辰第四位	①震；②俗：飞龙在天；③时日、时辰；④十二辰第五位	①已（已经）；②十二辰第六位
误解义	后世误为孩子之“子”，商代甲骨文和早期金文一点也不像“孩子”形	象留有长指甲的手	①象两手奉“矢”（箭）；②“引”字初文	象双刀并立之形，表示“杀”或割裂	象贝壳，象耕器	象蛇
附会附加义（五行说）	水	土	木	木	土	火
（十二生肖）	鼠	牛	虎	兔	龙	蛇

附表十一　《“十二地支”形义对照表》

序次	七	八	九	十	十一	十二
	午	未	申	酉	戌	亥
甲骨文						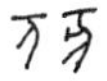
金文						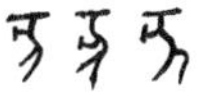
构形	↑阳气冲天状；●阴气结点	天表柱（建木）；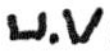：二阴气下降符号	弯曲的天地行道；：向上行走；：向下行走	象有盖的罐器，其内的“一”为阳气符号	：量天尺；“戌”含“”：斜横，即“一”字	：地平线；：阳气企图回升，遭阻止；：阳气深入地下
本义（阴阳哲理）	盛阳之下，一阴交结	二阴之气，降临于天柱上之象	循天地之道，阴降下，阳上行。阴阳交替顺畅	阴阳交流中断，阳气停止上行趋势	天道规律，万物归一	阳气深入地下，受阻不能冒出
假借义	地支第七位；记月份	地支第八位；记月份	地支第九位；记月份	地支第十位；记月份	地支第十一位；记月份	地支第十二位；记月份
引申义	①一阴生；②纵横相交；③迕，盛极生逆；④俗：亢龙有悔；⑤十二辰第七位	①二阴生；②将来、未来；③还没有；④十二辰第八位	①三阴生；②俗：三阴交畅，籽粒丰满；③畅；伸展；④十二辰第九位	①俗称：天门关闭；②就，成就；③成熟；④十二辰第十位	十二辰第十一位	十二辰第十二位

续表

序次	七	八	九	十	十一	十二
误解义	①象“矢”，午与矢，二字同意；②象“杵”，为“杵”字初文	①象高粱穗，“穗”的本字；②“味”的本字；③象树木重叠枝叶	象闪电，申与电同意	①象酒壶，壶尊之形；②“酒”的本字	①象斧钺；②戌与戊同字	①象猪（豕）形；②荄的本字（荄：草根）
附会附加义（五行说）	火	土	金	金	土	水
（十二生肖）	马（馬）	羊	猴	鸡	狗	猪

第二节　“十天干”字例

165. 甲

1. 字源：

甲骨文写作；金文写作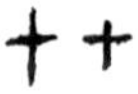；古文写作；小篆写作；楷书写作甲。

2. 背景资料：关于“十天干”产生的历史过程，各字例的构形原理，已经在本章第一节“引言”中作了“全方位”介绍，并绘制了附表十，请细读。“甲”字的甲骨文、金文构形十分简单，但是如何“会意”，却十分困难，必须用“原始哲学”和“上古天文学”的基本原理思考。所谓“天干”一定与“仰观天文”有关，与上古人的“宇宙观”有关。《淮南子·齐俗训》：“往古来今谓之宙，四方上下谓之宇。”而“甲”（）的一纵一横，正是向着“四方上下”无限延伸之形，表示“无限的空间”，即“天宇”。（无限的时间称作“宙”）我们接下来再去看一下作为“十天干”第二位的“乙”字，其甲骨文、金文、小篆作

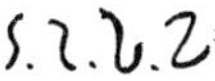等，应理解为“天宇”之间的“气”，即“天元之气”“元气”“天气”。《易·系辞上》：“易有太极，是生两仪，两仪生四象，四象生八卦。”这里的“太极”，是古代哲学术语，指天地之间博大无边的混沌清虚的“元气”，是化生万物的“本原”，所体现的是“气生万物”的宇宙观。（参见《辞海》“太极”条）。我们把“十”（甲）理解为“天宇”符号；把“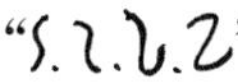”（乙）理解为“天气”符号，体现了“天干”一词中的“天”字。有些人把“十”（甲）理解为盔甲、甲壳，把“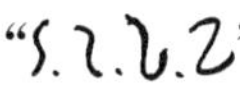”（乙）理解为草木曲生或鱼肠，这完全是误辨、误解。

“甲”字古文写作“”，从十、从（天穹符号）、从人。为什么增加了天穹符号？大概是为了进一步表明“十”的含意与“天穹”相关，即天穹之下，四方上下无限的空间。

“甲”字的小篆写作“”或“”，原先的“十”演变成“丅”，失去了“四方上下无限延伸”的本义。楷书讹变为“甲”，从田、从丨。更加容易被人误解为“甲壳”之物。久而久之，人们便接受了这种“甲壳”之义。于是，后世便有了龟甲、盔甲、甲虫、指甲等名词概念。也可能天干的“甲”字与甲壳的“甲”字，原本是两个独立的文字，属于“同象而异物、异义”。

3. 本义：向四方上下无限延伸的空间，即“天宇”。

假借作“十天干”的第一位，用来记录每一旬的“日期”，例如：上旬“甲日”，中旬“甲日”……

4. 引申义：

① 由“天干”的第一位，引申泛指“第一”。例如：甲级、甲等。

② 占第一。例如：“桂林山水甲天下。”

③ 博大。

④ 甲子。天文观察者们将十天干与十二地支相配对，组合成六十个“干支组”，称作“六十花甲”，简称“甲子”，用于纪年、纪月、纪日。

5. 其他：

① 参见本章第一节“引言”及附表十《“十天干”形义对照表》。

② 后世的“五行说”附会或附加为：甲属木。“五方说”附会或附加为：“甲”代表东方、春天。

166. 乙

1. 字源：

甲骨文写作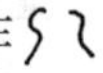；金文写作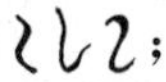；小篆写作；楷书写作乙。

2. 背景资料：

在本章第一节“引言”及附表十《“十天干”形义对照表》中已经作了介绍。又在字例“甲”的背景资料中一并作了进一步介绍，此略。

3. 本义：

象气流运动之状，会意为“天气”(天宇之气)。

假借作“十天干”的第二位，用于记录每一旬的日期，例如：上旬甲日、乙日。中旬甲日、乙日等。

4. 引申义：

① 由十天干的第二位，引申泛指“第二”。例如：乙级、乙等。

② 占第二。

③ 作“二”的代称。例如：“乙夜”即“夜晚二更”。

5. 其他：

① 后世“五行说”附会或附加为：乙属木。

② 后世“五方说”附会或附加为：“乙”代表东方、春天。

167. 丙

1. 字源：

甲骨文写作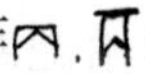；金文写作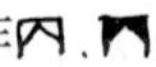；小篆写作；楷书写作丙。

2. 背景资料：①《说文·丙部》：“丙，位南方，万物成、炳然。阴气初起，阳气将亏。从一、入、冂。一者，阳也。”许慎是根据“丙”

的小篆构形进行“会意”，并且附会“五行说”，认为“丙”为火，为南方，为夏天。

② 高亨《文字形义学概论》：“古代五行说，以丙丁名南方，南方之位为火，为夏。许氏据此，以为丙居南方之位，属夏之时，其时万物皆长成，炳然而盛，阳气初入于地下，故丙字从一、入、冂。此皆曲说也。”

③ 于省吾《殷契骈枝》：“（丙）今俗称物之底座。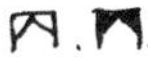之形，上象平面可置物，下象左右足。”

④《尔雅·释鱼》：“鱼肠谓之乙，鱼尾谓之丙。”郭沫若根据此说，也认为“丙之象鱼尾”。随后，不少学者也跟着说：“丙”字象鱼尾之形。“乙”字象鱼肠之形。

笔者认为，解读“十天干”，必须以上古人“仰观天文”为时代背景和职业背景作“基本思路”，体现出天文官（巫史）们造字时的“宇宙观”或“天道观”。“丙”字的甲骨文、金文构形的确象“物之底座”，但其本义应是表示“天座”，又叫“星座”（众星各自相对固定的区域、座位）。请参见本章第一节“引言”和《“十天干”形义对照表》。

3. 本义：象物之底座形。会意：天座（或星座）。

假借作“十天干”的第三位，用于记录每一旬的日期，例如：上旬甲日、乙日、丙日……

4. 引申义：

① 由天干的第三位，引申泛指“第三”。例如：丙等、丙级。

② 占第三。

③ 作“三”的代称。例如：“丙夜”即夜晚“三更”。

5. 其他：

① 后世“五行说”附会或附加为：丙属火。

② 后世“五方说”附会或附加为：丙为南方、夏天。

168. 丁

1. 字源：

甲骨文写作□ ○；金文写作■●◎；小篆写作个；楷书写作丁。

2. 背景资料："丁"字的甲骨文、金文写作□ ○或◎，表示某一特定的区域范围，特别是符号"◎"，更像是指某一特定的"中心点"或者"中心区域"。如果我们把"十"（甲）理解为四方上下博大无边的"天宇"，那么我们就很容易联想到□、◎符号是表示"天宇"的"中心区"，即天穹的中心，简称"天心"。有人认为"□ ○"象人头。也有人根据小篆的写法"个"（丁），认为象钉子或象草木上顶有果实下垂之形。这些看法完全是"误解"。因为他们的"思路"没有与"仰观天文"联系起来。解读"十天干"一定要牢牢记住"天"字。后世为什么把"丁"字赋予"强壮"的含意呢？这里需要"拐几道弯儿"才能讲清楚。孔子说："三十而立，四十而不惑，五十而知天命。"在古人的"天命观"中，人的正常寿命为五十多岁，若在五十岁以前死亡，叫"夭亡"或"折寿"，五十至六十岁叫"天命年寿"，为"福寿"，而"人生七十古来稀"，叫"古稀之寿"。六十岁与"六十甲子"的循环数相配对，用"十天干"来对应六十岁，一个"天干"代表六岁。天干"丁"属第四位（4×6＝24），"丁"龄代表 18—24 岁。而人在此时已经为"成年"，是身强力壮的阶段，所以，"丁"字有了"强和壮"的文化内涵。很多人不明白此理，于是便有了"钉子"代表强和壮的说法，或像草木上果实下垂，表示强和壮的说法。古代的"五方说"认为：甲、乙代表东方、春天，丙、丁代表南方、夏天。皆为"附会之说"。

3. 本义：天穹的中心区域，即"天心"之义。

假借作"十天干"的第四位，用于记录每一旬的日期。例如：上旬甲日……丁日等。

4. 引申义：

① 由天干的第四位，引申泛指“第四”。例如：丁等、丁级。

② 由第四，引申为“四”的代称。例如：丁夜（夜晚四更）。

③ 由天干第四位引申为“天命年龄段”的第四个年龄段，即 18 岁到 24 岁。因为此年龄段的人，已经为“成年”，身强力壮，故再引申为“强”和“壮”之义。例如：人丁、壮丁、丁口等。

5. 其他：

①“五行说”和“五方说”附会或附加为：丁属火，丁代表南方、夏天。

② 请参见本章第一节“引言”和《“十天干”形义对照表》。

169. 戊

1. 字源：

甲骨文写作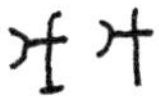；金文写作；小篆写作；楷书写作戊。

2. 背景资料：《说文·戊部》：“戊，中宫也。象六甲五龙相拘绞也。”认为“戊”字共由“五画”组成，象征“五条龙”，即东方青龙、西方白龙、南方赤龙、北方黑龙、中央黄龙，为五龙拘绞之形。高亨《文字形义学概论》认为许氏的“五龙说”是“谬说”。郭沫若《甲骨文字研究》：“戊象斧钺之形，盖即戚之古文。”笔者认为：作为“天干”的“戊”字，一定与“仰观天文”相关。经考证：“戊”字的构形，是上古观测天象时的测量工具“规”和“矩”两个器物的象形符号的“合文”（组合文字）。“”或“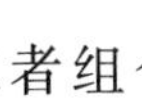”是“规”的原形符号，“”或“”是“矩”的原形符号，二者组合为“”，即甲骨文“戊”字，俗称“量天尺”。再例如：成、歲（岁）二字皆从“戊”，也是“量天尺”符号，不能误解为“斧钺”。请详见第一章第五节“同象而异物、异义”及附图三《戊戈构形组合图》。

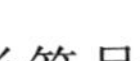

另外，关于“合文”的问题。在汉字体系中，“合文”情况并不多见，但是也有少数字例，例如：“弓”与“长”，传说黄帝之子名“挥”，任弓箭制造和射击的长官，合文为“张”，后为张氏、张姓。“子”与“乙”合文为“孔”。“木”与“子”合文为“李”，传说帝尧之臣皋陶任大理（司法官），后世历代任“大理”，其后裔理利贞在商纣王时遭难，家族逃于深山中，曾经靠吃树上的野果子度命，于是以木与子二字合文，创造了“李”字，并以“李”为氏，后又为姓。

3. 本义：“规”与“矩”原物形体符号的合文“戊”，俗称“量天尺”。

假借作“十天干”第五位，用于记录每一旬的日期，例如：上旬甲日……戊日等。

4. 引申义：

① 由天干的第五位，引申泛指“第五”。

② 作“五”的代称。例如：戊夜（即“五更”），有时写作“五夜”。

5. 其他：

① 参见第一章第五节：附图三《戊戈构形组合图》。

② 参见本章第一节“引言”及《“十天干”形义对照表》。

③ 后世“五行说”和“五方说”附会或附加为：戊、己属土，位于中央。

170. 己

1. 字源：

甲骨文写作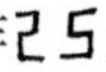；金文写作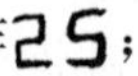；古文写作；小篆写作；楷书写作己。

2. 背景资料：《说文·己部》：“己，中宫也。象万物辟藏诎形也。”高亨《文字形义学概论》：“许氏释己为中宫，又以为己字象变曲体而避藏于土中，此皆曲说也。”清代朱骏声《通训定声》：“己，即纪之本字。

其古文象别丝之形，三横二纵，丝相别也。”笔者认为：作为十天干之一，应该向着“仰观天文”的思路去分析。“己”字的甲骨文、金文、古文和小篆的形象，都是象征日、月、星辰的运行轨迹，即“天迹”。

3. 本义：日、月、星辰的运行轨迹。简称：“天迹。”

假借作“十天干”的第六位，用于记录每一旬的日期。例如：上旬甲日……己日等。

4. 引申义：

① 由“天迹”引申为“人迹”。又作“本人”的行动（行为）轨迹，再引申为“本人”和“自己”。

② 孳乳为“纪”字，即纲纪、规则、规律等义。

5. 其他：

① 参见本章第一节“引言”及《“十天干”形义对照表》。

②“五行说”和“五方说”附会：戊、己属土，位在中央。

171. 庚

1. 字源：

甲骨文写作；金文写作；小篆写作；楷书写作庚。

2. 背景资料：《说文·庚部》：“庚，位西方，象秋时万物庚庚有实也。”许慎是根据“庚”字小篆形体，认为象秋天万物坚硬，有果实的样子。郭沫若《甲骨文字研究》认为：“庚”字的甲骨文构形，“观其形制，当是有耳，可摇动之乐器”。李孝定《甲骨文字集释》认为：“庚”字的甲骨文构形，“其形制当后世之货郎鼓，执其柄旋转摇之，以作声者”。也有人认为，“庚”字的甲骨文、金文形状，像带有提手的木桶。笔者根据上古的宇宙观、天道观，认为甲骨文、金文“庚”字中的“”或“”是表示“天穹”或“天盖”的符号，内部的“一”或“二”是表示“天阳之气”的符号，“”或“”是“”（生）字的省

写，象草木从地上生出之形。我们把以上三个符号联系起来会意为“天穹下，天阳之气化生万物之象形”，也可称作“天因”，所体现的是古代人“天主生，地主养”的思想。“庚”与“因”的构形原理基本相同。“因”字的甲骨文、金文写作，像在“天阳之气”的包裹下，一个“胎儿”正在化生成形之状。所以，“因”字的本义是“生命的本源”，引申为泛指事物的本原、根源等。例如：因果、原因等。而“庚”字也是“天阳之气化生万物之象”，由于“化生”需要经历一个时间过程，故引申为“生命过程”，再引申为“年龄”。例如：年庚（年龄）、“二人同庚”（二人同龄）。又由“化生的过程”引申为经过的道路或历程。《小雅·广言》：“庚，道也。”

3. 本义：天穹下，天阳之气化生万物之貌，即“天因”。

假借作“十天干”的第七位，用于记录每一旬的日期。例如：上旬甲日……庚日等。

4. 引申义：

① 由于“化生”需要经历一个时间过程，引申为“生命过程”，再引申为“年龄”。例如：年庚（指年龄）、同庚（同龄）。庚帖：古代择婚，男女双方所出据的写有出生年、月、日、时辰等情况的帖子。

② 由“化生经历”的时间过程，引申为：经过的道路。

5. 其他：

① 参见本章第一节“引言”及《“十天干”形义对照表》。

② 参见第二章第九节及字，例如：姻、因。

172. 辛（重文字例，原编序号：84）

1. 字源：

甲骨文写作；金文写作；小篆写作；楷书写作辛。

2. 背景资料：关于“辛”字的构形原理，本义及引申义，已经在第四章第四节作了详细介绍，并且对“辛”字的甲骨文、金文构形与北京天安门前“华表柱”的造形，作了《附图》对应介绍，请细阅，此略。

3. 本义：上古观测天象的天表柱，为象形字。

假借作“十天干”第八位，用于记录每一旬日期，例如：上旬甲日……辛日等。

4. 引申义：略。

5. 其他：

① 参见第四章第四节。

②“五行说”和“五方说”附会或附加为：庚、辛属金，代表西方、秋天。

173. 壬（重文字例，原编序号：121）

1. 字源：

甲骨文写作（壬与工同字）；金文写作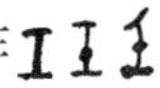；小篆写作；楷书写作壬。

2. 背景资料：请详见第六章第三节。

其中字例“壬”（原编序号：121），此处不再重述。

3. 本义：像一人站在天表柱上，仰观天文、俯察地理、沟通天地之状；尊称“天地沟通的使者”，简称“天使”或“柱史”。

假借作“十天干”第九位，用于记录每一旬的日期，例如：上旬甲日……壬日等。

4. 引申义：此略。

5. 其他：

① 参见本章第一节“引言”及《“十天干”形义对照表》。

②“五行说”和“五方说”附会：壬属水，代表北方。

174. 癸

1. 字源：

甲骨文写作；金文写作；籀文写作；小篆写作；楷书

写作癸。

2. 背景资料：对于“癸”字的甲骨文、金文和小篆的构形，如果以“日常物品”的角度去分析：有人说：象四方之水流入中央的地下之形；也有人说“象四支三锋矛”（兵器）放在一起之形。我们认为：如果假借“四方之水”作为“天干”，那么“水”在地下，而“天干”在“天”，便是“借地为天”或“借天为地”，这种“借法”恐怕有点令人“不可思议”。再说，若借“三锋矛”（兵器）代表“天干”，那么“上天”的确太恐怖了。上古人的这种“造字”思想令人费解。如果我们换一种思路，用上古哲学理论、宇宙观、天道观作为观察“癸”字构形的基本思路，那么，情况就会是另外一种“天地景象”。笔者认为：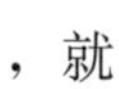（癸）象天盘旋转，周而复始之状。这种推动“旋转”的巨大力量，就是自然规律的力量，它像四只“无形的巨手”或“四只无形的巨脚”，推动“天盘”（或天轮）昼夜不停的，终而复始地运转（旋转），即“天旋”。

作为“天旋”符号的“癸”（），应该包含两层意思：①“天体”（宇宙）是运动的，静止只是相对的。②“时间”是无限的。日出日落周而复始，日复一日，年复一年，千年、万年、万万年……《淮南子·齐俗训》：“往古来今谓之宙，四方上下谓之宇。”所以说：“癸”与“宙”同意，表示“无限的时间”。

由上可见，上古人假借“天宇”（无限的空间符号）“甲”（）表示“十天干”的第一位。那么，借用“天旋”或“天宙”符号“癸”（）表示“十天干”的第十位。天文官们用作“纪日”，十日为旬，从甲日至癸日，从一至十，终而复始，无穷无尽地纪录“天时”。所以，我们可以基本上肯定：上古天文工作者们是在应用八卦哲学理论中的宇宙观、天道观，创造出“十天干”的文字符号（或文字）。

3. 本义：象天盘旋转，周而复始之状，即“天旋”或“天宙”。

假借作“十天干”的第十位，用于纪录每一旬的日期。例如：上旬甲日……癸日等。

4. 引申义：

① 揆度：计量时间的长短或空间距离的长短。

② 归。周而复始，回归。

③ 葵。形似“天盘”（圆盘）的植物。例如：向日葵。

④ 天癸。古代指女子的月经，每月一次，周期性复归；也指男子的精液、精华之气。

5. 其他：

① 参见本章第一节“引言”及《“十天干”形义对照表》。

②“五行说”和“五方说”附会或附加为：壬、癸属水，代表北方、冬天。

第三节　“十二地支”字例

175. 子

1. 字源：

甲骨文写作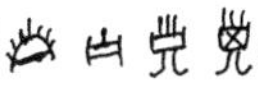；金文写作；古文写作；籀文写作；小篆写作；楷书写作子。

2. 背景资料：在商代甲骨文中，作为十二地支第一位的“子”，与表示“幼子”、孩子或父子的“子”，二者完全是不同的两个文字。作为地支的“子”写作，而表示幼子、父子、子孙的“子”写作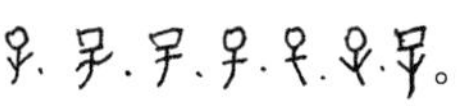。赵诚《甲骨文简明词典》中说：“在卜辞中，表示子孙、父子之‘子’均象幼子之形。而甲子之子，绝不用此‘子’字，这是一件奇怪的事情。”为什么会发生如此奇怪的事情呢？没有人作出具体解释。笔者大胆地猜想，当年常仪占月“生月十有二”，创十二地支以纪月份。大挠作甲子。“子月”是为阴气盛极，仅有“一阳”绝处藏

身的月份。所以，作为纪月的文字符号（或文字），必须体现这一特征。地支“子”写作：。上部象盛极的阴气，形成“⌒”形的罩盖，内部的“一”是表示“一阳”藏于罩盖之中。地支“子”又写作或，其中的“”是阴气盛而多的符号；“口”是包围圈符号；“✕”是阴与阳交叉的符号。以上皆可会意为“在盛阴之气包围下，仍有一阳生”的意思，这大概就是地支“子”的本义。此“子”与幼子之“子”的本义完全不同。据考证：西周前期的金文，地支“子”的写法基本上沿袭了商代甲骨文的写法。可是，到了西周中后期，金文的地支“子”与幼子、子孙之“子”二者因为音近而“合二为一”了，用幼子之“子”代替了地支原本的“子”。于是，便有了前面所说的“这是一件奇怪的事情”。

3. 本义：在“盛阴之气”包围下，仍存“一阳”之貌。

借作十二地支的第一位，用于纪录月份。例如：子月、丑月等。

4. 引申义：

① 一阳生。

② 滋、孳。

③ 作“十二辰”的第一位，指深夜十一时至凌晨一点钟之间的时段。

5. 其他：

① 参见本章第一节“引言”及《“十二地支”形义对照表》。

②“五行说”和“十二生肖说”附会为：子属水、属鼠。

176. 丑

1. 字源：

甲骨文写作；金文写作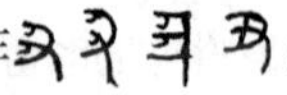；小篆写作；楷书写作丑。

2. 背景资料：《说文·丑部》：“丑，纽也。十二月，万物动，用事。象手之形。”徐灏《段注》：“象人手有所执持之形。”笔者认为：

“丑”字的甲骨文、金文都“象手之形”，但是，我们千万不要误为“人的手”，而应理解为“无形的上天之手”或“天帝之手”，即自然规律的“无形之手”。地支“寅”字的甲骨文、金文写作：，从双手（臼），也应理解为“无形的上天之手”；是用巨大的力量，帮助极弱的“阳气”冲破阴气的“包围圈”，开始萌动，升发，“扭转”被动局势；所以说“丑”字的本义不是“纽”，而是“扭”，扭转之意。请注意：“丑”（）的“两个手指”之间有两个“小弯弯”符号，应理解为两个“阳气”符号，即“二阳生发”。有人误解为：象留有长指甲的人手。

3. 本义：象上天的“无形之手”扭动助力，二阳萌动、升发之状。借作地支第二位，用于纪录月份。例如：子月、丑月、寅月等。

4. 引申义：

① 二阳生。

② 由阴阳二气交结互动之状，引申为“纽”，纽结。

③ 作“十二辰”的第二位，指凌晨1至3点钟之间的时段。

5. 其他：

① 参见本章第一节“引言”及《“十二地支”形义对照表》。

②“五行说”和“十二生肖说”附会为：丑属土、属牛。

177. 寅

1. 字源：

甲骨文写作；金文写作；古文写作；小篆写作；楷书写作寅。

2. 背景资料：①《说文》：“寅，髌也。正月，阳气动，去黄泉。欲上出，阴尚强。象宀不达，髌寅于下也。”髌为摒弃、排斥之义。许氏是根据“寅”的小篆字形进行解读的，认为“宀”是房屋。正月，阳气萌动欲上出，但是阴气还很强大，像房子一样覆盖着阳气，阳气被排斥、挤压在地下。他是依据正月（寅月）的气候特征来推论“寅”字的本义，可是没有解读出“寅”字构形中的“阳气”符号和“阴气”符号来，只讲了“房子”的符号“宀”。②《郭沫若全集·考古编Ⅰ·释地支》：“甲骨文寅字，乃矢形或弓矢形，当为‘引’之初文。”这就是说“寅”字甲骨文写作，而“”为矢（箭），“”是双手。会意为双手持箭、引弓射箭之意，即“引”。③朱芳圃《殷周文字释丛》：“寅皆两手奉矢形。”

笔者认为：凡十二地支的文字构形原理，都是应用了八卦阴阳哲理作为时代精神的“灵魂”来造字的。例如：甲骨文“子”（），为盛阴包围下，存“一阳生”之象形。“丑”（）为“无形”的上天之手扭动助力，阳气萌动，“二阳生”之象形。而“寅”字构形中的“”或“”符号，是“天阳之气”的符号；“口”或“○”是盛阴之气的包围圈符号。会意为：阳气渐强，冲破了阴气的包围，升腾上扬之象形，即“三阳生”，俗称“三阳交泰”或“三阳开泰”之象。“寅”字的古文写作“”，初看起来，构形很复杂，但若把此字分为上、中、下三部分进行观察，则很容易理解，其中的“人”是阳气符号“”的省写，不能误解为人民的“人”。“”是双手之形。“”是在“无形”的上天的双手助力下，阳气升扬之状。“”是重叠写法，具有“强调”或“加强”的作用。下部的“土”指土地、大地。我们把其古文的上、中、下三部分联系起来理解，应是：被困于地下的阳气，在上天无形的双手助力下，冒出地面，升腾上扬之象形。“寅”字的小篆写法发生了讹变，在上部增加了“宀”，原来的双手变成“日”，原来的“”变成了“”，全字写作“”。楷书有了更进一步演变。

3. 本义：在上天（或天帝）无形的双手助力下，阳气冲破盛阴的包围，破土而出，升腾上扬之象。（即指自然规律像无形的巨手，调节阴阳，调和万物）

借作十二地支第三位。用于纪录月份。例如：子月、丑月、寅月等。

4. 引申义：

① 三阳生。

② 俗称“三阳开泰”或“三阳交泰”。

③ 作“十二辰”第三位。指上午 7 至 9 点之间。

④ 敬。《书·尧典》“寅宾出日”。(敬迎宾客一样地迎来日出)。

5. 其他：

① 参见本章第一节“引言”及《“十二地支”形义对照表》。

②“五行说”和“十二生肖说”附会为：寅属木、属虎。

178. 卯

1. 字源：

甲骨文写作；金文写作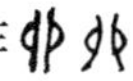；古文写作；小篆写作；楷书写作卯。

2. 背景资料：①《说文·卯部》：“卯，冒也。二月，万物冒地而出。象开门之形。故二月为天门。”意思是说：卯，其义为阳气从土地冒出来，万物破土而生长出来。“”(卯)象开门之形，故称二月为“开天门”或“春门开”。高亨《文字形义学概论》：“(天门)是自然之门。”清代朱骏声《通训定声》：“‘’(卯)谓两扉开也，象开辟之形。‘門’从二户相向，从二户相背。”“户”()字的本义是指单扇的“門”；“二户”是指双扇的大门。当两扇门相向时，为关着的大门；两扇门相背时，为开着的大门。

以上众多学者都认为：“卯”字的甲骨文、金文、小篆写作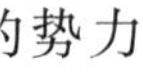，为双门打开之象形，俗称“开天门”。天阳之气破门而出，阳气的势力大增，阴气的势力大减。此时节，万物破土，快速生长。②另有一些学者们认为：“卯”(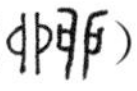)的构形是“双刀并立之状”，其本义是“宰杀”；后来其本义消失，被借作地支的第四位。吴其昌《殷代人祭考》：“卯，象双刀对植(直立)。”他认为：“刘”的繁体字写作“劉”，其左

上部的“𠂎刀”就是“卯”字，而“劉”含有“杀”的意思。《尔雅·释诂》：“劉（刘），杀也。”在殷代的甲骨文卜辞中，经常有卯几牢，卯几牛，卯几羊的记录。这些都进一步应证了“卯”（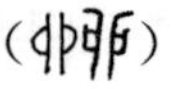）是双刀对植（直立）的象形。笔者认为：从历史的角度讲，无论是传说黄帝令大挠作甲子，还是“常仪生月十有二”，首创“十二地支”以纪录一年“十二个月份”。上古的天文官们（巫史）在创造“天干”和“地支”的每一个文字时，都牢牢把握“时代的精神灵魂”，这也是“天干”和“地支”的“字魂”所在。既使是用“假借”来的文字，也不是随心所欲地“乱借”“滥借”。必须是坚持“同类相借”或者“关联相借”的原则，不提倡“近音相借”。否则，就失去了“字魂”，失去了时代精神的“总灵魂”。很显然，后世有些学者们，把“寅”（）字的构形原理，误作“双手持矢（箭）”，假借作地支；把“卯”（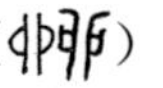）字的构形原理，误作“双刀对植（直立）”，假借作地支，这完全把上古人造字时所坚守的“天道观”“地道观”和“人道观”抛到了脑后。吴其昌先生为什么会把“卯”字误解为“象双刀对植”呢？主要原因是他把繁体字“劉”的左上部的“𠂎刀”误定为“卯”字，而“劉”字的引申义含有“割杀”的意思。但是，我们知道，“劉”字的本义是铜制的“三刃铲”，是古代的一种小型劳动工具，形似“”，前面是“平头刃”，左右两边都有刃，后部有柄，俗称“劉三刀”。主要用于刮制皮革等。

据汉代王充《论衡·龙虚篇》等文献记载：传说陶唐氏的后代有个叫“累”的人，特别聪明，善于使用“劉”这种刀具刮制牛皮、羊皮、鳄鱼皮等。于是，人们便称他“劉累”。刘累在休闲时喜欢观察和喂养鳄鱼，当时鳄鱼又称“龙”。夏代的帝王孔甲听说后，便令刘累到朝廷专门负责养龙（鳄鱼），并赐氏谓“御龙氏”……当今的“刘”姓，大都尊刘累为始祖。此番话虽然有点离题，但目的是为了加深对“劉”字构形的理解。地支“卯”（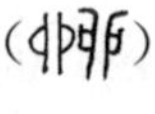）字的构形，与“劉三刀”的构形完全不同。所以说，把“卯”理解为“象双刀对植（直立）”是错误的。那么，“卯”字在商代卜辞中为什么会有“剖、杀”之义呢？因为“卯”由“开门”，引申为“打开”，再引申为“剖开”，又为“剖杀”。

3. 本义：象双门被打开之形。会意为：天门开、天阳之气破门而出之义。借作地支第四位，用于记录月份。例如：子月、卯月、亥月等。

4. 引申义：

① 俗称：天门开或春门开。又称：龙抬头。

② 作“十二辰”第四位。卯时：指上午 5 至 7 点钟之间时段。

5. 其他：

① 参见本章一节“引言”及《“十二地支”形义对照表》。

②“五行说”和“十二生肖说”附会为：卯属木、属兔。

179. 辰

1. 字源：

甲骨文写作；金文写作；古文写作；小篆写作；楷书写作辰。

2. 背景资料：①“辰”字的甲骨文、金文构形，像一个粗壮的双箭头，从地面斜冲向上之形。这“双箭头”是表示势力强大的阳气，震发向上的符号。为什么“双箭头”是斜冲向上，而不是直冲向上呢？我们若细心观察，箭头的右上方还有两个小短横，是两个“阴气”符号，说明阴气与阳气处在交锋、激荡状态，即震荡状态。按照八卦阴阳哲理，只有当阴阳交午，相互冲荡时，才能由量变引起质变，无形之“气”，化生出有形之“物”。《老子》：“道生一，一生二，二生三，三生万物。”这里的“一”指混沌的“元气”；“二”指阴阳二气；“三”指冲和之气（即和气），而“冲和之气”就是阴阳交配（交午）的震荡之气。

②《说文·辰部》：“辰，震也。三月，阳气动，雷电振，民农时也。物皆生，从乙、匕（化），象芒达；厂，声也。辰，房星，天时也。

从二，二，古文上字。”《段注》：“从乙、匕。乙，像草木冤曲而出，阴气尚强，其出乙乙；至是月（三月），阳气大盛，乙乙难出者，始变化矣。匕，变（化）也。……芒达，尽达也。”《徐铉注》：“厂，非声。疑亦象物之出。”

笔者认为：许慎《说文》根据小篆“辰”（辰）的构形进行“会意”，他把此字分为上、中、下三部分；上部的“厂”为表声符号；中部的“二”为古文“上”字；下部的“山”其左边为“匕”，右边为“乙”。而“匕”是“化”的本字，表示变化、通达。“乙”是草木曲生状。可是，这些“二”“匕”“乙”等符号，很难表达出“辰，震也。三月，阳气动，雷电振”的内涵。我们认为：小篆“辰”字的构形已经发生了“讹变”，应以甲骨文和金文的构形为基准。

③ 郭沫若《甲骨文字研究》：“（许说）甚支离灭裂。辰，实古之耕器，其作贝壳形者。”意思是说，甲骨文“辰”字的构形像贝壳之形，古代以贝壳作耕器（铲、镰之类）。笔者认为郭氏把“辰”字的构形理解为像贝壳制作的耕器，假借作十二地支的第五位，又作“辰星”之名。这种“假借”有点像前面“引言”中所讲的“借块石头当作馒头”。

“辰”字的古文、小篆、楷书写法都发生了“讹变”，很难从构形中领会其本义。

3. 本义：阳气强势震发，阴阳二气相互激荡而化生万物之象形。借作地支第五位，用于记录月份。例如：子月、辰月、亥月。

4. 引申义：

① 震，震动。振，振扬、激荡。

② 俗称“飞龙在天”。万物生气蓬勃之象，植物开花授粉，动物交配受精。

③ 天时、时日、时辰。

④ 作星辰名：即房星，又称作大辰、商星、大火星，即“心宿”。

⑤ 作“十二辰”的第五位，指上午 7 至 9 点钟之间的时段。

5. 其他：

① 参见本章第一节“引言”及《“十二地支”形义对照表》。

②“五行说”和“十二生肖说”附会为：辰属土、属龙。

180. 巳

1. 字源：

甲骨文写作；金文写作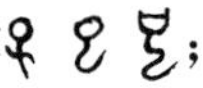；小篆写作；楷书写作巳。

2. 背景资料：前面讲到“辰”字的甲骨文、金文构形，像双箭头斜冲向上，表示“天阳之气”强势震发，阴气与阳气在激荡中，产生“冲和之气”（和气），而万物化生开始。此时，植物开花授粉，动物交配受精。接下来，由“辰月”进入“巳月”。“巳”字的甲骨文、金文、小篆均象“胎儿”之形。植物在“辰月”开花授粉，到“巳月”进入挂果期。动物在“辰月”交配受精，到“巳月”，胎儿已经形成，这完全符合自然规律的发展变化过程。朱骏声《通训定声》：“巳，似也。象子在包中形，包字从之。孺子为兒（儿），襁褓为子，方生顺出为㐬，未生在腹为巳。”“巳”即胎儿。许慎《说文》：“巳，已也。四月，阳气已出，阴气藏，万物见，成文章，故巳为蛇，象形。”意思是说：巳，已经之义，四月，阳气已经出来，阴气已经藏匿，万物展现，形成华美的色彩和花纹。蛇出洞，巳字表示蛇，像蛇形。许氏没有见到甲骨文、金文，仅依据小篆“巳”（）的构形，误认为“象蛇形”。

3. 本义：象胎儿之形。会意为：胎儿已经形成。借作地支第六位。用于记录月份。例如：子月、巳月、亥月。

4. 引申义：

① 已，已经。

②“十二辰”的第六位。指上午 9 至 11 点钟之间的时段。

5. 其他：

① 参见本章第一节“引言”及《“十二地支”形义对照表》。

②“五行说”和“十二生肖说”附会为：巳属火、属蛇。

181. 午（重文字例，原编序号：29）

1. 字源：

甲骨文写作；金文写作；小篆写作；楷书写作午。

2. 背景资料：①笔者在本书中经常使用“阴阳交午”一词，对“午”字的甲骨文、金文、篆文构形原理，进行过反复多次地解说。无论是学术界，还是中学生们，都知道：“哲学，总是一个时代民族精神的灵魂。”自从人文始祖伏羲氏首创《八卦》阴阳理论，历经炎帝《连山易》、黄帝《归藏易》、周文王《周易》的不断丰富和发展，早已成为中华民族的“灵魂”，也成为汉字文化的“灵魂”。很多文字都是充满着阴阳哲理，并且含有阴阳符号。但是，由于这些阴阳符号构形复杂多变，很容易被后世人误解为草木，线绳、渔网、土块、箭矢、刀矛等日常生活物品，使其失去了“字魂”。为此，笔者在第二章二节“阴阳交午及其文字符号”中，专门编制了《阴阳交午符号例表》，把阴阳交午符号的写法划分为三大类：一是曲线式写法（）。二是直线式写法（）。三是点与线结合式写作（）。在“十二地支”中：子、丑、未、酉、亥都含有阴或阳的符号；寅、辰、午、申都含有“阴阳交午”的符号。“午”字的甲骨文，时而写作“”（曲线式），时而写作“”（点线式）；金文：时而写作（曲线式）、时而写作（点线式）。这些符号很容易被误解为线绳、箭矢等日常生活物品。有人甚至根据“午”的小篆的写法“”，误认为象“杵”形，实际上，“午”的小篆“”是甲、金文“”的演变。后世“杵”字从木，从午，而“午”仅仅起表声作用。《说文·木部》：“杵，舂杵也。从木、午声。”

②“午”字的本义是阴与阳相互交叉（交和）。由此引申出两种完全不同的含意。一是交和或交合、交通、顺通之意。所体现的是古代哲学的“阴阳观”。《易·泰卦》：“天地交，泰。”天与地阴阳二气相“交午”（交和），则为阴阳调和，风调雨顺之兆象，则五谷丰登；则国泰民

安，大吉大利。而《易·否卦》是天阳之气与地阴之气相互分离之象，则为“大凶之兆”。俗话说：阴阳交和，男女勾精，子孙兴旺。又说：阴阳交，万物生。阴阳不交，颗粒无收。又说：阴阳交，则通，通则顺，顺则万事成。北京天安门前的“华表柱”为什么又称“交午柱”呢？高耸的“柱身”与横向的“云版”交叉成“”（十字形），上部是圆盘，底部是方台，整体构形，代表天圆而地方，天地阴阳交午，天地相通之意，故称“交午柱”。二是逆转和逆反之意。《说文·午部》：“午，啎也。五月，阴气午逆阳，冒地而出。”又说：“啎，逆也。从午、吾声。”许氏认为：农历五月，阳气达到了“极盛”的状态，此时有“一阴”交叉其中，使极盛的阳气势力不再发展，开始“逆转”。所以，“午”字含有逆转或逆反（返）之意。不过，许氏又说：“午与矢同意。”显然，他是把“午”（）的构形与箭矢的形状混为一体了。

3. 本义：天阳与地阴相互交叉（交和）之象。

借作地支第七位。用于纪录月份。例如：子月、丑月、午月等。

4. 引申义：

① 一阴生。

② 交和、交通、交畅、交泰等义。

③ 迕，逆。盛极生逆。逆转等。俗称：亢龙有悔。

④ 作“十二辰”第七位。指中午 11 至 13 点钟之间的时段。

5. 其他：

① 参见第二章二节《阴阳交午符号例表》。

第九章第一节“引言”及《“十二地支”形义对照表》。

②“五行说”和“十二生肖说”附会为：午属火、属马。

182. 未

1. 字源：

甲骨文写作 ；金文写作 ；小篆写作；楷书写作未。

2. 背景资料：①“未”字的甲骨文、金文、小篆文体构形都十分相似，皆从“木”，甲骨文在“木”（）的上部增加了两个“长枝”，金文、小篆在“木”（）的上部增加两个“短枝”。这两个形似“树枝”的符号，如果我们用“阴阳理论”去理解，应该是两个“阴气符号”，即“乀”与“丿”。此处的“木”（）不是指普通的树木，而是天表柱（建木），就像“東”字，从木、从日，其中的“木”是代表天表柱“榑木”（扶木）一样。还有“相”字、“休”字，其中的“木”，都是指表木“建木”，不是一般的树木。“未”字（、）的构形，应是“二阴”降临在天表柱（表木、建木）的上部之状。这是天文官们在天表柱下观测天象，创造“十二地支”时，“近取诸身”的随身之作。所以说，“未”字的本义是：“二阴之气降临在天表柱上部之兆（象）。”引申为“二阴生”。它标志着天气变化正在朝着“阴阳平衡”迈进，故又引申为将来、未来等意。

② 学术界对“未”字构形有不同解读。有人认为，象树木枝叶重叠的样子。例如：《说文・未部》：“未，味也。六月，滋味也。五行，木老于未。象木重枝叶也。”有人认为：六月，树木果实开始有了滋味，未同味。李孝定《甲骨文集释》：“未，契文亦象木重枝叶也。”郭沫若认为：象穗的形状，未，就是“穗”的本字，后被假借作地支第八位之后，新造了“穗”字。赵诚《甲骨文简明词典》：“未，象树木突出干枝之形，似即枚之初文。卜辞作地支字，则为借音字。”笔者认为，这些说法都是“误解”。

3. 本义：二阴之气降临在天表柱（建木）上部之兆（象），借作地支第八位，用于记录月份，例如：子月、丑月、未月等。

4. 引申义：

① 二阴生。

② 将来、未来。

③ 还没有。

④ 作“十二辰”第八位。指下午 1 至 3 点钟之间的时段。

5. 其他：

① 参见本章第一节“引言”及《“十二地支”形义对照表》。

②“五行说”和“十二生肖说”附会为：未属土、属羊。

183. 申

1. 字源：

甲骨文写作；金文写作；古文写作；籀文写作；小篆写作；楷书写作申。

2. 背景资料：《说文·申部》：“申，神也。七月，阴气成体自申束。从臼，自持也。”意思是说：申，为神明之义。七月份，阴气已经成为气候，可以自由行动。从臼，表示自我持控的意思。高亨《文字形义学概论》认为“”（申）字，从臼，持丨。“丨”象阴气，从臼（双手），取其自持之意。

笔者认为：“申”字的甲骨文、金文和籀文构形中：三种符号，都是表示“弯曲的天地行道”（天地之道）。表示上扬（上行）之气。表示下降（下行）之气。和为脚趾，表示行走、运行，其中“”为向上行，“”为向下行。综合起来会意：甲骨文、金文或，为阴阳二气，循着天地行道而运行，升降自如之状表示阴阳互动，交替顺畅之意。籀文“”，把原先的（上、下双趾）变成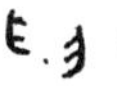（上下双手），“双趾”表示上下运行，而“双手”表示上下操控，在表意上有了区别。小篆“”，把原先“弯曲的天地行道”变成“直达”的天地通道，把“双手”由原先的“上下操控”变成“左右操控”。其基本含意虽然没有大的改变，但是增加了“识别”和“会意”的难度。古文“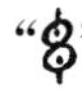”（申）是由两个“负阴抱阳”和“负阳抱阴”的符号组成。“”是阴气自上而下怀抱一阳的符号，“”是阳气自下而上怀抱

一阴的符号，可会意为：阴阳相抱，阴阳互通之义。以上“申”字的甲骨文、金文、籀文、古文、小篆的写法虽然区别较大，但若细心观察，其表达出的基本含意近似。

在学术界，对“申”字的构形及本义，有着不同的说法，有人认为“申”字的甲骨文写作“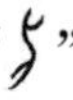”，像闪电之形，即“电”的初文，申与电二字同意。

3. 本义：阴阳二气循着天地行道而运行，升降自如之状，会意为阴阳互动，交替（交流）顺畅之义。借作地支第九位，用于记录月份。例如：子月，丑月、申月等。

4. 引申义：

① 三阴生。

② 伸、伸展。畅、顺畅。（伸、畅：皆为申的孳乳字）

③ 俗语：三阳交泰；三阴交畅。“寅”为“三阳交泰”，万物萌生之兆（象）；“申”为“三阴交畅”，万物通达丰满之兆。

④ 作“十二辰”的第九位，指下午 3—5 点钟之间的时段。

5. 其他：

① 参见本章第一节“引言”及《“十二地支”形义对照表》。

②“五行说”和“十二生肖说”附会为：申属金、属猴。

184. 酉

1. 字源：

甲骨文写作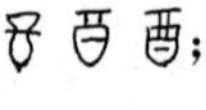；金文写作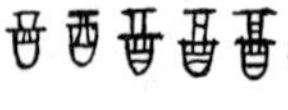；古文写作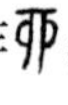；小篆写作；楷书写作酉。

2. 背景资料：“酉”字的构形，一般人一眼就会看出：“像古代陶罐。”因为后世的“酒”字从酉，所以有学者认为，“酉”是“酒”字的初文，或者认为“酉”是装酒的陶罐，后被借作地支的第十位。这些说法，不能说没有道理。但是，令人不解的有两个疑问：

第一，历史上先有“十二地支”，还是先有“酒罐”或酒类？如果黄帝之臣大挠作甲子时，世界上还没有发明酒，那么，大挠如何去借“酒罐”作“地支”呢？很明显，时隔近千年之后的大禹时代，才有了“仪狄作酒醪”的传说，应是先有“地支”，后有酒类。

第二，“十天干”突出了“天”（天宇、天气、天心、天座……）。“十二地支”突出了“地”，反映了大地一年十二个月中冷暖变化，万物兴衰的“运动规律”，即阴阳运动变化规律（自然规律）。上古人发明“十二地支”，其目的是为“记月份”。地支中每一个字，既是“月份”的标记符号，又是所代表“当月”的自然规律情况的“表意”符号。如果假借“酒罐”来表明“八月份”的阴阳变化规律，那么，就像“借块石头，当作馒头”。《说文·酉部》：“酉，就也。八月，黍成，可为酎酒。象古文酉之形。，古文酉。从卯，卯为春门，万物已出。酉为秋门，万物已入。一，闭门象也。”看来，许氏的内心十分矛盾，一会儿说，酉，是万物“成就”的意思，八月，谷黍成熟，可以造酒。一会儿又根据“酉”字的古文构形“”，认为“”是“卯”字，天门（春门）打开之象。在（卯）的上边加一横为“”（酉），为秋门，为天门关闭之象，此时万物已经入门内。那么，地支“酉”字，到底是“就”（成就），还是“酒”字的初文，还是“卯”字上边加一横，为天门关闭之意？许氏没有作出肯定回答，而是留给后世去猜想。

笔者认为：作为地支的“酉”字，其构形的确像“陶罐”，关键是我们如何去“会意”。此处的“陶罐”可以表示两种含意：其一是“盛装物品”和“诸藏”的意思。陶罐既可储藏固体的谷物、药物，又可盛装液体的药水、酒水或其他饮料、饭粥、肉汤等。其二是“封闭”“封存”“封塞”的意思。而地支“酉”字的甲骨文、金文、篆文的构形中，的确有些符号在暗示我们，突出“封闭”或“封存”之意。例如：甲骨文“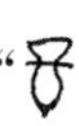”，在陶罐的外边盖颈处画了一长横，好像强调“罐已封闭”。甲骨文的“酉”的其他字形和金文“酉”的大多数字形，都把罐盖或盖颈写得特别高、大、粗，好像也是在暗示“封闭”或“封存”之意。古文“西”字写作“”，表示“大门关闭”。而甲骨文、金文“西”字构形，突出了罐盖和罐颈的“封闭”或“封存”作用。所以，笔者认为：古文“西”（）与甲骨文、金文“西”（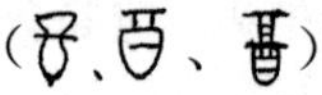）的表意方式“殊途同归”。“西”（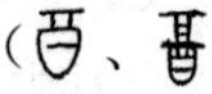）字中部的“一”或“二”可理解为“阳气”符号，并非酒水、食物。

3. 本义：阴阳交流的通道被封闭，阳气中止了上行趋势。（俗称：天门关闭）。借作地支第十位，用于记录月份。例如：子月、丑月、酉月等。

4. 引申义：

① 俗称：天门关闭。

② 就，成就、成熟。

③ 作“十二辰”的第十位，指下午 5 至 7 点钟之间的时段。

5. 其他：

① 参见本章第一节“引言”及《“十二地支”形义对照表》。

②“五行说”和“十二生肖说”附会为：酉属金、属鸡。

185. **戌**

1. 字源：

甲骨文写作；金文写作；小篆写作；楷书写作戌。

2. 背景资料：“戌”字从戊、从一。在前面解读天干“戊”字时，已经作了详细介绍，认为“戊”字的构形，是古代测量工具“规”和“矩”原形符号的“合文”。天文观察者们在观测天象时，用于度量日、月、星辰的运行轨迹，俗称“量天尺”。此字与兵器斧钺的“戊”字，是属于“同象而异物、异义”，不能混淆和误解。“戌”字从“一”，应是指“万物归一”的意思。农历九月，万物已经完成了一年之中由生到盛到衰老的“生长周期”，而量天尺“戊”代表“自然规律”。高亨《文字形义学概论》：“戌，土也，一，阳气也，戊合一，即阳气下入地之意。”可另备一说。

3. 本义：天道规律，万物归一的意思，借作地支第十一位。用于记录月份。例如：子月、丑月、戌月等。

4. 引申义：

作“十二辰”的第十一位，指晚上7点至9点钟之间的时段。

5. 其他：

① 参见本章第一节“引言”及《“十二地支”形义对照表》。

②“五行说”和“十二生肖说”附会为：戌属土、属狗。

186. 亥

1. 字源：

甲骨文写作；金文写作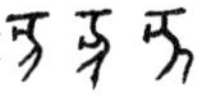；古文写作；小篆写作；楷书写作亥。

2. 背景资料：“亥”字的甲骨文、金文及古文、小篆的构形并不十分复杂，但是“理解”起来却十分困难。东汉许慎《说文·亥部》：“亥，荄也。十月，微阳起，接盛阴。从二，二，古文上字。一人男，一人女也。从乙，象裹（怀）子咳咳之形。《春秋传》曰：亥有二首六身。凡亥之属皆从亥。，古文亥，为豕，与豕同。亥同生子，复从一起。”许氏对“亥”字的本义有三种不同的理解：①“亥，荄也。”荄是草根的意思。许氏当时没有见到甲骨文和金文，这大概是他根据古文“亥”（）的构形作猜想，认为其字上部的一横表示大地，下部的“”是深扎入地下的众多草根。②“亥”的小篆写作“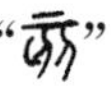”，他认为其上部的两横一长一短，为古文的“上”字，下部的“”为两个“人”，一男一女，其前面的像怀孕的女人，后边的是一男人；并且认为，亥是十二地支的最后一位（亥月），接下来就是“周而复始”的地支第一位（子月），所以“亥”字内有一个既将生育孩子的孕妇，来生出地支的“子”。③许氏再次根据古文“亥”（）的构形与“豕”字的构形很相

似，便断定：亥与豕（猪）为同字。

众多学者们根据许氏对“亥”字的三种解释，有“亥为草根（荄）”之说，有“亥生子”之说，有亥同豕（猪）之说，也有构形不明之说，如赵诚《甲骨文简明词典》：“亥，写作或，构形不明。用作地支字，则为借音字。”他还认为：亥与豕二字的构形明显不同。“豕”（）象侧面观察猪之形，所以只能见到前后两足。上部的一斜杠“”表示向前倾斜的猪头部，中间“”表示猪腹部。

笔者认为“亥”字的甲骨文、金文和古文、小篆的构形，都是“盛阴之时，微弱的阳气深入地下，稍有上扬，便遭到阴气阻止之象”。①“亥”的甲骨文写作“”，其上部的“”，表示大地。阳气在地下逐渐下降，呈“”形，象草根一样向下行。“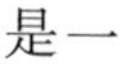”是一“阳气”的支脉，从左边企图上扬，马上便遭到一个障碍物“”的阻止，这里的障碍物，应指强盛的“阴气”。②“亥”字的金文写作或，其构形原理与甲骨文相同。③“亥”字的古文写作“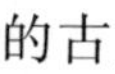”，上部的一横“”仍然是表示大地，下部的“”象多股微弱的“阳气”向地下深入之状，没有一股阳气企图上扬。所以，也没有障碍物“阻止”的符号。④“亥”字的小篆写作“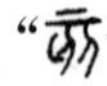”。在表示大地“”的上边，增加了一小横“”，表示地面上旺盛的“阴气”（寒冷之气）。下部的“”不是双“人”，更不是一男一女，而仍然是阳气下行的符号，只是由原先的一个“阳气下行”符号变成了并列的两个符号。其中左边的“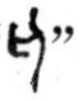”，不是怀孕的女人，而是一支脉的阳气企图上扬，遭到障碍物“阻止”之象。这个“阻止”符号，在甲骨文、金文中写作“”，而在小篆中写作“”，于是有些人便把“”误解为挺着大肚子的怀孕女人。

3. 本义：盛阴之时，微弱的阳气被迫深入地下，稍有上扬，便遭阴气阻止之象。会意为：弱阳入地。借作地支第十二位，用于记录月份。例如：子月、丑月、亥月。

4. 引申义：作“十二辰”第十二位。指夜晚 9 至 11 点钟之间的时段。

5. 其他：

① 参见本章第一节“引言”及《“十二地支”形义对照表》。

②“五行说”和“十二生肖说”附会为：亥属水、属猪。

后　记

《汉字及汉字文化新探》一书写作过程中，重点把握“哲学，总是一个时代精神的灵魂”这一总的基本原则，努力探索和挖掘上古的“造字者”们在其“灵魂深处”所信奉的哲学思想，以及造字者如何将其哲学思想应用到所造文字的每一笔、每一画的构思上。无论是传说中的天文官“少典氏”之类人物，还是史官“苍颉”之类人物，他们当时所信奉的宇宙观、天道观、地道观和人道观等哲学理论到底是什么？那就是以八卦为源头，后来不断丰富发展的“阴阳哲学理论”和“天人合一”思想。它是产生于中华本土的、原始的、朴素的“唯物论”和“辩证法”。当然，这其中也参杂有一些唯心主义的迷信色彩。对待古人，不能苛求。造字者们善于把阴阳哲理符号、天文符号、物象符号、人象符号等有机地“组合”，创造出众多的“文字”来，以明理，明事，明物。很多文字的本身是历史文化的“活化石”。

本书共解读了一百多个“典型”字例，却影响到大约一千左右“同类型”相关文字的释义。在解读典型字例时：(1) 把很多看似草木、树枝、线绳、线团、线结、箭矢、刀器、渔网、窗格之类的文字符号，解读为“阴阳符号”。(2) 把很多看似石块、土堆、人的口、人的头部之类的文字符号，解读为方台、天文台、祭台符号。(3) 把“有形”的人手，解读为“无形”的上天（天帝）之手（自然规律的无形之手）。另外，古文字中还有其他众多的“天文符号”，例如日、月、星辰之类符号，天穹、天宇、天气、云气、光气、精气、生气（生命之气）、元气之类符号，天文中心、天表柱、量天尺、天文观察者（天使）等与“天文”基础设施及人员相关联的文字符号。以上这些解读，仅仅是作者“一孔之见”，可能是正确的，部分正确的，或完全错误的。敬盼资深人士和广大读者给予指正，以便作者在“探索”的道路上不断前行，使我国“传统文化”和“汉字文化”得到进一步发扬光大。

感谢！

2022年3月22日

查字总表

一画

二画

三画

四画

五画

六画

七画

八画

九画

十画

十一画

十二画

十三画

十四画

十五画

十六画

十七画以上